EXAMEN

DE

CONSCIENCE

PHILOSOPHIQUE

Par

J. FORESTIER

Studiis florentem ignobilis oti.

RODEZ

IMPRIMERIE CARRÈRE

1912

EXAMEN DE CONSCIENCE
PHILOSOPHIQUE

EXAMEN
DE
CONSCIENCE

PHILOSOPHIQUE

Par

J. FORESTIER

Studiis florentem ignobilis oti.

RODEZ

IMPRIMERIE CARRÈRE

1912

PRÉFACE

Entre toutes nos connaissances, il en est une primordiale que toutes les autres supposent, plus importante que celles-ci, puisqu'elle leur sert de base, c'est la connaissance de soi-même : se connaître est la première science : γνῶθι σεαυτόν était le résumé de la doctrine socratique ; c'est en nous et par nous que nous jugeons de tout le reste, par l'empreinte que nous jugeons du modèle, et nous ne pouvons juger de rien qu'il n'ait du rapport avec nous.

Cette connaissance nous est intime et, pour cette raison, étant à la portée de chacun, elle nous paraît facile, mais ce n'est là qu'une illusion ; il ne suffit pas, en effet, d'avoir passagèrement conscience des pensées qui se succèdent en nous, des impressions changeantes qui nous agitent pour nous connaître, non plus qu'il ne suffit d'ouvrir les yeux autour de nous pour avoir la science de la nature ; les animaux ont aussi conscience des mêmes choses et ils ne se connaissent pas. Il faut, au contraire, sortir de l'animalité, dégager la pensée du cercle étroit des sensations et mouvements irréfléchis, des impressions fugitives qui l'obscurcissent : facilité apparente peut-être, difficulté réelle.

Assujettis aux lois physiques, physiologiques et économiques pour la conservation de l'individu et la propagation de l'espèce, nous sommes distraits de nous-mêmes par les choses extérieures ; nous appliquons mal notre esprit, et nous ne l'appliquons pas longtemps ; à travers l'épais et obscur nuage des sensations, à peine si l'intelligible se montre à nous en de rares éclairs.

En dehors des préoccupations matérielles, y a-t-il, en effet, des aspirations d'un autre ordre ? Existe-t-il des problèmes qui n'ont pas pour objet la satisfaction des sens, et que les sens tout seuls ne peuvent résoudre ? Questions complexes et obscures, auxquelles on ne saurait trouver la réponse dans le seul spectacle de la nature, cause toujours changeante des phénomènes non moins changeants, qui se succèdent dans le moi ; il faut pour cela qu'une faculté supérieure rapproche, groupe et coordonne les uns et les autres, qu'elle s'élève ainsi du particulier au général, jusqu'à l'intelligible pur, à l'absolu. C'est à cette haute faculté que nous demanderons la réponse aux questions, que nous nous sommes posées dans cet examen. Et comme c'est à nous, intelligence, que l'intelligible se manifeste et que la vérité qui nous touche est, seule, vérité pour nous, c'est l'étude du moi par le moi, objet et sujet à la fois, que nous voulons faire ; peut-être y trouverons-nous quelque éclaircissement aux doutes qui nous troublent, et fixerons-nous ainsi nos incertitudes.

Cette étude je m'y suis souvent appliqué furtivement, à la dérobée, sans pouvoir me défendre d'un attrait irrésistible ; souvent je me suis replié sur moi-même, je me suis interrogé ; aucune question ne m'a préoccupé autant ni si longtemps ; mais les distractions extérieures, les nécessités de la vie, m'ont détourné jusqu'à ce jour, et peut-être que, à cette heure, après m'être dit souvent que le moment n'était pas venu, je suis forcé de me dire que le moment est passé, qu'il n'est plus temps.

Ce n'en est pas moins avec une secrète joie que j'aborde aujourd'hui mon sujet, je l'aborde aussi avec crainte, je me reproche ma présomption ; mais je ne veux que raisonner ma croyance philosophique et la raffermir, sans autre amour que celui de la vérité, sans autre désir que celui de la connaître. C'est avec le sentiment réel de mon impuissance, de ma misère, que je cherche la lumière ; puisse-t-elle me venir, non pas seulement pour éclairer mon esprit, mais encore pour réchauffer mon cœur.

Examen de Conscience Philosophique

CHAPITRE Ier

Premiers principes.

Avant d'aborder cet examen de conscience, il est indispensable d'exposer en quelques mots, moins une méthode d'investigation, que quelques principes et idées premières, sur lesquels repose toute la connaissance ; principes clairs par eux-mêmes, ne se démontrant pas, servant de base au contraire à toute démonstration ; idées premières qu'il est utile d'expliquer, de définir, afin d'éviter des obscurités, des équivoques, qui naissent moins de l'objet lui-même que du défaut de bien s'entendre sur le terme, par lequel il est exprimé.

Il faut admettre que la vérité est une et semblable à elle-même, qu'elle est en soi et indépendante de celui auquel elle se manifeste ; sans cela elle serait diverse, relative, changeante, elle serait à la fois et ne serait pas.

Percevoir la vérité, la voir, c'est être en communication avec elle : comme les plantes au bord de l'eau y reflètent leur image, ainsi la vérité se reflète dans notre esprit ; notre esprit est pareil à une eau claire. Ce n'est pas lui qui est la vérité, mais c'est en lui que la vérité imprime son image, et cette image, que nous appelons idées, est toute la vérité.

C'est à cette image de la vérité que la connaissance se borne, car nous pensons que le réel, le vrai ou l'être, trois termes qui désignent une seule et même chose, est conforme à cette image, et qu'ainsi nous ne sommes dupes ni de l'objet qui se révèle à nous, et qui n'est pas une apparence vaine, ni du sujet auquel il se révèle, autre nouvelle substance qui n'est autre que nous-mêmes. C'est donc par un double acte de foi que toute connaissance commence, foi en la réalité ou objectivité de l'idée, foi au témoignage de la conscience, quand nous l'avons perçue, attestant ainsi la double réalité du sujet et de l'objet.

La certitude est l'adhésion entière de la volonté à une vérité, que l'esprit a clairement perçue, un état d'esprit qui exclut le doute ; cette adhésion suppose des raisons ou preuves qui la déterminent, sans quoi elle ne serait qu'une vaine crédulité, et ces preuves ou raisons se résument toutes à leur tour en des perceptions claires.

On peut considérer deux choses dans la certitude ; les mêmes que nous avons trouvées dans l'idée ; la vérité perçue ou l'objet et l'esprit qui perçoit ou le sujet.

Relativement à l'objet, la certitude repose essentiellement sur les principes suivants, hors desquels toute connaissance est impossible :

Ce qui est est, ou la même chose ne peut pas être et n'être pas en même temps, c'est le principe de contradiction ; se contredire, c'est ne rien dire.

L'objet d'une idée comprend tout ce que cette idée renferme ou suppose, ce qui veut dire qu'il y a des idées composées et que le composé comprend avec lui tout ce qui le compose : ainsi l'idée de maison renferme l'idée de fondations et de toiture, etc. Ainsi le principe renferme en lui ses conséquences.

Il doit y avoir un rapport direct de conformation et d'adéquation entre l'objet qui est perçu et le sujet qui le perçoit, entre l'image et l'œil, entre l'oreille et le son, entre l'intelligible et l'intelligence ; si l'objet est trop grand, le sujet ne pouvant le contenir n'en aura pas l'idée entière et nette ; s'il est trop petit, l'image trop petite à son tour ne lui sera pas perceptible ; s'il est trop loin et hors de sa portée, il le percevra moins encore ou dans des proportions faussées. C'est à quoi doit être attentif le philosophe, n'affirmant comme vrai dans chaque cas que ce qu'il a perçu comme tel, et dans la mesure où il l'a perçu.

Enfin pour que l'objet soit perceptible, il faut qu'il soit lumineux ; nous ne voyons pas dans les ténèbres, et nous ne savons ou connaissons que ce que nous voyons. Cette lumière, est-il besoin de le dire ? doit s'entendre de tous les rapports, sous lesquels l'être nous est accessible ; et, dans le sens où nous parlons, entendre, toucher, sentir, goûter sont des manières de voir, comme voir par les yeux, comme comparer, raisonner, juger, etc.

Que cette lumière vienne de l'objet ou de nous ou d'ailleurs, il faut qu'elle soit, sans quoi l'objet serait pour nous comme s'il n'était pas. C'est elle qui nous rend les objets intelligibles, et l'intelligible, quelle que soit sa nature, de quelque source qu'il vienne, n'est autre que l'objet lumineux, brillant à l'œil de l'intelligence et se confondant avec l'idée, quand il est perçu par elle.

Un point incertain c'est de savoir lequel, du sujet ou de l'objet, est actif dans l'acte de la perception ou s'ils le sont tous deux ; si c'est l'objet, l'intelligible, qui se présente de lui-même au sujet, quand celui-ci ne lui fait pas obstacle, s'il le touche, s'il l'éclaire, s'il se révèle activement à lui ; ou si, au contraire, c'est le sujet qui est seul actif, si c'est lui qui cherche le vrai, s'élançant vers lui comme vers son principe. Pour nous, nous croyons qu'il y a activité des deux parts à la fois ; sans doute nous ne percevons que la nôtre dans toutes les opérations de l'esprit, d'elle seule nous avons conscience, mais n'avons-nous pas conscience aussi de notre impuissance ? et, si rien au dehors ne nous sollicitait, sortirions-nous de notre inertie ? Dans la réflexion de la lumière par un miroir, c'est moins le miroir qui agit que la lumière, et la plante, pour monter vers le soleil veut être attirée par lui. Nous ne pouvons pas, il est vrai, constater l'activité des idées, surprendre leur action sur notre esprit ; nous ne surprenons pas davantage l'action de la nature sur les divers êtres qu'elle enfante ; son activité est réelle à la fois et imperceptible.

Intelligible et intelligence sont donc faits l'un pour l'autre, ils se connaissent, ils ne se fuient pas, ils s'attirent ; l'intelligible est actif et vivant comme l'intelligence ; il vient à elle, lorsque celle-ci le cherche ; il est son aliment, sa véritable vie. Mais cette question se présentera sans doute plus loin, nous nous contentons de l'indiquer ici, nous réservant de la développer à son lieu et à son heure.

Relativement au sujet, la certitude ne peut être qu'aux conditions suivantes :

L'intelligence ou raison, et par ce mot nous comprenons ici toutes les facultés perceptives, est l'instrument unique de la certitude et la perception en est la mesure ; ce que nous ne percevons pas est pour nous comme s'il n'existait pas. L'autorité peut bien nous inspirer du respect, mais point déterminer toute seule notre adhésion entière, car elle ne vaut que parce qu'elle aurait perçu avant nous ce que nous cherchons à percevoir et à comprendre après elle. *Est pro ratione voluntas*, cette maxime, qui suffit à l'esclave, est, moins encore que l'autorité, un principe pour l'esprit libre, qui cherche uniquement la vérité ; celle-ci ne s'impose que par son évidence.

Analogie, comparaison, hypothèse, peuvent être un acheminement vers la vérité, elles peuvent, au contraire, lui être quelquefois un obstacle, parce qu'elles relèvent autant et plus de l'imagination que de la raison, et qu'étant donnée une première orientation, l'esprit la suit par une inclination naturelle, par habitude, ne croyant plus à la longue qu'elle puisse être erronée.

Seules donc la perception par l'évidence, ou la démonstration par voie de conséquence, peuvent et doivent déterminer notre adhésion et nous donner la certitude.

CHAPITRE II

Que nous ne savons le tout de rien.

Avec ces principes faciles, ces idées claires, il semble que le rameau d'or, la vérité, va nous apparaître tout d'abord, lumineux et brillant ; principes faciles, idées claires, il est vrai, mais vue bornée, esprit faible, sujet à des obscurcissements fréquents, à des défaillances profondes ; besoins et passions aveugles, réfractaires à la lumière de la vérité, et dont nous sommes les esclaves. Il faut donc se garder, comme d'une illusion, de croire pouvoir tout pénétrer facilement, et la première leçon, que les choses donnent au philosophe, c'est qu'elles sont peu pénétrables, que ce que nous en ignorons rend, pour ainsi dire, incertain et caduc ce que nous croyons en savoir. Nous voyons le comment quelquefois, mais le pourquoi, c'est-à-dire le plan général avec le but final, nous échappe ; la cause souveraine, dont l'action éclate partout, garde son secret, indifférente à notre curiosité.

Les contestations, les négations ont toujours fait grand bruit dans l'école : L'eau, l'air, le feu, les atomes, le nombre, l'esprit, ont été invoqués tour à tour comme les principes des choses, et comme on ne pouvait s'entendre, les sceptiques à la fin sont venus clore les débats, terminer les disputes, en proclamant l'impuissance de l'homme à connaître la vérité.

Néanmoins, et malgré le nombre de naufrages de tant de systèmes livrés au vent de la contradiction, la foi des chercheurs ne s'éteint pas, leur patience ne se lasse pas, et l'œuvre cent fois commencée, cent fois abandonnée, recommence sans cesse, tant est grand en nous le besoin de la vérité, l'amour de la lumière ; tant nous sommes inquiets, lorsqu'il n'y a dans notre esprit que doute et incertitude. Essayons à notre tour, en demandant à l'intelligible de nous éclairer, et de soumettre à lui notre ignorance, comme notre raison.

CHAPITRE III

Où sont caractérisés l'objet des sens et celui de la raison, la matière et l'esprit.

Nos facultés sont diverses, nous ne confondons pas un jugement avec une perception, la mémoire avec la raison, les sens avec la volonté, etc. Cette diversité toutefois ne nuit pas à l'unité du moi ; unité et diversité nous sont également attestées par la conscience ; c'est, en effet, un seul et même être qui pense, qui se souvient, qui veut, qui juge en nous. La diversité tient, pour une part, à la différence des objets de nos facultés, et, pour une autre part, à la différence des opérations qu'elles exercent sur un même objet. C'est ainsi que l'objet des sens étant le monde extérieur et les idées du bon, du juste, etc., ayant un objet différent, l'intelligible, ne nous peuvent venir de même source ; la différence est donc double ici, différence dans les objets perçus et dans les facultés qui les perçoivent ; tandis que entre percevoir, se souvenir, imaginer, abstraire, etc., l'objet pouvant être le même ou de même nature, la différence n'existera que dans les opérations de l'esprit.

Examinons ici les caractères des objets que nous connaissons par les sens ou mieux des sensations, et voyons si toutes nos pensées présentent ces mêmes caractères, nous bornant à les opposer les uns aux autres, s'il y a lieu.

L'objet des sens ou le monde extérieur est dans le temps et dans l'espace, dans le temps par la durée, la succession, dans l'espace par la forme ; par la durée il est passé, il est présent, il est futur, mais toujours éphémère, corruptible, caduc, contingent ; dans l'espace il est étendu, borné, fini, individu, particulier ; il est mesurable, compressible, dilatable, instable ou fixe seulement un instant ; il est pesant ou léger, palpable ou impalpable, quoique toujours sensible ; chaud ou froid, variable par la couleur comme par la forme, composé et comme tel capable de prendre toutes les couleurs, toutes les formes ; perceptible à un de nos sens, il ne l'est pas également à tous, nous ne voyons ni les odeurs ni les sons ; la puissance de nos sens étant bornée, l'objet trop loin, trop petit ou trop grand ne leur est pas également perceptible ; il peut même leur être tout à fait imperceptible, lorsqu'une barrière s'élève qui interrompt les rapports des sens avec leur objet. Enfin, étant donné le nombre limité de nos sens réduits à cinq, c'est à cinq aussi que se réduisent pour nous tous les genres de sensations et, conséquemment, toutes les qualités des corps, sans que nous puissions affirmer que nous avons ainsi la connaissance entière du monde extérieur, et qu'il n'est point dans la matière d'autres sources de sensations et de connaissances, qui nous échappent, et que pourrait découvrir un sixième sens supérieur.

Tel nous apparaît l'objet des sens, le monde extérieur ou la matière.

L'intelligible ou objet de la raison, de l'entendement proprement dit, que nous lui opposons, est indépendant de l'espace et du temps ; une idée n'a point d'étendue ni de durée mesurables, elle n'est ni près ni loin de nous ; même composée, elle n'occupe point de place et ne cesse pas en elle-même d'être simple ; on n'ajoute rien à une idée, on n'en peut rien retrancher ; elle est inaltérable, incorruptible ; les idées sont toujours jeunes, elles ne vieillissent point, leur objet est toujours présent ; on ne saurait les mesurer, les toucher, les calculer, elles échappent à toutes les influences, à tous les accidents extérieurs ; l'idée est quelque chose de général et d'impersonnel ; elle nous éclaire intérieurement mais elle éclaire toute intelligence, comme elle éclaire la nôtre, elle n'appartient en propre à personne ; elle est hors de nous comme elle est en nous, nous sommes tous baignés, vivifiés dans sa lumière, puisque chacun l'aperçoit, et que cette lumière, la même pour tous, ni ne s'éteint, ni ne s'altère, ni ne se consume, étant toujours vivante, et qu'aucune barrière ne peut ni la limiter ni la contenir.

Quels rapports il peut y avoir entre le sensible et l'intelligible, nous ne voulons pas l'examiner encore ; nous avons voulu seulement marquer les différences qui les séparent. Nous pourrions ajouter à ce double tableau quelques traits encore, non pas tant du monde extérieur ou de la matière organisée que de la matière informe, dont il est tiré et en laquelle il se résout sans cesse. Informe, la matière est indifférente et inerte ; ce qui lui donne la forme un moment et lui communique la vie s'ajoute à elle et s'en distingue donc. Toutes les formes ramenées à l'informe peuvent également en sortir, non pas la même de la même, comme dans la génération, mais chacune, des éléments épais de mille autres, qui lui furent étrangères, pour ne se poser jamais sur chacune qu'un instant.

Les idées, au contraire, ont toujours une forme, un caractère distinct et déterminé, sans quoi elles ne se distingueraient pas les unes des autres ; elles ne paraissent pas inertes, mais vivantes et actives donnant sa forme à la matière, ayant plus de réalité qu'elle, puisqu'elles sont inaltérables et éternelles ; si elles ne sont pas la vie, elles en sont du moins la forme et la condition.

De ce court exposé, nous ne voulons retenir qu'une chose, c'est que si le sensible et l'intelligible, double objet de la connaissance, diffèrent ainsi, les sens et la raison, double sujet qui les perçoivent, ne diffèrent pas moins. C'est la première constatation qui résulte de l'observation des phénomènes psychologiques ; elle se complètera plus loin, lorsque nous aurons à étudier à part les sens et les facultés rationnelles, jugement et raison pure. Disons dès maintenant que, s'il fallait rapporter tous les phénomènes à un seul et même principe, matière ou esprit, leur donner une même origine, associer ainsi des contraires, on y trouverait bien quelque embarras.

CHAPITRE IV

Forces inhérentes à la matière ou constatées dans certains de ses états.

Telle que nous venons de la considérer, sous l'aspect varié de la forme, ou lorsqu'elle en est dépouillée et à l'état brut, la matière n'en est pas moins assujettie à certaines forces d'équilibre ou d'inertie et d'expansion.

Les forces d'équilibre sont la pesanteur, la cohésion et l'affinité.

La pesanteur, que tout le monde connaît par les effets de la balance tout au moins, est la force la plus générale de la nature ; c'est elle qui détermine la stabilité de tous les corps dans le monde, de toutes les substances sur la terre ; elle qui donne leur forme ronde aux corps célestes, qui stratifie les roches désagrégées, qui maintient les eaux dans l'assiette stable et régulière des mers immenses ou les y ramène, et qui, se transformant en force active dans la chute des eaux du ciel ou la course des torrents, rétablit les niveaux perdus.

Considérée dans le système de notre monde planétaire, elle n'est autre que la gravitation universelle agissant d'une planète sur une autre et du soleil sur chacune d'elles, comme elle agit sur deux molécules de la nôtre ; elle est alors le firmament, c'est-à-dire, la force qui consolide le monde, le κόσμος, et le maintient dans l'ordre simple et sublime que nous admirons.

La cohésion et l'affinité, qui ne sont peut-être que deux cas particuliers de la pesanteur, rapprochent et tiennent attachées entre elles les parties atomistiques, la cohésion, d'une même substance homogène, et l'affinité, de deux ou plusieurs substances hétérogènes, pour former ainsi des dérivés ou composés nouveaux. C'est par l'affinité et la cohésion que les densités s'établissent, et que, sur les substances liquides ou gazeuses la pesanteur peut mieux et avec discernement, pour ainsi dire, exercer son action et les grouper ensemble, sans confusion en les superposant. C'est par la cohésion que les corps se distinguent, se formant par elle, molécule à molécule, en masses semblables, *similia cum similibus*, et en nombre limité, ce qui permet de ne pas confondre les substances entre elles. C'est par l'affinité que les corps simples peuvent contracter entre eux des alliances plus ou moins durables ou passagères et varier presque indéfiniment leurs combinaisons, pour produire des composés nouveaux.

Ces deux forces, cohésion et affinité, agissent à de faibles distances, et sur les atomes seulement, pour les rapprocher, tandis que la pesanteur, dont elles sont les auxiliaires, n'agit par elles que sur les masses plus ou moins grandes, pour les tenir en équilibre ou les y ramener.

Les forces d'expansion sont la chaleur, la lumière et l'électricité, qui tient de l'une et de l'autre.

La chaleur est souvent en lutte avec la pesanteur, avec la cohésion surtout et l'affinité, dont elle diminue l'action, dilatant, augmentant le volume des corps, sans ajouter à leur masse, allant jusqu'à briser les autres forces par l'explosion et à disperser les fragments et les molécules. C'est elle qui forme et assemble les nuages et soulève les volcans : des dilatations soudaines, des effervescences que rien ne peut comprimer jettent le trouble dans l'air et sur les flots, changent l'état des corps, des éléments, tandis que le froid les laisse dans leur torpeur ou les y ramène.

L'action de la lumière comme force est moins sensible, de nature plus subtile que celle de la chaleur, et cette action se fait moins sentir sur les masses profondes de la matière que sur les organisations délicates de la plante et de l'animal. Quand le jour se lève, la vie renaît sur la terre ; les oiseaux chantent ; les traits du visage s'animent et rayonnent dans l'eau ou se fixent sur la plaque chimiquement sensibilisée ; le trop vif éclat de la neige et du soleil rend aveugle, tandis que la plante dans l'obscurité d'une cave pâlit et s'allonge vers le soupirail d'où vient le jour ; que l'arbre au bord d'un bois sombre se penche pour aspirer le rayon lumineux, et que nombre de fleurs tournent obstinément leur tête mobile vers le soleil ; un en mot, c'est par la lumière et la chaleur que tout s'anime dans la nature.

Enfin l'électricité, force physique et chimique à la fois nouvellement conquise, intervient dans la composition et décomposition des corps ; elle préside aux affinités, qu'elle forme et détruit tour à tour ; dans l'industrie, où son rôle est mieux défini que dans la nature, elle est le moteur puissant que nous connaissons ; bien que se distinguant de la chaleur et de la lumière, elle est lumière et chaleur à la fois.

Savoir ce que ces forces diverses ont de rapports ensemble dans l'économie du monde, et si chaleur, lumière et électricité ne sont pas trois états différents d'une même force, c'est ce que nous ne voulons ni ne pouvons examiner ici ; ce que nous avons dit suffit, croyons-nous, pour le but que nous nous proposons d'atteindre.

CHAPITRE V

De la force animale.

Nous traitons à part de la force animale, comme se distinguant de toutes les forces naturelles que nous venons de passer en revue, force faible en elle-même, supérieure toutefois, parce qu'elle n'est pas aveugle comme les autres, force tutélaire aussi et qui met l'animal à l'abri de toute atteinte des autres forces. Elle prend spontanément toutes les formes de mouvements, elle avance, elle recule, elle s'arrête, elle s'incline et se redresse, elle tourne, elle tord, elle pousse, elle déchire, elle soulève, elle serre et comprime, elle renverse, etc., et tout cela avec une infinie variété d'intensité et de souplesse.

Il va sans dire que cette force animale c'est dans l'homme surtout que nous la considérons ; en lui, la main principalement, tout le corps au besoin, si l'on veut, remplace par un ou deux instruments un nombreux outillage, tout un système de ressorts, de leviers, de bascules, de balances, de tenailles, d'étaux, de marteaux, de meules, de ciseaux, de soupapes, etc. sans compter les innombrables outils, dont, en outre, la main se sert, et qu'elle sait si bien s'adapter. C'est une véritable mécanique générale et vivante, remplaçant toutes les autres au service de chaque individu, et, avec tant d'outils, pour les faire tous manœuvrer, un mécanicien attentif, clairvoyant, qui sait la diversité de cet outillage et fait mouvoir chaque os, chaque nerf, chaque muscle à son moment, avec mesure, variant avec précision la direction, l'énergie de la force qu'il applique, mesurant les résistances, et de tout cela instruit par on ne sait qui.

CHAPITRE VI

La pensée est-elle une force ? En quoi elle diffère des forces naturelles et de la force animale.

Il semble qu'après l'énumération que nous avons faite des forces de la nature, surtout après la description de la force animale et de son mécanicien habile, il n'y ait rien plus à dire, rien plus à découvrir, et que l'analyse nous ait montré rapidement toutes les énergies ; il en est une cependant qui a échappé à notre investigation, c'est la pensée à laquelle obéissent toutes les autres, comme à leur maîtresse reconnue, la pensée que rien ne nous a révélée encore comme force, qui dans une claire lumière, même au sein des nuits obscures, voit les forces étrangères, se joue, pour ainsi dire, avec elles, les combine, les organise, leur commande comme à des servantes dociles. Ni les yeux ne la voient, ni les oreilles ne l'entendent, lumière, parole, mélodie, elle vient d'ailleurs, de près, de loin, peut-être ; ce n'est pas de nous, semble-t-il, mais en nous qu'elle jaillit, qu'elle se reflète, qu'elle vibre ; c'est une voix distincte qui nous parle, c'est la parole même, la parole vivante, éternelle qui parle en nous.

Bethoven était sourd et il entendait des mélodies intérieures, graves, rapides, légères ; des harmonies variées qu'il écrivait sans confusion ; il entendait les unes et les autres dans le silence et sans doute dans les mêmes ravissements que nous éprouvons en les écoutant.

Plus d'un poète a été malheureux, plus d'un a été aveugle ; ceux-ci ont peint ce qu'ils ne voyaient plus, ceux-là un bonheur, des joies qu'ils n'avaient jamais goûtées.

On me dira que verbe ou vision, l'idée n'est pas une force au sens vulgaire du mot : sans parler des effets immédiats de l'idée sur nos sens, sur nos membres, déterminant leur action, leurs mouvements par la volonté, n'est elle pas une force et la première des forces, elle qui organise et met en mouvement toutes les autres ? Sans elle en nous tout est dans la torpeur. Si les effets participent de la cause ne doit-on pas connaître la nature de la cause à la nature des effets ? Dès lors la pensée pourrait-elle produire en nous et hors de nous des mouvements comme effets, si comme cause elle n'était pas force ?

Et peut-on mettre en doute l'existence d'une force, parce qu'elle est invisible aux sens, et que rien, quand elle est au repos, ne la révèle au dehors, comme fait la vapeur, la fumée, l'étincelle électrique. Peut-on la nier parce qu'elle est libre et qu'on ne saurait la régler, la contraindre, comme on a fait des forces brutes !

Montrons cela par un exemple : il est arrivé plus d'une fois, la nuit, à chacun de nous d'être tenu obstinément éveillé par une idée ; à sa lueur le sommeil se dissipait, nous reprenions instantanément les sens, nous nous levions, domptés par elle, nous allumions le feu, la lampe, et ne retrouvions le repos qu'après nous être débarrassés de son obsession, en la couchant par écrit, pour être sûrs qu'elle ne nous échapperait pas et ne nous réveillerait plus.

S' Gravesande, je crois, a comparé, comme forces entre elles, le mouvement imprimé à une bille de billard et l'effet produit par ces mots, dits à l'oreille de quelqu'un : « Le feu est à votre maison », ou : « Votre ennemi vous guette au coin de la rue », ou tels autres mots de nature à impressionner et à déterminer des mouvements divers.

La bille se meut d'après des lois mécaniques, touchant une bande, puis l'autre, à un point fatalement déterminé, unique, avec une vitesse déterminée également et finissant par un repos auquel la sollicite invinciblement une autre force, la pesanteur, ou la rencontre d'un obstacle sur son chemin.

Ce n'est pas d'après ces lois que s'exécutent les mouvements d'un homme, dont l'attention a été éveillée par quelques mots dits tout bas à son oreille : ces mouvements varient sans cesse de direction, en dépit de toutes les règles de la mécanique ne se brisant pas contre les obstacles, mais les évitant, les ralentissant, s'accélérant et se précipitant, non au gré de la pesanteur ou de toute autre force naturelle, mais par le fait de la première impression produite, accrue de l'intensité toujours variable des idées qui ont suivi, s'arrêtant tout à coup, se reprenant bientôt ou longtemps après, sous l'action variable de la même cause latente, pour ainsi dire, qui a persisté.

Encore faut-il bien remarquer que, au point de vue mécanique, si l'on aperçoit les apports directs entre le mouvement de la bille et la force qui l'a déterminé, on ne l'aperçoit pas entre quelques mots chuchotés et qui ont déterminé tant de mouvements divers ; la mécanique ne connaît pas ce rapport, parce que l'idée n'est pas soumise à ses lois. La mécanique, d'ailleurs, ne crée pas des forces, elle les combine et les dirige, elle n'est pas une force elle-même, autre que celle de l'idée qui sert de guide à la force extérieure aveugle, et l'achemine vers des effets voulus ; si elle se distingue de l'intelligence, de l'idée, la force souveraine, elle n'est rien. Ce n'est pas elle qui a poussé la bille sur le billard, mais la main, le bras, instruments dociles de cette autre force intérieure, l'idée, dont nous nous occupons, celle-ci étant une mécanique intuitive et spontanée, de laquelle est sortie par voie logique toute la mécanique réflexe et appliquée.

Rappelant le premier exemple, il est bon de noter que l'idée qui me tient éveillé obstinément, considérée comme une force qu'elle est, ne me vient pas d'un autre, elle est née en moi, elle veillait pendant que je dormais, elle est éclose spontanément dans ma conscience, sans aucune participation de ma volonté, comme si un autre, quelqu'un d'étranger à moi, eût projeté sa lumière dans le miroir obscur de mon esprit.

Ce n'est plus ici la bille que la main pousse, c'est la bille qui roule d'elle même, pour ainsi dire, c'est un mouvement qu'aucun mouvement des sens, hors du moi, n'a déterminé, pas même de petits mots chuchotés à l'oreille ou l'expression, le geste d'un visage étranger.

Et pourtant il y a force et mouvement, le sommeil a disparu, les idées appellent les idées, comme dans une fourmilière les fourmis appellent les fourmis : le cœur peut battre plus fort, la fièvre me gagner ; le verbe qui parle en moi me parle distinctement, je vois les causes, je les démêle plus clairement, je proportionne les moyens, je prends des résolutions fermes et je passe à l'action. Voilà l'œuvre d'une idée. Il y a force, il y a mouvement, force libre, force vive, force incoercible, mouvement spontané, divers, se traduisant au dehors de mille manières pour les sens, sans que ceux-ci puissent jamais surprendre la force elle-même. Les autres forces que nous avons étudiées sont pour nous, au contraire, des forces ni libres, ni spontanées, mais brutales ; nous les avons disciplinées, nous nous en faisons obéir, elles n'en demeurent pas moins aveugles. Elles ne semblent pas jouer d'ailleurs un rôle différent dans l'économie générale, elles y maintiennent l'ordre voulu par une volonté et une pensée supérieures, celle-ci maîtresse, non pas d'un corps chétif, mais du vaste univers.

CHAPITRE VII

Où il est établi plus particulièrement que les facultés, bien que diverses, n'en constituent pas moins un moi unique.

Nous revenons sur un point à peine touché ailleurs. Si différents que soient entre eux l'objet des sens et celui de l'intelligence ; si différents que soient par conséquent l'intelligence elle-même et les sens, ils n'en forment pas moins ensemble un moi unique, où tout converge, tout se fond. Le fini, l'accident, le phénomène, le particulier que perçoivent les sens ; l'infini, l'absolu, le nécessaire, l'éternel que perçoit la raison, ne sont pas dans le moi à l'état de guerre ; la présence des uns n'exclut pas la présence des autres ; pacifiquement, harmonieusement, ces perceptions hétérogènes coexistent, cohabitent, les unes souveraines, les autres sujettes, celles-là étant la règle lumineuse, d'après laquelle celles ci sont jugées, classées, admises ou rejetées.

On peut tirer de là une conséquence, qui, sans s'imposer, mérite néanmoins d'être signalée dès à présent, c'est que, malgré les différences qui les séparent, il existe entre le monde extérieur et le monde intelligible un accord réel, et que l'un n'est qu'une image imparfaite, mais sensible, de l'autre. Tout, en effet, dans le monde extérieur se ramène à des lignes ou à des nombres ; si variés qu'ils soient, formes et mouvements, accidents sous lesquels nous le percevons, ne présenteront jamais que des lignes droites, des angles ou des ronds combinés diversement ensemble à l'infini, dont les modèles éternels et leurs dérivés sont expliqués, démontrés par la géométrie et l'arithmétique, alors que les yeux les voient réalisés au-dehors de mille manières par la nature ou par les arts.

Bien que ceci ne soit pas d'une évidence primordiale et indiscutable, pour l'admettre, peut-être suffira-t-il de se représenter quel désordre résulterait pour l'entendement de l'état contraire ; nous ne pourrions nous entendre nous-mêmes, les impressions détruisant les idées et réciproquement ; pour juger des choses il faut pouvoir les rapporter et les comparer à des types invariables, à des règles que nous ne puissions changer; s'il en était autrement, l'anarchie la plus radicale, au lieu de l'harmonie, régnerait entre les hommes et dans chacun de nous, et, la vérité ne se pouvant découvrir à travers les contradictions, la connaissance serait impossible.

Au lieu de cet état de trouble, de guerre, c'est la paix qui règne en nous, non seulement entre les idées venues de diverses sources, mais même entre les sentiments qui germent à leur suite, car le cœur, comme l'esprit, vibre harmonieusement avec la raison et raisonne à sa manière ; le beau et le bien ne se peuvent séparer du vrai ; les joies, les tristesses ne sont pas des anomalies incompréhensibles, ni inconciliables ; nous nous en expliquerons ailleurs.

CHAPITRE VIII

Comment les matérialistes expliquent l'unité du moi.

Ici nous ouvrons une large parenthèse ; voulant tirer une première conséquence de la distinction que nous venons de faire entre les sens et la raison, nous en déduisons une autre, celle de la matière et de l'esprit ; c'est là comme le corollaire nécessaire de ce qui vient d'être exposé.

Les matérialistes, qui n'admettent que la matière dans l'homme et hors de l'homme, ont bien compris que distinguer, comme nous l'avons fait, les sens de l'intelligence en eux-mêmes et dans leur objet, c'était admettre, non pas un principe seul et matériel, comme ils font, mais deux, l'un matériel et l'autre immatériel, lesquels se fondent en un moi unique. Pour sortir d'embarras, ne pouvant nier cette unité que la conscience atteste, ils ont nié l'un des deux principes qui le composent, et tout rapporté à un seul, le principe matériel ; les sens, organes matériels, étant la première et unique source, l'unique moyen de toute connaissance, et la matière en étant le seul objet, sujet et objet matériels tous deux. Le procédé était simple, l'unité était ainsi faite dans le moi, où toute dualité cessait, où par conséquent l'harmonie ne pouvait pas être troublée ; mais prétendant concilier ainsi ce qui nous a paru inconciliable, ils ne le conciliaient en réalité pas davantage. En donnant, en effet, quelque chose de subjectif, de personnel, les sens, comme instrument et unique source primordiale de la connaissance, et quelque chose de relatif et de variable, le phénomène, comme objet, comment pourrait-on arriver à connaître ce qui est permanent, impersonnel, absolu, comme sont les vérités rationnelles ? Les sens nous peuvent montrer des effets, ils ne sauraient les rapporter à leurs causes, l'idée de cause ne nous vient pas d'eux, et la faculté qui remonte de l'effet à la cause est distincte des sens et ne saurait être confondue avec eux. Dès lors, sans l'impersonnel et l'absolu, comme sans idée de cause, comment constituer la vérité, la connaissance ?

CHAPITRE IX

Le système nerveux suffit-il à rendre raison des faits psychiques ?

L'unité du système nerveux va tout nous expliquer peut-être, examinons-le. L'oreille perçoit les sons, mais ne les produit pas ; l'œil perçoit les couleurs, la lumière, mais ne les produit pas ; le toucher perçoit la chaleur, le froid, les formes, etc., sans les produire ; l'objet des sens est hors de nous et cet objet, qui est multiple et divers selon les organes qui lui servent de moyen ou de véhicule, pour arriver jusqu'à nous, s'achemine de divers points vers un centre commun du système nerveux, le cerveau, et là se concentre encore, dit-on, en un point plus particulier, appelé sensorium par les savants, mot qui ne veut pas dire autre chose que le lieu où les sensations aboutissent toutes et sont perçues, on ne sait par quoi de particulier.

Comme le parloir est le lieu où l'on parle, et

le dortoir celui où l'on dort, ainsi le sensorium, on devrait dire sensoir, est celui où l'on sent. C'est le siège du moi unique, de la conscience peut-être, qui, elle, constituée par une fibre, un filet nerveux, un atome quelconque, de nature matérielle pourtant, voit, entend, goûte, odore, touche, résumant en elle les cinq sens ; accordons-le, sans le comprendre toutefois, car jamais la lame, l'aiguille la plus fine, l'œil le plus investigateur n'ont réussi à isoler, à distinguer ce rare atome.

Voilà que cet atome raisonne, abstrait, généralise, compare, que, de sujet passif qu'il était, il devient sujet actif et fait toutes les opérations rapportées par nous au principe immatériel, que les matérialistes ne connaissent pas.

Par cette élaboration mystérieuse et dont les résultats n'ont plus rien de matériel, les sensations ou idées particulières se transforment en idées générales, idées abstraites d'abord, absolues ensuite. Nous ne percevons que des effets, des phénomènes, passivement ; le sensorium, enregistreur central, de passif devient actif, nous donne des causes, sur lesquelles les sens sont muets ; cela ne fait pas hésiter le matérialiste. L'unité du moi humain se révèle bien à lui dans la construction de cet appareil, où tout aboutit à un centre commun, où les dernières et imperceptibles fibres nerveuses, diffuses dans tout le corps, se ramifiant de proche en proche et se rattachant comme les branches d'un arbre au tronc, communiquent ensemble dans le cerveau, et plus particulièrement dans le sensorium ; cette unité est bien réelle en effet, l'œuvre est pleine d'harmonie pour la perception des choses extérieures ; mais il reste toujours à expliquer comment la matière cérébrale, pesante, chaude, étendue, inerte, comme toute matière composée d'éléments chimiques simples, caractérisés, bien connus, qui, par eux-mêmes et isolés, sont incapables de recevoir aucune sensation et de la transmettre, comment, disons-nous, cette matière, ces éléments, une fois introduits dans l'organisme, peuvent y contracter les extraordinaires facultés de recevoir les impressions des sens, de les transformer, et de nous donner conscience de tout cela ; comment, de la matière du cerveau, si élaborée soit-elle, il peut sortir quelque chose qui ne soit plus matière ; comment enfin peut résulter de là l'être moral, actif et responsable que nous sommes.

Qu'a fait l'animal, livré presque exclusivement à ses sens ? Il ne s'est pas élevé beaucoup au-dessus ; la sensation ne s'est pas transformée en lui, comme les matérialistes prétendent qu'elle s'est transformée en nous. Il a les cinq sens comme nous, mais il n'a pas la raison, ou il n'en a que de faibles lueurs ; encore ne parlons-nous ici que des vertébrés, car les invertébrés ont des sens incomplets le plus souvent sans en avoir toujours les organes distincts. Par eux, l'animal est en rapport avec le monde extérieur ; mais le monde moral et intelligible lui est fermé ; il n'abstrait pas, il ne généralise pas, il ne combine pas, il ne compare pas et ne déduit guère davantage ; il n'invente pas, il suit aveuglément dans ses actes la loi de ses appétits ; l'habitude, l'instinct lui suffisent.

Comment expliquer cela s'il n'y a rien de moins en lui, rien de plus en nous ? La substance cérébrale est de même qualité chez tous les quadrupèdes, avec lesquels nous confondons l'homme, pour un moment ; les cerveaux ne peuvent différer entre eux que par la quantité de matière et par la forme ; cela étant, la vie intellectuelle, l'intensité de la pensée doit être en rapport avec la masse du cerveau. En est-il toujours ainsi d'homme à homme, d'animal à animal et d'animal à homme ? Le renard est plus intelligent que le bœuf, l'éléphant l'est moins que l'homme, et, sans sortir de notre espèce, une grosse tête ne loge pas toujours un grand esprit.

Un statisticien de Londres disait dans une revue périodique, il y a quelques années, que le cerveau le plus volumineux, le plus lourd par séquent, trouvé par lui, était celui d'un distributeur de journaux ; il pesait près de 2.000 grammes, plus lourd que celui de Cuvier, de Bismarck, de Gambetta.

Encore ne parlons-nous pas ici des animaux, et ils sont nombreux, qui n'ont point de cerveau proprement dit, comme la fourmi, l'abeille, etc. et qui ne passent pas pour être moins intelligents pour cela.

Faut-il croire que les différences constatées dans les fonctions intellectuelles tiennent plutôt à une différence quelconque de forme des systèmes nerveux et de l'organe récepteur ? Outre que les systèmes sont dans leur ensemble d'une forme analogue, avec un centre bulbeux, le cerveau, et des ramifications fines innombrables se rattachant à une tige centrale, la moëlle épinière, qui n'est, elle, que le prolongement, l'irradiation du cerveau, la forme ne nous semble être qu'un accident, par rapport à la substance et à la force.

L'appareil peut être diversement dessiné, articulé, exécuter des mouvements différents, sans que la force, qui le meut ou qu'il est, change de nature : l'animal se déplace au moyen de pattes, d'ailes, de nageoires ; la force motrice est apparemment la même chez chacun, l'appareil de locomotion seul est différent. La vapeur, force une, ne se diversifie-t-elle pas en apparence par la variété des mouvements qu'elle produit ?

Prétendrait-on qu'un changement dans la forme de l'appareil entraine un changement dans la fonction, un changement aussi dans la force et dans la substance, où la force réside et qui la fournit ? Que dans l'oiseau, parce qu'il vole, la force motrice n'est pas de même nature que celle qui meut les quatre pieds du mouton ? Prétention moins injustifiable que celle qui voudrait qu'une différence légère de forme dans les appareils nerveux de l'homme et de l'animal suffît à expliquer la différence de leurs facultés. Un monde est ouvert à l'un qui est impénétrable à l'autre, monde intelligible, où les sens ont la moindre part, et que l'on ne connaît pas dans le monde des instincts.

Ainsi, au fond du creuset, l'idée demeure irréductible, et, comme force, elle n'est assimilable à aucune autre et résiste à toute analyse ; elle mettra en mouvement toute la machine, sans qu'elle doive ni puisse elle-même être une partie quelconque de cette machine, un atome du système nerveux qui lui obéit.

Avec l'idée, où sont la pesanteur, l'inertie, la densité, l'immobilité primordiales de la matière ? Où sont les lois de dilatation, de pression, de perméabilité ? Où sont les fonctions de digestion, de circulation, d'absorption, etc. ? Où est l'étendue ? où est la durée ? où sont les accidents de forme, de température ? Quelle observation directe par les sens, aidés même des instruments, au moyen desquels la science a prolongé et fortifié leur action, peut la percevoir ? La conscience d'un ignare, d'un simple, d'un enfant y suffit ; cet instrument d'observation la nature l'a libéralement distribué, afin que par lui nous puissions nous connaître nous-même, et que chacun puisse s'en servir pour la connaissance de ce qui lui importe le plus.

Dans quel rapport la pensée peut-elle être avec la forme, avec les circonvolutions du cerveau, nous ne le saurions dire, ni affirmer, ni démentir, en nous basant sur des expériences concluantes. Le système de Gall ne lui a pas survécu ; les théories qui s'en sont inspirées sont plus générales ; on peut négliger le détail, lorsqu'il s'agit d'admettre un principe, esprit ou matière, qui emporte tout le reste. On ne nous a pas dit jusqu'ici à quel endroit s'opèrent l'abstraction, un raisonnement, une résolution de la volonté. Que le cerveau collabore à ces opérations sous l'impulsion d'un principe spontané, différent de la nature du cerveau lui-même, nous l'admettons volontiers, à cause de l'unité du moi, qui repose sur l'action réciproque de deux substances l'une sur l'autre ; mais ce n'est pas à un simple accident de forme, nous semble-t-il, que peut être raisonnablement attribuée une influence décisive sur la production des phénomènes de la pensée. Pourrait-on dire d'ailleurs si c'est la forme du cerveau qui détermine la faculté, ou celle-ci, au contraire, qui détermine la forme du cerveau ?

Nous avons suffisamment distingué déjà le principe immatériel du principe matériel ; celui-ci étant matière n'est point l'activité spontanée, la vie. On dissèque, on analyse, on retrouve sur un cadavre tout le réseau, tout l'appareil nerveux intact ; il n'est rien que matière, pourquoi ne fonctionne-t-il plus, étant encore organisé ? Plus de mouvement, plus d'activité ; la même cause qui fonctionnait, il y a un moment, ne fonctionne plus, ne fonctionnera plus désormais ; le mécanisme ne peut être raccommodé, comme on ferait du mécanisme d'une montre, et la force qui le mouvait ne peut pas lui être insufflée ; elle se dérobe à toutes les recherches, à toutes les analyses ; ni chaleur, ni lumière, ni électricité, ni gaz, ni corps quelconques, ne peuvent réveiller cet organisme endormi ; l'œil est intact, il ne voit plus, l'oreille n'entend plus ; dans peu tout se dissolvant retournera inerte à la masse inerte.

Qu'y avait-il donc de plus avant ? Qu'y a-t-il de moins après ? Le matérialiste affime qu'il n'y avait rien et sans doute qu'il ne manque rien non plus, c'est-à-dire qu'il n'explique pas le changement ; nous croyons, nous, que, avant comme après, il manque une cause différente, pour expliquer des effets différents, et que sans la cause les effets ne se peuvent expliquer.

CHAPITRE X

Du principe immatériel dans l'homme et dans la nature.

Jusqu'ici, dans l'analyse que nous poursuivons, nous avons seulement reconnu la présence en nous de quelque chose qui n'est pas matière ; sans chercher à amoindrir le rôle du système nerveux, du cerveau, nous le croyons insuffisant pour expliquer, par lui-même, et tout seul, les phénomènes de la pensée.

Avant d'être organisés, que se passe-t-il dans les atomes qui le composent ? De quelle nature sont ces atomes ? Comment se sont-ils groupés ensemble ? Quelle force, quelle intelligence ont présidé à ces groupements? Il ne doit pas suffire de constater le fait, comme nous faisons, et de s'en tenir à cette simple constatation ; la science humaine, par la vue directe de la conscience, ou les analyses du laboratoire, ne peut expliquer cette merveille.

De l'azote, du carbone, de l'oxygène, de l'hydrogène, du phosphore, du soufre, du fer, du calcium, de la silice, de la potasse, composent le cerveau ; ces éléments ont été introduits par la nutrition, tirés des éléments grossiers de l'eau, de l'air, du suc des plantes et de la chair des animaux, par une sélection délicate, imperceptible ; il ne s'est jamais trouvé de tissu nerveux, qui, à la manière d'une marcotte, ne fût que le prolongement d'un autre tissu de même nature; la cervelle d'un bœuf ne provient jamais que des herbes qu'il rumine, et, dans ces éléments constituants, cet organe est, pour ainsi dire, diffus dans le pâturage.

Le travail se fait en nous, à notre insu, par où apparaît notre dépendance ; nul art n'a pu ni ne peut réaliser rien de pareil ; la nature, au contraire, se joue en faisant son chef-d'œuvre, son travail est invisible ; les moyens qu'elle y emploie nous sont inconnus, le résultat seul nous apparaît ; tel le miel de l'abeille, dont elle seule a le secret.

Suivons la goutte d'eau dans les trajets qu'elle parcourt. Sous l'action de la pesanteur, elle roule et descend jusqu'à l'endroit, où, maintenue en équilibre, elle ne peut plus descendre ; elle monte, au contraire, dans la plus humble tige de la plus humble plante ; elle monte chargée de matériaux divers, qui montent avec elle, et, au bout de quelques années, ces matériaux charriés incessamment par elle ont fait le robuste chêne, et ont atteint à des hauteurs sensibles dans le sapin de Norvège et tant d'autres plantes. Les deux forces, celle qui entraîne l'eau plus bas et celle qui la fait monter, bien qu'opposées, vivent et fonctionnent d'accord ensemble ; la première toutefois est ici vaincue par la seconde, et, de la goutte d'eau qui descend à celle qui monte, il y a une véritable dérogation aux lois de la nature ; et, pour qu'il y eût miracle, au sens philosophique, comme au sens vulgaire du mot, il faudrait seulement que le fait, au lieu d'être général, fût isolé. Mais de ce que le fait n'est pas isolé, la dérogation, sinon le miracle, n'en existe pas moins, dérogation due non pas à l'intervention momentanée d'une volonté particulière, supérieure, mais d'une loi ou force supérieure également et permanente.

Cette matière que nous avons vue dans la plante, monter, s'étendre, se ramifier, fleurir, se parer, était cependant stable et fixe par ses racines ; dans l'animal elle va se détacher du sol et se mettre à marcher ; elle marche, elle vole, elle nage, elle rampe, se déplaçant toujours et sans peine. Du végétal donc à l'animal, la dérogation est plus grande encore, et, si l'inertie transformée en mouvement n'est pas un miracle, pour constituer un miracle que faut-il ? Et s'il n'y a point de principe distinct de la matière, opérant dans le végétal et dans l'animal, à l'encontre des lois générales, comment le matérialiste expliquera-t-il qu'une loi soit suspendue, interrompue dans ses effets et qu'il lui en soit substitué une autre, sans que l'harmonie soit troublée entre elles ?

Enfin de nouvelles merveilles vont apparaître : l'être n'est pas attaché, cloué au sol, il se déplace, il marche déjà ; il va voir, entendre maintenant, sentir par tous ses sens ; il va être en relation avec ce qui l'entoure ; l'inconscient va devenir conscient ; il ne marchera pas comme marche une machine, il dirigera ses mouvements et les modifiera à son gré ; ce ne sera plus seulement l'atome qui monte et va automatiquement dans les organes à la place qui lui est assignée et par des chemins dont il ne peut s'écarter : l'organe, l'être lui-même tout entier, se mouvra librement désormais.

La matière s'est organisée, elle se meut, double prodige ; elle est pourvue de sens, elle est consciente, prodige nouveau, incomparable, mais non le dernier, la conscience, de spontanée va devenir réflexe, l'être pensera, voudra, sera libre.

Où sont, dans ces nouvelles et sublimes fonctions, la dilatation, les densités, la sélection? Où sont les affinités et les cohésions chimiques ?

Où sont chaleur, lumière, électricité, les phosphorescences les plus légères ? Les sens n'interviennent plus ; la pensée est impondérable, incommensurable, impalpable, inouie à l'oreille, invisible aux yeux, quoique vue et entendue distinctement d'une autre manière ; elle est essentiellement active et le principe de toute activité en nous ; elle est dans l'espace à cause du corps, mais le corps ne la limite pas ; elle en sort le plus souvent et, tout en percevant les figures dans l'espace, elle n'est ni figure ni par conséquent espace ou étendue elle-même ; elle est également dans le temps à cause du corps qui ne dure qu'un jour, mais elle-même est inaltérable, étant simple et indécomposable ; elle franchit cette prison étroite de la durée, les choses éternelles lui peuvent devenir familières ; elle peut embrasser le cours des siècles, comme se poser un moment sur le présent qui passe, sans passer comme lui.

Tout le monde admet ces faits, incompatibles, ce semble, s'ils viennent tous d'une cause unique ; c'est à une source unique pourtant, la matière, que le matérialiste les rapporte, faisant celle-ci inerte et active, intelligente et brute, lumineuse et obscure, consciente et inconsciente, morte et vivante à la fois, mêlant ainsi et confondant des choses qui s'excluent. Pour nous, si nous ne voyons pas uniquement l'intelligence et la vie opérant seules dans le monde et dans l'homme, nous les y voyons assez cependant, pour les distinguer de ce qui n'est ni vie ni intelligence, et pour proclamer ici leur supériorité.

Les lois ne sauraient se contredire sans se détruire ; si elles se contredisent et ne se détruisent pas, c'est qu'un agent inconnu, mais réel, intervient plus puissant que la loi, auquel la loi est soumise, qui la suspend, la dirige et la modifie à son gré, et de cette constatation nous nous bornons à conclure qu'il y a un principe en nous et un principe hors de nous, dans la nature, principe ou force, qui n'est pas matière et qui commande à celle-ci.

Tout en parlant des forces mises en œuvre par la nature, et que la science a domestiquées au service de l'homme, nous avons vu comment, sans fourneaux, sans appareil aucun, la racine décomposait les substances, discernait, s'assimilait certaines d'entre elles et dosait, sans erreur, ce qu'il fallait de ceci à la tige, de cela à la feuille, à la fleur, de cela encore au fruit. L'estomac de l'animal n'opère pas avec moins de sagesse et de certitude. Puis, nous avons touché légèrement à la conscience, à la pensée, à l'activité libre ; avons-nous ainsi connu toutes les vertus, toutes les forces naturelles, nous allions dire divines, du moi ? La justice, la bonté, la grâce, la pitié, la beauté, l'espérance, etc. sont aussi des forces, elles déterminent des mouvements généreux ; elles opèrent le bien et font naître l'amour en nous par le seul attrait qu'elles exercent. D'où viennent-elles ? De quelle source procèdent-elles ? Et quelle part la matière y peut-elle avoir ? Quoi ! le beau, le bien, la consolation suprême, le ravissement de l'esprit et du cœur, ne seraient qu'une combinaison de molécules ! La matière, toute inerte qu'elle est, contiendrait en elle, non seulement les forces et les lois d'après lesquelles elle s'évertue, mais encore les types immortels, d'après lesquels elle se façonne, et l'idéal divin dont nous portons en nous quelques traits, dont nous sentons la présence ! Quelles raisons faut-il donc à l'homme pour le convaincre de ce qu'il est, pour lui révéler sa propre nature ? S'il nous est difficile d'expliquer les choses de l'esprit par l'esprit, combien plus est-il difficile de les expliquer sans lui, par la seule matière !

On croit à de vaines apparences ; une conjecture, une seule probabilité, suffisent pour faire naître en nous la foi, et nous contestons ici l'évidence ; il s'agit de nous, de la nature de notre âme, et, à voir notre indifférence, il semble que la question ne nous regarde pas. Heureux celui qui sait élever son esprit et son cœur au-dessus des sens ! Ce ne sont sont pas les moindres plaisirs, les moindres joies qui lui sont réservés.

CHAPITRE XI

Matière organique et inorganique ; corps simples, considérés au point de vue philosophique.

Nous avons déjà reconnu les principaux caractères de la matière, en même temps que les caractères particuliers d'un principe immatériel dans le monde et dans le moi : inerte, étendue, indifférente à tout mouvement et à toute forme, composée et décomposable, soit en ses parties similaires, soit en ses parties hétérogènes, etc., la matière est le contraire de tout ce qui est activité, intelligence et vie ; elle peut recevoir l'empreinte de celle-ci, mais empreinte toujours passagère, accidentelle, la vie, l'activité ne pouvant s'immobiliser, sans devenir immobile et inerte comme la matière elle-même. De même que le mouvement qui lui a été communiqué s'apaise et s'arrête, de même l'empreinte s'efface, ce qui établit que forme et mouvement ne sont en elle que des accidents et qu'ils lui viennent du dehors. C'est ainsi que physiciens et chimistes connaissent et traitent la matière, lorsque rien d'étranger n'agit sur elle. Les derniers, à force d'analyses, ont réussi à isoler un certain nombre de corps simples, c'est-à-dire, composés de parties similaires, unies par la seule cohésion et jusqu'ici irréductibles, mais pouvant se combiner ensemble les uns avec les autres en une foule de composés binaires, ternaires, quaternaires, etc., lesquels composent la masse. C'est là un résultat précieux : il n'y a pas, jusqu'à présent, une matière unique, il y en a, pour ainsi dire, autant que de corps simples, et entre spiritualistes et matérialistes la controverse, désormais, porte uniquement, non pas sur la matière en général, c'est-à-dire sur l'ensemble des corps simples, mais sur ceux-là, seulement, qui entrent dans la composition des tissus organiques. Il n'y a pas également plusieurs sortes d'intelligences ni d'intelligibles, les règles des nombres et des lignes sont les mêmes pour chacun, et si les impressions sont différentes d'un individu à un autre, changeantes parfois dans le même, les vérités géométriques sont les mêmes pour tous, sans divergence ni changement ; et ces vérités, appliquées à l'étude des corps, sont presque l'unique moyen que nous ayons de connaître, de mesurer leur masse, leur forme, lesquelles en sont par conséquent distinctes.

Un certain nombre de ces corps simples nous les absorbons, ordinairement, sous des formes composées, et ils constituent, nous l'avons dit ailleurs, les tissus et organes végétaux et animaux, subissant alors des métamorphoses profondes. Qui reconnaîtrait du phosphore, du fer, du calcium, du carbone, de l'oxygène, de l'hydrogène, de l'azote, etc., dans les tissus ou les liquides dont est fait l'animal ?

Ils ne font pas, d'ailleurs, ni les uns ni les autres, un long séjour dans l'organisme ; au bout de trois ans, selon les uns, de sept, selon les autres, tout le corps est renouvelé, et il n'y reste rien de ce qui le composait, trois ou sept ans auparavant, sans que l'individu ait cessé pour cela d'être identique à lui-même. Avant d'être ingérée, et à l'état brut, dans le laboratoire, aucune de ces substances n'a rien laissé voir, qui, même de loin, se rapprochât des phénomènes psychiques ; elles ne présentent toutes que les caractères chimiques qui les différencient ; les mouvements remarqués n'ont été que de cohésion, d'affinité, de densité, de pesanteur, sans rien de spontané, de varié, de conscient. Font-elles partie de nous, tout change ; les substances introduites perdent leurs caractères de métaux, de matière inorganique, ne se distinguent plus les unes des autres ; elles ne sont plus momentanément elles-mêmes, elles sont les parties harmonieuses, mais inconscientes, d'un tout, d'un organisme conscient ; elles étaient sans ordre, elles sont ordonnées maintenant ; elles étaient inertes, elles marchent, elles agissent ; elles étaient insensibles, elles ne le sont plus. Comment ont-elles ainsi changé leur nature ou leurs aptitudes, si quelque chose distinct d'elles, n'est intervenu ?

Que la machine sublime vienne à se déranger, à se rompre par la mort, le physiologiste pourra disséquer les tissus, séparer les organes ; le chimiste les soumettre à ses réactifs, ils ne trouveront l'un et l'autre que la matière avec les caractères que nous avons décrits, sans rien des vertus et énergies, qui faisaient seules le moi de celui dont il ne reste que la dépouille, l'élément mortel, rien de cette conscience, témoin toujours éveillé de ce qui se passe en nous, et nous révèle à nous-mêmes ; tout cela invisible, impalpable.

CHAPITRE XII

Des sens. Comment ils fonctionnent chacun. Modes et substances.

Ici se ferme la longue parenthèse, cette interruption de notre examen philosophique faite pour établir incidemment et d'une manière générale, contre les matérialistes, la distinction de l'esprit et de la matière ; reprenons maintenant cet examen, la distinction ressortira encore mieux dans la suite.

Nous avons dit plus haut que l'oreille percevait les sons, mais ne les produisait pas, et l'œil la lumière, sans la produire davantage ; lumière et sons nous sont extérieurs ; ils agissent même à distance sur nos organes, qu'ils touchent et ébranlent par le prolongement de l'onde sonore jusqu'à l'oreille, et de l'onde lumineuse jusqu'à l'œil, sans confusion, l'œil, et non l'oreille, étant fait pour la lumière, l'oreille, et non pas l'œil, étant faite pour les sons.

L'image que je vois ainsi voyage de l'objet à l'œil, qu'elle seule touche, portée jusqu'à lui par la vibration lumineuse, tandis que le son arrive de même, de proche en proche, jusqu'à l'oreille, se propageant de manière analogue, par l'onde sonore, avec laquelle l'oreille seule est en relation. L'objet de la vue et de l'ouïe étant ainsi plus ou moins éloigné de l'organe qui le perçoit, nous acquérons par ces deux sens une certaine notion de la distance, et, à la longue, par l'habitude, nous apprenons par eux à la mesurer, l'image étant plus ou moins nette, plus ou moins grande, selon que l'objet est plus ou moins rapproché, et le son plus ou moins affaibli, selon que le corps qui sonne ou vibre est plus loin ou plus près.

L'objet des autres sens, du toucher, du goût et de l'odorat, nous est pareillement extérieur, mais n'agit pas de même à distance, par le prolongement d'ondes intermédiaires ; nous ne percevons cet objet que par son contact immédiat avec les organes de ces trois sens ; entre l'organe du sens et l'objet il n'y a rien, ni distance, ni vibration intermédiaires. En particulier, l'odorat et le goût, ne nous transmettent pas des images, au sens vulgaire du mot, mais seulement des sensations de douleur ou de plaisir, presque exclusivement passives, qui ne nous révèlent de l'objet éphémère qu'est tout objet matériel, que quelque chose de plus éphémère encore, un accident à peine dans l'accident. Tel est le parfum d'une feuille, d'une fleur, la saveur d'un fruit ; passagère est la rose, combien plus son parfum.

Le toucher, dont certains ont voulu faire le sens unique, qui nous mettrait en relation avec le monde extérieur, se fondant sans doute sur ce que l'onde lumineuse touche la rétine, l'onde sonore le tympan, l'émanation odorante, le nerf olfactif, et le jus d'un fruit, le réseau nerveux de l'arrière-bouche ; le toucher, disons-nous, distingué même des autres sens, au moins par son objet, n'est pas localisé comme eux, et s'exerce sur tout le corps même à l'intérieur. Par lui nous connaissons la température ambiante des corps et des corps eux-mêmes, leur densité, leur poids, leur état fluide ou solide, leur forme surtout par les plans et les reliefs. A ce point de vue général, le philosophe peut le rapprocher de l'ouïe et de la vue, pour le rôle qu'ils jouent tous trois dans la connaissance du monde extérieur ; tandis que d'autre part lorsqu'il se particularise dans la perception des phénomènes de la douleur et du plaisir, il a plus de ressemblance avec l'odorat et le goût, sans que son rôle en soit diminué, puisque c'est par lui que nous ressentons le plaisir de l'amour et la souffrance occasionnée par tout trouble qui survient dans notre organisme ; sensibles dans l'acte créateur, nous ne le sommes pas moins dans tout ce qui tend à nous détruire, les accidents, la misère, l'épuisement par le travail et les maladies.

C'est par le toucher que sentant les résistance nous nous conservons : piqués, déchirés, frappés, la douleur nous avertit du danger et nous invite à nous y soustraire. Ce sens est donc le gardien immédiat de notre corps, chargé plus particulièrement de sa conservation par la nature ; les autres sens peuvent annoncer le danger encore loin, le toucher nous crie qu'il faut le repousser, nous y soustraire.

Ajoutons que si les sens, en général, nous font connaître le monde extérieur, par eux aussi nous connaissons une partie des deux qui forment la personne humaine ; notre sensibilité par eux nous est révélée, ce que nous ressentons en est la mesure ; et ainsi se trouve tempérée en nous l'autorité, l'empire trop exclusif de la raison sur les êtres faibles que nous sommes.

Avec la vue, il semble que nous saisissons l'objet lui-même par la forme et la couleur, c'est-à-dire par son image, par ce qui nous la rend présente, tandis que avec les autres sens nous ne saisissons que des accidents, qui sont comme étrangers à l'objet ; l'amertume d'une feuille, le son d'une trompette, l'odeur du lilas, les rugosités, la chaleur d'une pierre, etc., sont-ils autre chose que des accidents, des modes passagers, non inhérents à l'objet même ? Même la couleur et la forme, l'image en un mot, que nous distinguons pourtant, à laquelle nous trouvons un caractère marqué de supériorité parmi les accidents et les modes, parce qu'elle manifeste mieux et plus complètement la substance, est-elle autre chose elle-même ? est-elle moins passagère, moins éphémère, qu'un vain bruit, qu'un souffle léger ?

Ainsi dans toutes ces opérations des sens, les sens ne nous révèlent pas la substance, l'être quel qu'il soit, mais seulement les apparences sous lesquelles il se dérobe, et de l'être il n'est point d'autre faculté qui le saisisse en nous que la raison consciente, c'est-à-dire que c'est par elle seule que nous affirmons d'une manière absolue, sans restriction, qu'il y a l'être sous les apparences, par elle aussi que notre propre être nous est démontré.

Encore est-il bon de faire remarquer que les images des choses, directes ou irréfléchies, pleines ou dégradées, formes nues ou colorées, ne nous viennent pas, particulières à chacun de nous, elles rayonnent partout et dans tous les sens, quoique non pas sous le même angle ; elles se croisent sans heurt sans confusion, également perceptibles à tous les yeux ; elles se développent, s'éloignent, se rapprochent harmonieusement, sans que jamais un seul trait de couleur ou de lumière en fasse dévier un autre, et vienne troubler ce concert divin ; de près, de loin, l'image arrive à nous ; elle jaillit sans cesse de la même source, sans l'épuiser ; nous ouvrons les yeux, elle est là, nous la saisissons ; à côté de nous, plus près, plus loin, mille autres la saisissent, elle est entière pour tous, entière pour chacun.

Mais la merveille est que saisissant l'image lumineuse au passage, quand elle touche la rétine, nous la voyons à distance, comme si c'était hors de nous que la sensation se produisit, puisque l'objet en est éloigné.

Ainsi se comporte l'onde sonore dans l'air, mais plus lentement, à raison du fluide plus épais qu'elle traverse, expirant à la distance d'un faible rayon, intermittente, selon que le corps sonore entre en vibration et la continue ou la cesse, tandis que la lumière vibre sans interruption, étant sa nature de vibrer. L'onde sonore est d'ailleurs égale pour tous, nous voulons dire également perceptible, puisque à égale distance elle fait également vibrer toutes les oreilles, elle va se développant dans toutes les directions comme les ondulations de l'eau d'un lac où est tombée une pierre.

C'est d'une manière analogue sans doute que nous percevons les sensations, par l'odorat : les particules odorantes se détachent, comme un souffle, de la fleur de l'objet quel qu'il soit ; elles montent, se répandent partout autour de l'objet odorant, s'affaiblissant, se dissipant enfin, à mesure qu'elles s'en éloignent davantage, ainsi que fait l'onde sonore ; si bien que l'on ne saurait dire si ces particules n'ondulent pas elles-mêmes à de faibles distances, et si les odeurs, au seul rapport de l'odorat, sont des émanations de matière subtile ou seulement des vibrations d'une espèce particulière, provoquées par l'objet odorant et se communiquant à nous par le nerf olfactif.

C'est presque de même que nous percevons par le toucher l'état changeant du milieu ambiant, chaud ou froid, les mouvements de dilatation ou de contraction de l'air ou de l'eau, la violence ou la douceur des vents ; les corps solides au contraire et résistants agissent sur le toucher et sur le goût, non pas à distance et par ondes, mais par un contact immédiat.

On pourrait étendre encore cette description déjà longue, et les considérations diverses qui l'ont accompagnée ; telles qu'elles sont, elles suffisent à nous faire conclure ou répéter la conclusion importante tirée plus haut, que les sens tout seuls ne nous révèlent que les accidents et point les substances, à quoi cette description tend uniquement.

CHAPITRE XIII

Fonction particulière de la vue et de l'ouïe au point de vue de l'art.

Nous ne devons pas quitter ce sujet sans indiquer un rôle particulier et supérieur de la vue et de l'ouïe : non seulement ces deux sens, comme les trois autres, nous mettent en rapport avec le monde extérieur, ils nous mettent encore en rapport avec le beau ; c'est là principalement ce qui les distingue des autres et les ennoblit. Sans rechercher encore la nature du beau, c'est par la vue et l'ouïe que nous le percevons, que nous sommes initiés à des connaissances et à des sensations nouvelles et que nous goûtons des jouissances insoupçonnées jusqu'ici.

Le beau est partout autour de nous dans la nature, mais de nos cinq sens trois, le toucher, le goût, l'odorat ne l'y peuvent saisir ; si les deux autres l'y perçoivent, c'est qu'ils sont en rapport avec un sixième sens plus élevé, intérieur, qu'émeuvent les harmonies des nombres, des couleurs, de la lumière, les proportions justes et variées, selon lesquelles les êtres sont constitués et vivent ensemble ; c'est lui, c'est le sens divin qui, par l'oreille et l'œil, interprète à chacun l'œuvre belle de la nature et fait vibrer tout notre être devant elle, comme un écho, muet par lui-même, qui s'émeut, quand on lui parle.

Ce beau que nous rencontrons dans la nature, dont la vue nous charme, l'homme a essayé de l'imiter, de le reproduire, de l'embellir lui-même par les arts, la musique, la peinture, et ce sont encore la vue et l'ouïe qui s'ouvrent pour le percevoir, doublant ainsi par les arts les plaisirs purs que nous donne la nature.

Chez les animaux, la vue et l'ouïe ne remplissent pas cette nouvelle fonction, le beau n'est perceptible ni à leurs yeux ni à leurs oreilles ; c'est qu'ils n'ont pas, comme nous, le sens intérieur dont nous avons parlé, dont les sens de l'homme sont tributaires et avec lequel ils communiquent. Ce sixième sens leur manquant, les animaux ignorent certaines de nos joies, peut-être aussi quelques tristesses ; ils ne savent et ne peuvent ni rire ni pleurer ; les sens chez eux n'ont d'autre objet que la conservation des individus.

Une dernière et importante considération est que tant la vue que l'ouïe peuvent percevoir, au moyen d'une langue écrite ou parlée, sons vocaux ou écriture, non seulement les choses extérieures, mais aussi celles de la pensée, dans leurs plus fines nuances ; ainsi ces deux sens se mêlent en nous à toutes les opérations de l'intelligence ; l'intelligible lui-même leur est redevable et jusqu'à un certain point devient leur objet, puisque c'est par les seuls mots que nous l'exprimons. La raison, toujours attentive, les a ainsi domestiqués et pliés à elle, ou plutôt ennoblis, faisant d'eux les interprètes et les serviteurs de l'idée.

La parole, l'art suprême, est allée plus loin, puisque, par l'accent et les diverses intonations de la voix, elle a pu ajouter à l'expression de la pensée, réprésentée par les mots, celle des impressions présentes et vivantes éprouvées, et faire de la langue comme une véritable musique chantée ; variée de tons et de mesure. Une langue n'est langue en effet, dans toute la force du terme, que quand elle est parlée ; ce ne sont pas les mots seuls qui la composent, et qui, figés qu'ils sont, se peuvent seuls représenter, mais avec les mots, l'accent, la musique, qui leur donnent leur véritable sens, renforcé ou diminué, selon la passion de l'orateur, et leur communiquent momentanément la vie qui est en lui.

CHAPITRE XIV

Unité et identité du moi.

Cette question, traitée déjà, à l'endroit où nous avons distingué entre elles les diverses facultés qui composent le moi, se représente ici, à la suite de l'examen que nous venons de faire de nos cinq sens, nous ne croyons pas qu'il soit inutile d'y revenir.

Au milieu des sensations diverses venues par des organes différents, le moi, par la conscience est un ; les sensations, les sens, les organes sont particuliers, distincts ; cette particularité, cette distinction cesse dans le moi. Ce qui veut dire qu'il n'y a pas cinq moi comme il y a cinq sens, mais un seul, et que dans ce moi unique tout s'unifie ; que les sens lui fournissent chacun leur tribut de sensations, comme des affluents qui se perdent dans un lac tranquille.

Les phénomènes sensitifs, de physiologiques qu'ils étaient d'abord, sont devenus maintenant psychiques, parce que quelque chose distinct des sens, la mémoire ou quelque autre faculté s'en est emparée, les a faits siens ; canalisés d'abord en des organes séparés, ils se sont fondus dans le moi unique, l'individu, perdant ainsi, non pas leur nature, mais leur personnalité.

Cette unité n'est pas localisée, propre à un point déterminé du corps ; le moi par la conscience est partout et n'a son siège nulle part ; où la sensation le provoque il est, pouvant en même temps être ailleurs, si une autre sensation l'y appelle, sans qu'il soit pour cela porté atteinte à son unité. Hors de cette unité que la conscience nous atteste, il n'y aurait que l'anarchie.

Cette unité s'affirme encore mieux dans les phénomènes de l'intelligence et de la volonté, dans la perception de l'intelligible : en effet, l'objet des sensations est extérieur à nous, divisé, et le moi qui les perçoit est passif ; dans la perception de l'intelligible l'objet est en nous, ou il se communique directement à nous, sans aucun intermédiaire, il est en nous, avec nous ; il nous touche ; de l'intelligible à nous il y a donc moins loin que du monde extérieur ; l'union est plus grande et l'unité plus facile et plus parfaite. Mais nous retrouverons peut-être encore ailleurs cette question de l'unité dont nous ne donnons ici qu'une seconde ébauche.

Non seulement le moi est un, mais il est encore identique à lui-même, ce qui est une conséquence de son unité. Sans répéter ici ce qui a été dit au chapitre IX sur cette question, nous nous bornerons à examiner si les sensations éprouvées disparaissent avec les tissus impressionnés qui se décomposent, et s'éliminent sans cesse, et si partant les éléments nouveaux, introduits dans l'organisme, demeurent étrangers à ces sensations, ou si ces éléments, au contraire, subissent l'étreinte énergique du moi, nous voulons dire des sensations elles-mêmes, qui des premiers passent et se gravent insensiblement dans les seconds, de la même manière que l'image d'un cliché se reproduit sur des plaques sensibles. Bien que nous n'en puissions faire la preuve directe, c'est pour le second système que nous tenons ; s'il en était autrement, il semble que les éléments nouveaux, ignorant tout des impressions reçues autrefois, et se trouvant affranchis de toute dépendance, il y aurait comme un déchirement, un schisme dans le moi, dont l'unité serait atteinte, et il en résulterait une espèce d'anarchie. L'élimination des éléments usés et leur remplacement par des éléments neufs se font lentement, atome par atome, mais toute trace des sensations perçues ne disparaît pas en nous, puisque le souvenir nous en reste, et que le moi d'aujourd'hui, bien que ayant renouvelé sa dépouille caduque, est bien le même que celui d'autrefois. Des animaux, des végétaux en grand nombre, qui vivaient autrefois, ont été enfouis dans la terre ; ils y ont perdu toute la substance qui les composait, mais non pas le type ; ils se survivent, pour ainsi dire, à l'état de fossiles, ayant remplacé lentement, depuis la mort, leur matière ou substance première, par d'autres substances, sur lesquelles se sont gravés les traits inaltérables désormais des êtres disparus ; ce qui n'aurait pas pu se faire, si la dépouille inerte de ces êtres n'avait pas exercé une action encore vivante et bien déterminée sur les atomes de la matière ambiante, et ne s'était pas reproduite en eux.

Nous ne saurions terminer cette étude de l'unité du moi, et de la dualité des substances qui le composent, sans faire remarquer comment cette unité s'affirme encore d'une manière concluante dans l'exercice même des sens : le moi leur commande, il fait fermer les paupières et boucher les oreilles ; il se détourne d'une sensation triste, il recherche une sensation agréable ;

il fuit, il se dérobe, ou, au contraire, il désire, il convoite, et le sens et son organe lui obéissent, par où éclate sa supériorité et apparaît sa nature distincte.

Enfin par la maladie, la vieillesse, les sens s'émoussent ; nous cessons de voir, d'entendre, sans cesser de penser, tant la pensée est indépendante des sens ; la vie de relation avec le monde extérieur est quelquefois interrompue que nous conversons encore en nous-mêmes avec l'intelligible, par la raison aidée de la mémoire et de toutes les facultés perceptives autres que les sens.

CHAPITRE XV

Objection des matérialistes aux précédentes conclusions.

Contrairement aux conclusions que nous venons de tirer de l'examen des phénomènes du moi et qui sont la distinction de deux principes dans la personne humaine et l'unité de cette personne, les matérialistes admettent cette unité, mais un seul principe, la matière, et niant l'autre, l'esprit, que nous en avons distingué, prétendent trouver des preuves de leur affirmation et de leur négation dans l'influence du physique sur le moral, concluant de cette influence que le moral lui-même tient au physique et se confond avec lui.

Les privations, disent-ils, les maladies, le manque de sommeil, une fatigue excessive, les vices de constitution, l'ivresse, etc., choses d'ordre physique, occasionnent des désordres dans les facultés intellectuelles et morales ; à leur suite la mémoire s'affaiblit ou s'éteint ; l'imagination s'égare, prédomine et se déchaîne dans les hallucinations, le délire ; la raison sombre parfois et la folie survient, et par suite l'inconscience et l'irresponsabilité ; la volonté ne résiste pas mieux, l'incohérence est dans les actes comme dans les idées.

Voilà des faits trop fréquents, hélas ! nous n'avons pas diminué l'objection, même l'exposant en peu de mots ; essayons de la résoudre.

Les matérialistes rejettent le principe immatériel, l'âme, nous croyons avoir établi qu'il existe en nous, vu l'impossibilité où nous sommes de rapporter tous les phénomènes du moi indistinctement à la matière, le seul principe des matérialistes. C'est là un terrain conquis, dont nous ne voulons pas nous laisser déposséder, devrions-nous ne point trouver de réponse à leurs objections.

Loin de se combattre et de s'exclure, les deux principes, tout opposés qu'ils sont par leur nature, se fondent, s'unissent harmonieusement ensemble dans un moi identique et un, comme deux facteurs se trouvent confondus dans un produit où on peut les retrouver, d'où l'on peut même les extraire. Ils forment une seule personne, faite d'éléments divers, mais une ; cette personne atteinte dans un organe peut-elle l'ignorer ? Toute atteinte, de quelque nature qu'elle soit, est un commencement de rupture de l'association de ces éléments, de l'unité de la personne humaine ; nous avons, au contraire, considéré cette unité dans son état de perfection, c'est-à-dire lorsque le corps s'est développé, florissant de santé, et que les facultés se sont ouvertes à leur tour dans leur plénitude, *mens sana in corpore sano*. Dans cet état complet et parfait de l'être humain, n'y a-t-il rien que de matériel, l'intelligence, la raison, la volonté, la liberté, premiers facteurs, se peuvent-elles confondre avec ce que l'on mange, que l'on s'assimile et que l'on élimine et qui compose le corps humain, l'autre facteur ? Entre ceci et cela je vois la différence ; qu'on nous montre qu'ils ne diffèrent pas.

Le moi étant un comme personne, mais double comme substances, cette unité ne fait pas perdre aux substances leur nature, qu'y a-t-il d'étonnant dès lors que l'une influe sur l'autre dans un commun accord.

La maladie, la misère, mille accidents portent atteinte à cette unité, tendent à dissocier ce que la nature a uni ; c'est là un état violent, un commencement de rupture, avons-nous dit, entre les deux principes unis : que le mal vienne de l'un, qu'il vienne de l'autre, pourraient-ils l'ignorer? et chacun à son tour ne pas sentir des maux que l'autre ressent? Que si de leur union parfaite résulte la santé de toute la personne et la plénitude de son être, peut-il ne pas résulter des maux, si cette union s'affaiblit et menace de se rompre?

Quand un membre souffre, tout l'être souffre; est-ce que le bras droit ignore le bras gauche? est-ce que l'œil qui est sain ignore le pied qui est blessé? L'âme a ses infirmités aussi, que le corps partage, le chagrin blanchit la tête, creuse les rides; comme la fièvre, il ôte l'appétit et va lui aussi jusqu'à ébranler la raison, jusqu'à éteindre et nous faire rejeter la vie. La souffrance de l'âme n'apparaît-elle pas dans le regard, la voix, le geste, les mouvements, comme la souffrance du corps se représente au fond de l'âme même?

Etres caducs, êtres éphémères, puisque matériels, il faut que nous finissions par quelque endroit; nous sommes dépendants: un accident, une maladie nous font sentir cette dépendance, gâtent l'ouvrage, dont ils gâtent l'unité; le terme fatal de tous les maux c'est la rupture finale et entière; les maux sont tous de leur nature un acheminement vers la mort et celle-ci est le mal irrémédiable par excellence, puisqu'elle est la séparation des deux principes, la destruction finale de l'unité, la réduction en éléments simples de tous les organes composant notre machine; chacun d'eux retourne alors à sa seule et propre nature, le corps, qui est terre, retourne à la terre, l'esprit qui n'en vient pas ne saurait y retourner.

On dira que de ces deux conséquences nous ne pouvons constater que la première; par les sens, il est vrai ; mais par la raison, la logique, on peut affirmer de même la seconde; l'esprit invisible, mais réel, retourne à l'esprit, parce qu'il ne peut retourner qu'à l'esprit, comme la terre à la terre. Le matérialiste d'ailleurs n'élude pas la difficulté à son tour, car s'il voit et peut dire où retourne le corps, il ne sait pas ni ne peut dire où retourne l'immatériel, ce qui pense à lui.

Dans toutes ces considérations le matérialiste choisit son terrain et son moment, celui où par le mal le moi s'altère tout entier, par l'altération d'un des facteurs qui le composent ; choisissons à notre tour notre moment, celui où le moi fonctionne pleinement dans ses deux principes, où toutes les facultés sont dans leur apogée, où le corps ne connaît point la lassitude, les défaillances, où l'intelligence voit clair et loin, où le génie brille d'un éclat souverain, n'y a-t-il là, que des opérations de la matière ? et le moi n'est-il que matière ? L'esprit, l'immatériel, en nous ou hors de nous, ne se montre-t-il pas domptant la matière, organisant ce qui de soi-même est inorganisé, inerte, le soustrayant un moment aux lois qui lui sont propres, lui communiquant presque son intelligence et son activité; adaptant l'organe au service qu'il doit rendre ? C'est grâce à lui que la main voit clair dans la nuit, pour trouver ce qu'elle cherche à la place accoutumée, qu'elle répond comme une servante fidèle à toutes les impulsions de la pensée, lorsqu'elle écrit, qu'elle s'applique à un art, à un métier.

Et, si des choses contingentes nous nous élevons plus haut, aux régions sereines de la science, de l'art, d'où les choses d'en bas nous deviennent parfois imperceptibles, à raison de leur obscurité, de leur contingence, ne voyons-nous pas, n'entendons-nous pas ce que l'œil ne peut voir ni l'oreille entendre ? Nous demandons au matérialiste si c'est une combinaison matérielle toute seule, qui s'élève jusqu'à ces hauteurs et si le corps y suffit.

Mme de Beaumont, née Pauline de Montmorin, disait de Joubert, au commencement du dernier siècle : « C'est un esprit qui a rencontré par hasard un corps et qui s'en tire comme il peut. » Il est peu de Joubert dans tous les temps, est-ce une raison pour dire de l'homme en général et en sens contraire comme fait le matérialiste, qu'il est un corps rencontrant par hasard un esprit peut-être, dont il se tire comme il peut, c'est-à-dire qu'il ne connaît pas, rejetant tout commerce avec lui ?

Autre objection : Certaines facultés que nous attribuons à l'âme sont reconnues jusqu'ici comme liées à certains nerfs, à certaines circonvolutions du cerveau ; si l'on touche à tel nerf la mémoire est touchée ; à tel autre, c'est l'imagination qui s'oblitère, à tel autre, ce sont les facultés actives, de la volonté qui perdent leur ressort, c'est la paralysie l'insensibilité qui surviennent, etc., d'où la conclusion que nerfs, circonvolutions cérébrales, facultés psychiques, sont une seule et même chose, ce qui veut dire que celles-ci, les dernières, procèdent des premières uniquement à la manière dont le phénomène procède de la substance qu'il manifeste.

Le fait ainsi constaté n'est pas contestable et il ne saurait l'être ; puisque d'une part les organes des sens transmettent par les nerfs les sensations à l'âme et que, d'autre part, l'âme commande aux nerfs et aux muscles, qui s'y rattachent, les mouvements divers, il faut bien qu'elle soit en rapport avec eux et eux avec elle. L'ordre règne dans la maison, ne faut-il pas que tous les serviteurs y aient leur fonction, et, qu'un serviteur étant touché, la fonction cesse ?

De quelle nature est ce lien, ce rapport ? mystère. Mais il est et doit être, et ce n'est pas à la courte portée de notre vue que se peut mesurer la possibilité des choses.

Nous avons exposé les objections, autant que nous l'avons pu, sous leur vrai jour, sans les diminuer ; nous y avons répondu avec sincérité, cherchant à faire partager notre conviction, mais ne l'imposant pas. Nous n'avons parlé du matérialisme qu'incidemment, à l'occasion de l'examen des faits psychiques, que nous avons rapportés à deux causes contraires, n'usant pour cela que du procédé vulgaire, de la comparaison. S'il fallait les rapporter tous quand même à une seule et même substance, la matière, nous demanderions ce qu'il faut entendre par ce mot et comment en elle se peuvent concilier des choses que nous jugeons inconciliables ; nous demanderions aussi, puisqu'on nous allègue que les altérations que subit le corps ont leur contre coup sur l'âme, nous demanderions, disons-nous, de l'homme malade décrépit, défaillant, diminué, ou de l'homme sain et vigoureux également dans l'âme et dans le corps, quel est celui qui est vraiment homme. Ce n'est pas sur son lit d'hôpital, dans un asile d'aliénés que je veux le voir, mais dans la plénitude de son être ; et si l'on oppose le premier à notre spiritualisme, ne pouvons-nous pas opposer le second au matérialisme des autres ?

Ce qui trouble l'esprit dans cette question capitale, c'est le rôle des sens ; témoin des transformations morbides, des déchéances et de la dissolution finale, leur témoignage nous impressionne ; nous ne prêtons qu'une oreille distraite au langage de la conscience et de la raison ; ils sont peu nombreux ceux qui écoutent cet autre langage, ceux qui voient ce que les sens ne voient pas, et passent au crible ce qu'ils voient, comparant, redressant, complétant leur témoignage.

Nous n'avons pas dans ces quelques lignes épuisé le sujet, les deux doctrines en présence comportent de plus longs développements ; nous avons voulu, avant tout, raisonner notre foi et la confirmer ainsi en nous, afin que si nous respectons la foi de nos adversaires, nous leur puissions montrer nos titres, pour qu'ils soient tenus de respecter la nôtre.

Nous avons fermé une fois, puis rouvert la parenthèse ouverte à la page 25 ; nous la fermons ici et définitivement une seconde fois, pour reprendre l'examen interrompu, à peine commencé, des facultés du moi.

CHAPITRE XVI

Transformation des sensations.

L'idée est avant tout une vision, qui dit idée dit vision, image ; c'est par l'idée que l'être se manifeste à nous et c'est cette manifestation même qui fait d'elle une force, ainsi qu'il a été dit. Qu'elle vienne des sens, qu'elle vienne d'ailleurs, si elle en peut venir, il n'importe ; elle rayonne toujours en nous, elle nous éclaire ; de sa nature elle est lumineuse, elle est la lumière même, non pas cette lumière vacillante qui frappe nos yeux, qui s'éteint la nuit, qu'un nuage assombrit et qui n'apporte souvent à notre vue que des idées confuses, mais cette autre lumière qui luit en nous, invisible aux yeux, et nous éclaire dans la nuit comme dans le jour ; lumière et verbe en même temps ; verbe, elle nous parle dans le silence, lumière, elle éclaire d'un vif et doux éclat ce qu'elle nous dit; nous entendons et voyons clair.

Même les sensations du dehors, une fois qu'elles ont pénétré dans le mystérieux laboratoire, deviennent brillantes de cette lumière pure ; elles dépouillent leur physionomie sensuelle ; ce qui est mortel en elle, c'est-à-dire l'impression, meurt, s'efface peu à peu : le rayon intérieur décompose, analyse ce qui est composé ; de ce qui était particulier il tire par l'abstraction des idées générales ; ceci est comparé à cela, pour marquer les différences ou les similitudes; bientôt des sensations il ne survivra que ce qu'il y a en elles d'indestructible, le type, dont elles n'avaient été que l'incarnation passagère, et qui, lui, ne change pas ; la frondaison tombe qui cachait les nervures de l'arbre et celles-ci apparaissent seules maintenant.

Sous l'influence de ce rayon, le monde intelligible s'ouvre devant nous ; celui des sens, des passions s'évanouit ; il se vide de tous ces fantômes qui nous séduisaient ou nous inspiraient de la terreur ; les sensations finissent par n'être plus que des connaissances objectives, elles persistent mais purifiées de tout contact avec les sens, c'est-à-dire immatérielles ; elles ne provoquent plus ni douleur, ni joie, ni plaisir, ni rien de subjectif ; les effets disparaissent dans les causes, ce sont des visions ; on n'avait senti que les effets ; on ne voit plus que les causes. Désormais dégagées de toute contamination matérielle, elles sont, sauf leur origine, dont le souvenir se conserve en la mémoire, non plus des sensations, mais des idées ; elles ne peuvent s'altérer comme les objets fugitifs qui les ont produites, et qu'elles nous rappellent. N'est-ce pas ainsi que l'histoire s'écrit ? que nous étudions la nature ? ramenant ici et là les accidents à des idées générales, qui s'en dégagent ?

Ainsi les sensations, nous allions dire la matière dont elles viennent, s'idéalisent ; nous retrouvons, nous dégageons les idées qui sont en elles, dans les contingents, et, chose non moins surprenante et non moins ordinaire cependant, à l'inverse, c'est avec les idées que nous construisons, en imagination d'abord, en réalité ensuite, nos systèmes contingents, nos projets, nos plans ; c'est sur un cadre d'idées, que nous traçons, que nous créons à notre tour nos propres œuvres contingentes ; nous ne voyons pas seulement, nous prévoyons ; l'avenir par l'idée est à nous, comme le passé, ce qui ne vit pas encore, comme ce qui a vécu.

Un général dans le silence de son cabinet, sans voir ni ses soldats, ni ceux de l'ennemi, ni les lieux, ni les distances, ni les obstacles, fait son plan de campagne, comme s'il avait tout présent devant lui ; non seulement il est maître de l'espace, il l'est encore du temps ; il calcule les durées comme les distances, n'étant plus lui-même alors dans le temps ni dans l'espace contingents, autrement que par une vue de l'esprit.

L'architecte fait de même le plan d'une maison ; sans pierre ni ciment, il l'a construite entière dans son imagination, avant d'en avoir fait poser la première pierre.

Ainsi la matière elle-même est vue avec les seuls yeux de l'esprit.

∿∿∿∿∿∿∿∿∿∿∿∿∿

CHAPITRE XVII

Critique de la sensation ou des sens.

Que vaut la sensation dans la connaissance ? Que valent les sens comme moyen d'investigation ? Nous avons déjà déterminé leur rôle, qui est de nous mettre en rapport avec le monde extérieur, il nous faut examiner maintenant les connaissances que nous tenons d'eux.

Comme chacun ne nous apporte que des connaissances partielles, nous avons le droit de dire que aucun d'eux ne nous donne la connaissance entière des objets extérieurs : que j'entende sonner une cloche à distance, quelle idée de la cloche peut me donner le son ? et tout en respirant le parfum d'une fleur, la fleur m'est-elle révélée ainsi ? L'image d'un objet sur la rétine, quelque soit cet objet, n'est qu'une image vaine, puisque ce n'est pas l'objet même ; tout cela fugitif, changeant, inconsistant.

Que le même objet soit soumis successivement à l'observation de chacun des cinq sens, et que les cinq observations s'ajoutent, nous en aurons une connaissance plus grande, plus générale, comme d'un ruisseau, dont nous verrions réunis les cinq filets d'eau qui le forment. Mais l'eau du ruisseau qu'est-elle elle-même ? aucun des cinq sens à part, ni tous réunis ne nous l'ont dit. Aucun d'eux n'ajoute rien aux autres, comme intensité et profondeur de la même perception; ils observent chacun à des points de vue différents, étant étrangers l'un à l'autre Comment la perception du son pourrait-elle ajouter à celle de la lumière ? L'oreille ne connaît pas l'œil ; celui-ci ne connaît ni le goût ni l'odorat ; les sens ne se connaissent pas entre eux, ils n'ont de rapport l'un avec l'autre que par le centre auquel ils aboutissent tous ; ils n'en ont pas plus dans l'organe que dans l'objet de la sensation : ainsi les fleurs des champs la renoncule, la jacinthe, la giroflée, etc., ne se connaissent pas, et c'est par le travail seul des abeilles qu'elles forment ensemble le doux miel.

Le concours donc que les sens nous prêtent, s'il augmente la connaissance que nous pouvons avoir de l'objet extérieur, fait ressortir d'autre part et d'autant plus, l'incapacité, l'impuissance particulière de chacun d'eux, sans que leur concours d'ailleurs puisse nous assurer que nous avons de cet objet une notion complète et nous donner une entière certitude. Nous ne connaissons le tout de rien. Quel philosophe voudrait affirmer que les perceptions des cinq sens sont la limite de tout ce qui se peut connaître du monde extérieur ? percevoir la figure, la sonorité, le goût, l'odeur, la tactilité d'un objet, est-ce le connaître ? Les découvertes de la chimie sont là pour prouver surabondamment le contraire.

Nous sommes diversement impressionnables, les points de vue sont différents, et le sujet, qui est nous, est passif dans la sensation ; nous ne pouvons donc pas nous affranchir du relatif, et celui-ci ne saurait être l'absolue certitude.

Suspendons-en nous pour un moment tout travail extérieur de la pensée ; regardons notre image reflétée sur une surface brillante, ne pouvant nous voir nous-mêmes directement ; poussons un cri qui frappe nos oreilles ; touchons nos mains, tout le corps, pour nous en représenter la forme et la confronter avec la relation de la vue ; supposons que le goût et l'odorat nous transmettent également des sensations qui sont de leur ressort ; les cinq rapports de nos sens seront-ils l'image de l'homme tout entier ? Supprimez l'intelligence et avec elle tout travail d'élaboration sur nos sensations et nos pensées ; par voie de conséquence supprimez la conscience, le miroir où tout l'homme intérieur se reflète ; ne gardez que les sensations reçues et enregistrées quelque part, je ne sais où, dans la conscience ou la mémoire, pouvez-vous dire que vous vous connaissez ? Dans de pareilles conditions, le chien lui-même, l'animal, ne se reconnaîtrait pas.

Un peintre habile en son art ne reproduit

que de simples apparences par les couleurs, au moyen d'autres apparences ; la réalité, la vie, ne sont pas en son pouvoir ; pourtant ces apparences donnent l'illusion de la vie, et l'ouvrage est d'autant plus parfait que l'illusion est plus grande.

Le musicien fait moins encore, il ne reproduit pas même des apparences, des sons seulement ; couleurs et sons, phénomènes matériels, ne frappent-ils que les yeux et les oreilles ? n'expriment-ils rien au-delà et les sens ont-ils tout perçu de l'œuvre de l'artiste ?

L'aveugle, le sourd-muet sont-ils exclus de toute vie intellectuelle autre que celle des sens qui leur restent ? Et l'aveugle qui serait en même temps sourd-muet serait-il réduit aux seules sensations du toucher, de l'odorat et du goût ? Chose remarquable, attestée par l'expérience, quand le sens de la vue s'atrophie, se perd, celui du toucher, celui de l'oreille s'affinent ; l'aveugle perçoit mieux les sons et les formes, comme si l'agent intérieur, empêché d'un côté, cherchait et trouvait ailleurs une issue à son activité et de justes compensations.

Que les sens nous séduisent et nous séduisant nous trompent, il en est une preuve familière dans les mille procédés que nous employons, pour nous déguiser aux yeux de nos semblables : tout en nous connaissant par le témoignage de la conscience, auquel nul ne peut échapper, nous rêvons d'un autre être, qui n'est pas nous, et que nous présentons hypocritement aux respect des autres ; cet être, cette idole vaine, nous l'affublons de qualités que nous n'avons pas et nous cachons soigneusement en lui les défauts que nous avons ; ainsi dans la même personne nous associons deux choses incompatibles et inconciliables, la vérité de ce que nous sommes réellement, et que la conscience nous atteste, et les apparences mensongères sous lesquelles nous la déguisons, et que les sens d'autrui prennent pour elle, complices de l'erreur où nous les induisons ?

De fait, nous jugeons par eux, et si nous tombons dans l'erreur, c'est que trop souvent nous prenons pour des réalités les apparences et les ombres qui nous environnent.

CHAPITRE XVIII

Objectivité des sensations, le sommeil, le rêve, le mot, le phénomène.

Nous avons déjà dit et répété que l'objet des sensations était le monde extérieur, ce que personne ne conteste ; nous avons également caractérisé cet objet, lorsque nous avons rapproché et comparé les phénomènes du moi, ce qui nous a conduit à distinguer le matériel, objet des sens, et l'immatériel, qui leur est étranger. Examinons ici ce qui se passe dans le sommeil, lorsque les sens et tout le corps sont endormis, et que le monde extérieur n'existe plus pour eux. La vie de relation est alors interrompue ; le sommeil délasse et répare, il répare ce que le corps a dépensé à l'état de veille, il refait les forces épuisées. Comment le sommeil est-il réparateur ? La nourriture remplace les éléments de force consommés, éliminés par l'organisme ; par elle la combustion chimique un moment ralentie reprend son activité ; ce n'est pas ainsi que le sommeil répare, il n'introduit pas dans le corps de nouveaux éléments de force, il en fait cesser la dépense, en en faisant cesser l'emploi, distribuant partout, sans la dépenser, la force qui provient de substances récemment introduites.

Dans l'intervalle, et jusqu'au réveil, la conscience est interrompue, la vie morale de l'individu est suspendue ; la nature seule agit en nous et sans nous. C'est pendant cet état d'engourdissement et d'inertie que les songes viennent nous visiter. Ce qu'est un songe, chacun le sait ; que nous apercevions dans le sommeil, les yeux fermés, ce que nous voyons, les yeux ouverts, à l'état de veille ; que l'imagination et la mémoire, ensemble ou séparément, nous montrent de vaines apparitions ; que des fantômes se jouent en nous, la chose, pour étrange et merveilleuse qu'elle soit, étant connue de tous, n'a pas besoin d'être démontrée.

Mais que les sens éprouvent des sensations, comme si elles nous venaient d'objets réels, et que ces sensations soient sans objet, que ce que je vois, que j'entends dans le sommeil m'excite, me trouble, comme ce que je vois durant la veille ; que je coure, que je tombe, que je sois essoufflé à perdre haleine ; que je pleure, que je rie ; que je lise, que j'écrive de la prose, des vers, en latin, en français ; que je combine des idées ; que j'analyse des mots, que je revoie vivantes des personnes mortes, etc., etc., c'est ce que le philosophe ne peut s'empêcher de considérer avec étonnement.

En quoi la sensation perçue dans le rêve diffère-t-elle de la sensation perçue durant la veille ? Nous n'avons pas plus conscience de celle-ci que de celle-là ; objectives et inobjectives, sensations identiques. L'objet ne semble pas nécessaire à la sensation, est-il donc réel ? Que valent dès lors les rapports des sens ? Nous y croyons sans doute ; nous nous conduisons dans la pratique, avec une foi invincible en la réalité des choses extérieures, comme si les sens ne nous trompaient jamais, comme si les raisonnements que nous fondons sur leurs rapports étaient infaillibles ; et voilà ce qui reste de leur infaillibilité après une simple analyse. Ces considérations suffirent à Descartes, pour chercher ailleurs une autre base à la certitude des perceptions extérieures.

Toute science expérimentale doit commencer par un acte de foi ; elle ne démontre rien, sans se baser sur ce triple postulatum, savoir : 1° que les sens ne peuvent nous tromper ; 2° que les phénomènes, que seuls ils perçoivent, sont bien les manifestations de ce que nous appelons les lois de la nature, que nous nous contentons de conclure et d'affirmer, sans les percevoir ; 3° enfin que ces lois sont immuables, et que, comme les sens, la raison qui les interprète est infaillible.

Phénomènes mobiles, fugitifs, sens suspects, trop souvent convaincus d'impuissance ou d'erreur, sur cette base fragile repose le majestueux édifice de la science humaine, avec des conclusions affirmées et certaines, mais qui ne peuvent être que relatives, comme dans une hypothèse.

Avec ces faibles moyens d'investigation, nous nous flattons complaisamment de pouvoir tout comprendre. Tandis que le vrai savant s'efforce de ramener tout à l'unité, que son esprit a besoin de trouver, de voir cette unité, à laquelle à ses yeux est attachée la démonstration de la vérité intégrale qu'il cherche, le reste, le grand nombre décompose à l'excès, prodigue le mot de lois au moindre phénomène signalé, s'y cantonne souvent et l'exploite. La science pour ceux-ci consiste avant tout en classifications prétendues, collections, catalogues et inépuisables nomenclatures.

Nous n'aimons pas le mot vulgaire pour désigner une chose vulgaire ; combien de mots étrangers sont employés pour déguiser cette vulgarité. La langue sacrée d'Homère est devenue la langue de la réclame scientifique et commerciale ; il serait facile de citer par milliers de ces mots créés exprès pour dissimuler le vide de la pensée. Le pavillon, non seulement couvre ici la marchandise, mais encore il en cache la nature, ou plus tôt le néant ; tant nous sommes facilement illusionnés, cédant à l'illusion des sens, à moins encore, à l'illusion d'un mot, à la condition que nous ne le comprenions pas.

Ainsi la pauvreté de nos conceptions se traduit par la richesse de notre langage.

Après avoir décrit les sens et leurs fonctions, distingué la sensation de l'idée, la matière de l'esprit ; après avoir montré que les sensations qui nous viennent pendant le sommeil, dans le rêve, sans la coopération des sens, ne diffèrent pas, relativement à nous, le sujet, de celles qui nous viennent par les sens, à l'état de veille, il ne sera peut-être pas inutile de considérer à part et en lui-même, le phénomène, objet unique de la sensation ; plus que toute autre chose, il nous donnera la mesure et le degré de certitude que nous acquérons par les sens et terminera cette étude de la sensation.

Le phénomène, en dehors duquel les sens ne perçoivent rien, par lequel la substance se manifeste, ne se présente pas toujours dans des conditions identiques ; il varie selon la température du lieu, l'intensité de la lumière et l'angle sous lequel il y est exposé ; mille accidents imprévus le peuvent modifier ; l'eau coule dans le ruisseau, descend sur la pente, monte dans le nuage, durcit comme le roc en hiver ; bleue ou verte dans un lac, elle est blanche dans la neige, etc., etc., les états, les modes sont différents, et la substance est la même.

Parmi ces apparences diverses, y en a-t-il une d'essentielle, à laquelle soient subordonnées ou se rattachent toutes les autres ? Les sens ne le peuvent dire. Cette substance à la fois solide, liquide et gazeuse, n'est pas une substance simple, elle est faite d'oxygène et d'hydrogène ; de sorte que l'on ne connaît réellement l'eau, le composé, que quand on connaît à part chacun des deux corps composants. Et ici la série des phénomènes recommence. Même question d'ailleurs que pour l'eau, le composé ; parmi les phénomènes que présentent l'oxygène et l'hydrogène, y en a-t-il un de souverain, de principal qui visiblement commanderait à tous les autres et nous donnerait de chacun de ces corps l'idée fondamentale ? Il semblerait que le mot d'oxygène, dans l'esprit des savants, exprime ce phénomène ou attribut principal ; l'oxygène excite la vie et l'hydrogène produit l'eau, c'est ce que disent les mots ; signification quelque peu trompeuse. L'oxygène aussi produit l'eau ; joint à tel ou tel corps, l'oxygène, qui excite la vie, l'éteint, il tue ; l'hydrogène de son côté forme d'autres produits que l'eau ; leur signification est donc en défaut. Les savants n'ont pu trouver un terme qui réponde exactement à la nature de telle ou telle substance et en résume les attributs, de sorte que la variété des phénomènes pour la définir, se complique encore de l'insuffisance du mot pour la désigner.

Qu'on ouvre seulement les yeux, assistant au spectacle varié, non pas de la matière inerte, mais de la matière animée; telle qu'elle se présente à nous au cours des saisons : mouvements, formes, couleurs, émanations, voix perdues, etc. changent sans cesse et nous qui considérons, étonnés, ces changements, nous changeons plus que tout le reste, Παντά ρεῖ, dit Héraclite, tout s'écoule comme l'eau sur une pente ; mobilité perpétuelle des apparences, inconsistance de tout ce qui est sensible, évanouissement de l'être, au moment où nous croyons le saisir. Car le mode, non seulement n'est qu'un phénomène, une apparence, une manifestation, de la substance et non de la substance même, mais encore ce phénomène lui-même est inconstant, multiple, divers ; c'est une figure qui passe, à laquelle une autre succède, et toutes ensemble sont éphémères, laissant l'esprit indécis, inquiet, dans le trouble et l'obscurité.

Felix qui potuit rerum cognoscere causas.

CHAPITRE XIX

La physiologie moderne et le spiritualisme.

Battu dans l'examen et l'analyse des phénomènes physiques par la conscience, le matérialisme, faisant appel à la physiologie, a voulu surprendre le mécanisme de la perception dans le système nerveux et le cerveau, et, par une vue directe, saisir la perception elle-même au moment où elle s'opère.

Pendant le sommeil, dit M. Ribot, professeur au collège de France, la partie supérieure du cerveau se vide de sang ; en passant à l'état de veille, au contraire, elle se remplit ; ce serait donc la présence du sang dans le cerveau qui activerait les fonctions cérébrales, de même que le contraire produirait des effets contraires, et ce serait pendant l'interruption de ces fonctions, résultant du vide du cerveau, que le sommeil se produirait. L'interruption des fonctions des sens coïncidant avec le vide du cerveau, et la reprise active de ces fonctions avec le retour du sang, il semblerait que la présence du sang au cerveau suffît seule à rétablir l'activité cérébrale. Mais alors comment expliquer le rêve dans un cerveau vide ?

Nous le voulons croire néanmoins et nous en conclurons que le cerveau, comme tout organe fatigué, a besoin de repos ; que, lui se reposant, les sens qui en dépendent sommeillent et sont inertes comme lui ; et, comme la pensée, la conscience, au moins partiellement, sont inertes à leur tour, nous conclurons encore que le cerveau, le système nerveux en général, est un ntermédiaire entre la sensation extérieure qui, dans le cas présent, n'a d'autre caractère que celui d'un phénomène physiologique, et la perception des idées intelligibles qui s'en distinguent, entre l'état conscient et l'état inconscient, observant que dans les phénomènes visés rien ne révèle qu'il y ait conscience.

Les exemples, cités par M. Ribot, de chiens auxquels on avait perforé de deux trous la boîte cranienne, et qui, respirant une odeur, faisaient dévier par la perforation un galvanomètre, mis en rapport avec le cerveau, ne sortent pas de l'ordre des faits physiologiques. Qu'une sensation d'objet matériel, perçue par un de nos sens, se fasse sentir au centre de l'appareil, au cerveau, nous n'en sommes pas surpris ; ce qu'il faudrait établir par l'analyse, c'est que les phénomènes matériels ou sensibles se transforment d'eux-mêmes dans l'appareil, sans l'intervention d'un agent immatériel, en phénomènes supersensibles ; que la sensation sort du cerveau, tour à tour idée pure, raisonnement, jugement, et que l'intelligible, qui n'est pas matière, procède d'elle pourtant et s'y résout. Et de cela, jusqu'ici, on ne donne point de preuves ; or affirmer ou nier une chose sans preuves cela ne suffit pas à démontrer qu'elle est ou qu'elle n'est pas. Ni le sang qui vivifie le cerveau, ni le cerveau lui-même ne sont jusqu'à cette heure la pensée ; la force utilise le mécanisme, mais elle s'en distingue.

CHAPITRE XX

Où est ouverte une nouvelle parenthèse relativement à la méthode d'observation.

Nous ne pouvons pas d'ailleurs laisser passer ce qui précède sans faire une réserve : qu'on emploie tous les moyens d'observation externe pour étudier les phénomènes physiques, chimiques, physiologiques et autres, s'il y en a, se rattachant à l'étude du moi, nous n'y voyons aucun inconvénient, bien au contraire ; nous ne cherchons que la vérité, c'est vers elle qu'est toujours et uniquement orientée notre petite barque ; tous les moyens seront bons qui nous mèneront à elle ; mais, tout en rendant justice à la méthode expérimentale, dans le cas qui nous occupe, nous ne voulons pas la laisser empiéter sur l'autre méthode, celle d'observation interne par la conscience, la vraie méthode jusqu'ici, sinon la seule, pour observer les faits psychiques. Qu'une sensation, disons mieux, qu'une impression nerveuse se produise au cerveau d'un chien, fasse dévier le galvanomètre et atteste la présence d'un courant électrique ; que le sang afflue au cerveau, lorsque les sens sont éveillés ; que le cerveau se vide au contraire, lorsque les sens sont endormis, que le sang, que l'électricité soient nécessaires à la production du phénomène nerveux, a-t-on pour cela surpris la sensation dans l'électricité, le sang, le cerveau ? Elle s'est produite après l'impression nerveuse ; elle s'est transformée, substituée à elle. Quel observateur l'a vue, autre que celui chez lequel s'est passé le phénomène, et celui-ci l'a-t-il vue autrement que par la conscience ?

Des observations faites sur un chien, on conclut par analogie que la même chose doit se passer dans l'homme, est-on autorisé à cela ? Ce sont mêmes organes semblables, il est vrai, pourtant il y a quelque différence entre les organes mêmes, et entre les fonctions de relation, qui se font par leur intermédiaire ; sans parler des hautes fonctions spéculatives, conception des idées pures, raisonnement, jugement qui en découlent, suivant la doctrine matérialiste, et qui sont l'apanage de l'homme.

Même chez le chien et les autres animaux, la sensation perçue dans les conditions qu'explique M. Ribot, résulte-t-elle simplement de l'affluence du sang au cerveau et de la présence de l'électricité ? Ces deux phénomènes constatés sont-ils toute la sensation ? Elle vient par les sens, mais, une fois produite, les sens ne peuvent la saisir.

Puisqu'on établit une analogie entre le chien et l'homme, on ne peut pas ne pas admettre d'analogie entre le chien et les autres animaux, de proche en proche, jusqu'aux derniers degrés de l'échelle ; car chacun tient du chien et partant de l'homme par la sensation ; or, les insectes n'ont ni sang ni substance nerveuse, ni cerveau, ils entendent pourtant, ils voient, ils goûtent, ils odorent, sont sensibles sur tout le corps, comment donc s'opère l'analogie ? et comment chez eux se produit la sensation : organes, appareils tout différents et mêmes fonctions ; c'est que la sensation, la fonction peuvent être indépendantes de l'appareil ou se faire par des appareils différents, par conséquent sans présenter les phénomènes constatés par M. Ribot.

Nous ne voulons pas épuiser ici une question si capitale : un phénomène en suit un autre, on proclame que c'est de celui-ci que procède le premier, de lui, cause, qu'il provient, sans que l'on ait saisi la connexité qui les unit ; or, dans le cas qui nous occupe, cette connexité existe-t-elle entre la présence du sang et de l'électricité au cerveau d'un côté et de l'autre la production spontanée de la sensation et de la pensée ? Pourquoi, si l'on s'en tient là, n'est-ce qu'au cerveau que le sang et l'électricité produisent des effets si rares, chez l'homme et les vertébrés ? et pourquoi les mêmes effets, au contraire, se produisent-ils différemment chez les invertébrés ? Pourquoi enfin, la sensation se produisant au cerveau et par lui, la ressentons-nous à diverses parties du corps ? pourquoi, le phénomène de la vision s'opérant en nous, voyons-nous l'objet hors de nous ?

Vainement on insisterait, prétendant que la conscience, la mémoire sont localisées dans le cerveau : qu'elles s'oblitèrent parfois, s'atrophient même chez certains individus ; que la sensibilité s'émousse ou s'éteint par les anesthésiques ; nous insisterons à notre tour dans notre réponse ; on ne nous montrera pas un produit chimique, si quintessencié soit-il, qu'on ait pu extraire du cerveau et mettre dans un flacon, avec l'étiquette de pensée humaine ou sensations animales, au même titre que l'éther, la morphine, la quinine, etc. Sensations et pensées sont pourtant des réalités, mais réalités d'un autre ordre.

Sans vouloir nier l'action de certaines substances sur les sens et les facultés en général, nous tenons que celles-ci sont d'une nature différente et que, si nous sommes matière par le corps et en rapport avec la matière au dehors, dans l'espace, par les sens, il y a quelque chose en nous d'immatériel, d'irréductible, qui s'en distingue et qui, plus que tous les éléments et organes matériels, constitue la personnalité humaine.

CHAPITRE XXI

Premières sensations, éveil de la conscience et du moi ; intervention de l'intelligence sur les sensations.

Je trouve dans des notes prises à un cours du même M. Ribot au Collège de France que la conscience commence au moment où commence la résistance à la pesanteur, où l'inconscient est arrêté.

Cela ne nous dit ni ne nous apprend pas grand chose. A quel moment en effet a lieu la première résistance à l'action de la pesanteur ? L'enfant seul pourrait nous le dire, puisque seul il a conscience de cette résistance qu'il fait, sans s'en douter, à la pesanteur. A quel moment demandons-nous ? On ne nous le dit pas. Ce n'est pas, je le suppose, dans le sein de la mère qu'il résiste à la pesanteur, puisque au lieu d'y faire résistance il la subit, étant un poids inerte, et que, dès avant la naissance, il n'a subi que la réaction des mouvements divers qui ont agité la mère, ne se distinguant pas encore d'elle. Sur cette période de l'existence plane une obscurité, qui ne sera pas facilement dissipée.

La vie animale du fétus ne s'élabore que lentement et progressivement ; l'appareil sensible doit se développer et se développe certainement avec la lenteur de tout le reste ; c'est donc peu à peu que les sensations se produisent et progressent, *nil per saltum* ; simples d'abord, plus complexes et plus profondes bientôt. Les anémones de mer, que l'on voit sur les rochers, ont des mouvements, et il est permis de croire qu'elles sont sensibles ; mais ces mouvements et sensations sont absolument rudimentaires et diffèrent des phénomènes analogues observées chez les animaux supérieurs. Il doit en être de même chez l'enfant, il est anémone, moins encore d'abord par la sensibilité, passant de l'état de larve, par diverses métamorphoses, à celui de vertébré, jusqu'au type humain enfin.

Ceux qui ont analysé, observé, comparé en savent plus que nous, qui nous contentons de regarder dans le miroir que nous sommes de nous-mêmes ; ils nous disent gravement que la conscience commence là où l'inconscient est arrêté, finit ; à vrai dire on s'en pouvait douter ; conscient et inconscient étant incompatibles, il faut bien que celui-ci ne soit plus pour que celui-là soit ; pour que le jour se lève, il faut bien que la nuit cesse. Quand cesse l'inconscient ? quand commence la conscience ? au moment sans doute où commence la résistance à l'action de la pesanteur, par le premier mouvement du corps, des jambes, ou des bras particulièrement, moment très variable d'un enfant à un autre ; un accident le provoque, l'avance ou le retarde.

L'existence intra-utérine, dit-on, est un sommeil dans la vie traversé par des rêves moteurs, et c'est vers le quatrième ou cinquième mois de la gestation que ces mouvements dûs à des rêves se produisent. Comment M. Ribot sait-il tout cela ? Quel est l'enfant qui lui a révélé son secret ? Il en sait moins sur ce point qu'une femme enceinte, qui, seule, par expérience propre et par répercussion, sait un peu ce qu'éprouve l'enfant qu'elle porte ; qu'elle me parle, je saisirai les faits à leur source, non point expliqués, commentés, catalogués, étiquetés, comme les fioles dans une pharmacie, mais simples et clairs ; la nature est un maître aussi. Est-ce d'ailleurs chez tous les enfants que ces rêves moteurs se produisent à quatre ou cinq mois par des mouvements que la mère peut seule connaître avec l'enfant ? Le témoignage de toutes les femmes est-il le même sur ce point ?

On nous dit encore que le fétus éprouve tous les mouvements de la mère, et qu'il les éprouve plus vivement; nous le croyons volontiers, il y a de cela; en effet, une explication plausible, la sensation transmise par la mère à un être plus sensible qu'elle ne peut être que plus vive : l'audition brusque d'un son, une lumière trop brillante feront moins d'impression, semble-t-il, sur la mère, dont la sensibilité auditive et visuelle est plus ou moins émoussée par l'habitude, nous l'admettons ; encore faudrait-il ne pas affirmer d'une manière trop absolue, car on pourrait demander avec quelque raison comment moindre dans la mère la sensation peut devenir plus grande dans l'enfant, et comment on a pu mesurer cela, à quel signe on a reconnu qu'il en était ainsi. L'observation se borne à constater qu'il y a répercussion et rien de plus.

On serait justement curieux de savoir : quel genre de sensations éprouve l'enfant et comment s'en fait la transmission de la mère à lui. Par quel sens lui viennent-elles ? son oreille entend-elle ? ses yeux voient-ils ? sont-ils capables l'une d'entendre, l'autre de voir ? Mais les sens ne s'ouvrent qu'après la naissance. Il semble que ni le son ni la lumière n'existent encore pour l'enfant. Reçoit-il autre chose que le contre coup qui résulte de la sensation éprouvée par la mère, que la commotion qui la suit, commotion de surprise, de frayeur, de plaisir, etc, laquelle se communique à tout l'être de la mère, dont l'enfant fait alors partie? Dans une hypothèse contraire, comment les sensations et les mouvements éprouvés par la mère peuvent-ils en affecter un autre qu'elle, quand cet autre est distinct d'elle, ayant un appareil nerveux, distinct et n'ayant pas l'usage de ses sens? Nous demandons le comment, comme si nous doutions du fait, pourtant le fait est certain, tout autant que notre ignorance à l'expliquer.

En résumé, nous ne savons ni à quel moment la sensibilité s'éveille chez l'enfant, avant sa naissance, ni comment la sensation de la mère se répercute en lui.

Il vient au monde en pleurant, doublement sensible, à raison du milieu plus froid où il passe et des douleurs presque inséparables de la naissance. A-t-il à ce moment toute sa sensibilité, l'usage de ses sens? il ne paraît pas, il n'est sensible à la lumière que quelques jours après; si on fait passer devant ses yeux une bougie, une lampe, les premiers jours, il ne la suit pas, il ne baisse pas la paupière; le nouveau-né est sourd, selon M. Ribot, il n'entend pas plus qu'il ne voit.

Après la sensation du froid et des couleurs dont nous avons parlé, le nouveau né doit avoir la sensation de la faim, sensation douloureuse encore, suivie bientôt d'une sensation agréable, lorsqu'il suce et puise la vie au sein de la nourrice.

Flechsig distingue quatre centres de projections dans le cerveau, c'est-à-dire quatre régions où se projettent les impressions reçues, les images venues du dehors par les organes des sens, comme font les images éclairées dans une chambre noire ; projections tactiles, projections visuelles, projections auditives, projections olfactives et gustatives ensemble, ces deux dernières ne formant sans doute qu'un centre, ce dont je ne suis pas absolument certain, ne faisant que reproduire une note, recueillie au cours de M. Ribot.

Ces centres de projections recevant des impressions transmettent des mouvements; ils occupent un tiers du cerveau ; les deux autres tiers sont occupés par les centres d'association au nombre de trois : l'occipital, le temporal et l'intermédiaire, lesquels établissent des communications entre les centres de projection, toujours d'après Flechsig.

La note que nous venons de reproduire semble faite a priori par le besoin que nous avons de tout classer, de tout définir, mettant souvent nos conceptions à la place d'observations justes et les dirigeant toujours en vue d'une idée, d'un système qui nous est cher, auquel nous rapportons tout : centres de projection, centres d'association, les premiers au nombre de quatre, les seconds au nombre de trois ; cela nous semble d'une précision bien extraordinaire ; non que la nature ne soit précise dans son œuvre, mais elle ne livre pas son secret ; les centres de projection occupent un tiers du cerveau, les centres d'association les deux autres tiers ; on a pesé, mesuré, contrôlé : 4 centres d'un côté, trois de l'autre, pas un de moins, se partageant le cerveau par tiers, non pas en quarts, ni douzièmes ; cela nous paraît trop exact, quelque peu suspect. Il aurait été utile en l'occurrence qu'on nous communiquât les procédés d'observation et de calcul de Flechsig ; on se contente d'affirmer les résultats, on les propose à notre foi, comme venant d'une autorité infaillible, αὐτός ἔφα.

Chez l'enfant, les centres de projection ne sont pas encore constitués, dit la même note, encore moins les centres d'association ; il n'y a donc pas eu en lui de conscience.

Etant données les deux espèces de centres, étant donnée aussi la réserve qui vient d'être faite, et quelque explication qu'il soit proposé de cela, il est certain que chez l'enfant, à la naissance, il n'y a pas de conscience claire et réflexe ; les phénomènes divers de sensation sont en lui confus, incohérents, ne sont nullement coordonnés entre eux ; le petit être est uniquement passif, ce qui l'entoure agit sur lui et lui n'agit sur rien de ce qui l'entoure, ni même sur les impressions qu'il en a reçues. Mais du fait qu'il a reçu des impressions, ne doit-on pas arguër qu'il en a une certaine conscience vague et spontanée ? Les recevrait-il sans en être averti ? en être averti n'est-ce pas en avoir conscience ? Que serait une impression reçue dont on n'aurait pas conscience ? ce serait une impression qui n'en serait pas une.

Si la conscience n'est pas née, le moi l'est encore moins, le moi qui se concentre, se personnifie, se détache de tout ce qui n'est pas lui et peu à peu devient, se sent responsable.

Vers la fin du troisième mois, l'enfant commence à sourire et articule les premières syllabes, double phénomène que j'ai observé chez mes quatre enfants ; c'est le premier signe certain que la conscience est née. Là, cesse vraiment l'inconscient, sans avoir à s'occuper du moment où l'enfant commence à résister à la pesanteur en soulevant sa jambe, son bras, ce qu'il fait automatiquement et d'une manière inconsciente.

« Les sens spéciaux se développent alors, dit
» M. Ribot, et les sensations se coordonnent ;
» toutefois les mouvements ne sont pas voulus,
» ils ne sont pas un jeu mais une expérience :
» l'enfant se mord le bras, se heurte contre les
» corps durs ; il prend le biscuit qu'on lui pré-
» sente, il le propose à d'autres, même à son or-
» teil ; il explore partout hors de lui-même, il
» ne voit pas sa tête et considère le tronc de son
» corps comme la partie principale ? il vit de la
» vie végétative, et la personnalité n'apparaît
» que de la physique. »

Ces observations de détail que nous ne songeons pas à contester, nous les avons déjà résumées à la précédente page : durant cette première période, l'enfant est comme une matière sensible sur laquelle viennent se réfléchir les sensations du dehors ; il est passif uniquement ; le monde extérieur par les formes, les sons, les odeurs, les couleurs, etc., reflète en lui son image ; il vient à lui ; pénètre en lui par les sens, agit en lui ; c'est le monde qui est actif, lui qui s'imprime ; c'est l'enfant qui reçoit l'impression, d'où qu'elle lui vienne, impression succédant à une autre, longtemps confuses entre elles, comme les papiers d'une correspondance entassés sans ordre. La nature est en perpétuel enfantement dans l'individu que nous sommes plus tard ; la conscience s'étend en chacun de nous, s'augmente de toute nouveauté qui survient ; à plus forte raison doit-il en être ainsi chez l'enfant, pour qui tout est nouveau, et que tout impressionne.

Lorsque est passée cette période de sensibilité passive et incohérente, que se sont développés les sens spéciaux, se distinguant entre eux et retenant chacun ce qui lui est propre, un nouvel élément intervient, élément actif, personnel cette fois, l'enfant s'essaie à comparer, il fait des rapprochements, il observe, trouve des ressemblances : pour Henri, la lune est ce qui brille ; une lanterne de voiture est une lune ; tout ce qui tourne est un moulin ; pour Jean, son cousin la lune c'est ce qui est rond, mais plat ; un œuf sur le plat, un verre de montre, du café au lait dans un bol sont des lunes ; ce qui est rond et sphérique est un ballon ; une poire, une prune sont des ballons. C'est vers trois ans que ces premiers rapprochements sont faits. Mais avant déjà, en bégayant les premiers mots, l'enfant avait saisi et retenu le rapport établi par d'autres avant lui entre le mot et l'objet qu'il désigne ; la mémoire s'était ainsi accusée d'une manière certaine pour la première fois peut-être, tandis qu'avec la mémoire qui venait de naître, se produisait le premier essai de vocalisation articulée, le premier jeu de la glotte, de la langue, des dents, des lèvres.

Jusqu'ici les sens ont saisi au passage les images ambiantes qui, disséminées, flottantes, pour ainsi dire, sont à la portée de tous, images visuelles, rayonnantes, images sonores, vibrantes, images tactiles, images olfactives et gustatives, ne demandant, pour être saisies et se graver en sensations, que la rencontre d'un être sensible.

Une fois les sensations reçues, les images imprimées se groupent-elles toutes seules entre elles ? Rapprochements, comparaisons, qui sont des phénomènes actifs, se font-ils par les sensations qui ne sont que passives ? Les sensations sont-elles cet agent clairvoyant, qui en va faire le classement ? Et l'ordre, qui se fait peu à peu dans le moi, n'est-il qu'un phénomène inconscient, comme celui qui détermine la forme cristalline d'un minéral ? Activité et ordre viennent d'apparaître, sont-ils effet seulement et le développement naturel des sensations reçues ? Sont-ils cause, et dans ce cas ne doivent-ils pas se distinguer de la sensation comme agents distincts d'elle, lui communiquant un principe qu'elle n'avait pas ? Il nous semble que l'activité est cause distincte, et que l'ordre, l'effet, est le phénomène nouveau, par lequel elle se montre à nous. Or, ce phénomène est de nature telle que la cause dont il procède, dont il est la manifestation, n'est pas extérieure, comme l'objet qui a produit la sensation ; elle est intervenue comme un supérieur, un maître qui range sa maison. Ce principe, que nous avons déjà remarqué et distingué de la sensation, dont nous surprenons ici l'action pour la première fois, c'est l'intelligence, mot bien composé pour exprimer le rôle qu'il joue dans la connaissance. Ce principe est actif, il choisit entre les divers éléments reçus du dehors, il les démêle, les connaît, les met chacun à sa place, d'où résulte l'ordre. *Legere*, lire, choisir, d'où est tiré le mot intelligence, n'a pas d'autre sens ; c'est voir, distinguer, grouper les objets, comme les pensées sous les mots.

Ce n'est pas là l'œuvre d'un jour, nous le savons ; les rayons de la vérité sont épars, et nos sens sont bornés, ils perçoivent lentement, et les nouvelles acquisitions, qui demandent à être classées à leur tour, rendent son action incessante. C'est grâce à ce double travail de sensations introduites et de leur enregistrement que le moi intellectuel se compose et progresse, sans jamais s'achever. L'architecte fait simplement état des nouveaux matériaux.

CHAPITRE XXII

Entre l'animal et l'enfant. Supériorité de celui-ci sur celui-là.

Ce que nous avons dit de l'enfant peut se dire également de l'animal, jusqu'au moment où apparaît le principe d'ordre, l'intelligence : mêmes organes chez tous les deux, même appareil nerveux, mêmes sensations, mêmes fonctions, même monde extérieur, même milieu, avec des différences toutefois en faveur des sens de certains animaux ; l'enfant n'a pas l'odorat du chien, ni de l'abeille ; il n'a pas la vue de l'oiseau, la finesse de l'ouïe d'une multitude d'animaux, et combien ses mouvements sont plus lents, plus douloureux parfois que ceux de l'animal, combien plus rapide est le développement de celui-ci. Aussi la première vie, la vie végétative et sensitive, est-elle en général supérieure chez les animaux supérieurs ; mais cette supériorité ne durera pas toujours ; quand apparaîtra chez l'enfant l'agent actif, l'intelligence ; lorsque, sous l'action souveraine de ce principe d'ordre, le moi se constituera, ce sera à l'enfant, même avec des organes plus faibles, des sens moins subtils, que la souveraineté appartiendra. C'est lui qui tiendra le sceptre auquel l'animal se soumettra. Avec l'intelligence, il comparera, il raisonnera, jugera, parlera ; le moi se développera d'autant ; le nombre de rayons ou images reçues sera plus grand, qui, réfléchies, absorbées à leur tour dans le moi central, et se reflétant au dehors sur le visage, dans les yeux, dans tous les mouvements du corps, donneront à l'enfant devenu homme l'expression synthétique d'un moi plus étendu, supérieur, y brilleront comme une lumière toujours plus intense et plus vive, tandis que par l'action sera fécondé ce qui était inerte, et que le moi projettera son influence au dehors.

Chez l'animal, l'évolution existe sans doute, mais combien restreinte ! il a quelque mémoire, il est susceptible d'une certaine éducation, il peut contracter quelques habitudes ; il trouvera des expédients, montrera de la finesse pour attirer, surprendre sa proie, déjouer, tromper son ennemi, échapper aux pièges qui lui sont tendus ; ce sont bien là des marques d'intelligence, et nous sommes loin de considérer l'animal comme une machine dont tous les mouvements sont réglés.

Nous ne disons rien de ses instincts ou qualités et industries natives, se révélant chez les mêmes, toujours les mêmes, bien que certaines de ces industries prétendues inconscientes et automatiques portent la trace d'une habileté singulière et d'art. Il suffit de citer, sans les décrire, les cellules des abeilles, les galeries des fourmis, les nids des oiseaux, l'entonnoir du fourmi-lion, la maison de la mouche-maçonne, les digues des castors, etc., etc.

Le progrès de l'animal meurt d'ailleurs avec lui, il ne transmet rien de l'habileté qu'il a acquise ; en lui la nature recommence sans cesse ; il ne raisonne que d'une manière transitoire, sur des impressions reçues, encore vivantes, et dont le sujet est toujours lui-même, non sur des idées générales, dont l'objet est impersonnel et hors du moi, desquelles nous tirons des conclusions générales et particulières tour à tour. Il ne transmet à ceux qui naîtront de lui aucune des leçons de l'expérience, il ne parle pas, il n'écrit pas ; les moyens de transmettre lui manquent et la vie intérieure dans le moi animal semble se rapporter toute aux moyens de se nourrir et de propager l'espèce.

Entre l'enfant et l'animal, d'où peuvent venir les différences ? Nous avons implicitement répondu à cette question au chapitre X, lorsque nous avons comparé le cerveau de l'homme et celui de l'animal, et montré que ni le volume ni la forme de cet organe ne suffisaient à expliquer ces différences ; qu'il y fallait un principe immatériel. Le cerveau de l'enfant étant par sa nature, et devant fonctionner intégralement dans peu, comme tout cerveau humain, nous jugeons inutile de recommencer la démonstration, nous contentant de renvoyer à ce même chapitre X, s'il est besoin. Ajoutons seulement quelques mots.

On ne manquera pas de nous dire que, à ce compte, chez l'animal comme chez l'enfant, et pour les mêmes raisons, le principe, l'agent moteur, l'agent central, doit être distinct des organes et immatériel. Nous ne saurions reculer devant cette conséquence, et, tout en laissant à ce principe le rôle inférieur qu'il a dans l'animal, par quoi il se distingue surabondamment de l'enfant, qui lui est supérieur, ainsi qu'il vient d'être dit, il nous apparait que chez l'un comme chez l'autre, le principe immatériel, qui préside à la formation du moi et le résume, s'il n'est pas du même degré, est au moins de même nature, et qu'ils viennent tous deux de la même source.

Nous irons plus loin encore et dirons que cette parenté qui existe entre l'enfant, l'homme et l'animal supérieur existe chez les animaux entre eux, jusqu'aux derniers degrés de l'échelle, et que même il y a une harmonie évidente entre l'animal qui perçoit la sensation et les êtres de la nature qui en sont les objets et la provoquent : si l'oreille est faite pour les sons et les yeux pour la lumière, lumière et sons à leur tour, sont faits pour les yeux et les oreilles, de même que si les poumons sont faits pour l'air, l'air à son tour est fait pour les poumons, établissant ainsi entre le sujet et l'objet, entre le moi et le non-moi une alliance visible, des rapports harmoniques, nécessaires, qui font de la personne humaine comme un microscosme, le résumé de tout dans un centre, où tout se reflète où tout se convient.

CHAPITRE XXIII

De la mémoire et de quelques phénomènes particuliers qui s'y rapportent.

Après les sens et la sensation que nous venons d'étudier se présente assez naturellement la mémoire dans l'ordre de nos facultés.

La mémoire est le réservoir commun de toutes les sensations reçues. Faculté précieuse, puisque par elle, en quelque sorte, le passé vit toujours en nous et que par elle s'accroît chaque jour le trésor de nos connaissances. C'est elle qui fournit parfois des arguments à la discussion ; a l'art et à la poésie, des formes, des couleurs, des contrastes, des exemples ; aux conceptions élevées de la raison pure elle ajoute les leçons de l'expérience, corrigeant ainsi ce que ces conceptions pourraient avoir de trop absolu dans la pratique et les proportionnant à notre double nature d'êtres sensibles et raisonnables ; sans elle l'expérience, qui fait la sagesse, serait stérile.

Ce que nous avons perçu de sensations et d'idées et dont elle a reçu le dépôt, n'est pas en elle ordinairement à l'état de conscience présente, mais dans un état habituel de conscience latente, d'où un accident, une impression peuvent les faire sortir. La mémoire n'est pas non plus une revue d'ensemble, mais partielle, particulière et successive ; elle ne généralise pas ; les provisions sont dans le magasin, les armes dans l'arsenal, dont les portes sont fermées et d'où elles ne sortent que une a une, tantôt spontanément et au hasard, tantôt dans un certain ordre et d'une manière réflexe, lorsque d'autres facultés, ayant besoin d'elles, viennent les y chercher.

Bien que la mémoire dans le cerveau soit localisée, semble-t-il, comme faculté réceptive, les sensations et idées dont elle a la garde, n'occupent en celui-ci aucune place particulière, n'étant visibles ni perceptibles nulle part à une place distincte : les dates de l'histoire ne sont pas à une place, les éléments de la géographie à une autre, ni à une autre les connaissances scientifiques ; impressions reçues successives, superposées sans doute, distribuées, on ne sait dans quel ordre.

A les considérer seulement comme des phénomènes organiques, nous ne pouvons comprendre qu'il n'y ait ni confusion de lignes, de formes dans les clichés qui se succèdent, ni altération des images reçues, l'une semblant se substituer à l'autre, se superposer à elle, sans l'effacer ; persistantes également chacune.

La localisation de la mémoire peut cependant nous faire comprendre comment les sensations reçues, dont elle a la garde, peuvent se troubler, se confondre, s'altérer : l'organe peut être lésé, mal fonctionner par conséquent et, comme une montre détraquée, ne plus marquer bien l'heure, même ne plus la marquer du tout ; c'est alors l'ataxie, la paralysie et à la suite l'inertie. L'organe est malade, n'est plus sensible ; le réservoir s'est vidé des souvenirs du passé et n'est plus capable d'en mettre de nouveaux en réserve. Tout est distribué, fonctions et organes, dans l'économie générale, à raison de l'ordre, entre les deux natures qui composent l'être humain ; fonctions délicates, organes fragiles ; l'un d'eux est-il touché, la fonction s'altère ou cesse, l'être humain est atteint à la fois dans ses deux natures : c'est ce que suppose la localisation, tant pour l'exercice et le fonctionnement des facultés que pour leur ataxie générale ou partielle.

Chez la plupart des hommes, les années altèrent et diminuent la mémoire ; l'on apprend plus lentement et l'on retient moins fidèlement dans la vieillesse. Ce sont nos plus lointains souvenirs, nos premières sensations reçues, qui s'effacent les dernières, étant plus profondes, pour s'être imprimées les premières dans une substance neuve, plus impressionnable et plus tendre. On est tout surpris, quand l'âge vient de les retrouver, presque intactes, au fond de la mémoire, où elles ont sommeillé longtemps, tandis que les impressions de la veille n'y laissent qu'une trace bientôt effacée.

C'est pour cette raison peut-être que l'on dit de quelqu'un qu'il est tombé en enfance ; il se retrouve enfant en effet ; il renait pour ainsi dire, ayant cessé de sentir et d'agir, étranger aux goûts nouveaux, aux idées, aux passions du jour, se rappelant au contraire les choses passées, encore pour lui vivantes ; joint à cela que peu à peu chacun de nous s'isole en vieillissant, rejeté comme une triste épave par le mouvement plus jeune des hommes et des choses dans le monde, mouvement auquel l'inerte vieillard participe de moins en moins, ce qui le force à regarder vers le passé, pour y vivre par le souvenir. Il se recueille alors, il médite sur ce qu'il a vu autrefois, pour en tirer des leçons ; il rumine, pour ainsi dire, ses précédents états d'âme, pour composer la salutaire liqueur de la sagesse ; sa vie d'à présent est sa vie d'autrefois, qu'il peut rendre féconde encore et utile aux jeunes contemporains, et même aux générations à venir.

La première leçon qu'il peut tirer ainsi du passé lui profite d'abord à lui-même : instruit par le souvenir, il sait que le vieillard d'aujourd'hui est le jeune homme et l'enfant d'autrefois : entre les premières impressions reçues et les dernières, gravées distinctement chacune sur le même sujet, il y a une suite, une chaîne ininterrompue d'existence ; le sujet, qui est demeuré identique à lui-même, les retrouve marquées par les années d'une marque indélébile, si bien que, sans confusion, sans avoir cessé d'être, il revoit, dans le moi persistant, les changements subis au cours variable des années, trouvant en lui dans son identité le lien qui les enchaîne.

En même temps que nous acquérons par la mémoire la preuve de cette identité, la succession des phénomènes internes, dont elle a gardé le dépôt nous donne une notion certaine du temps, et nous permet de distinguer ainsi le passé du présent, tandis que l'avenir, le *to fieri* se dégage de celui-ci, du nuage obscur où il se cache, jusqu'à ce que, devenu le présent, à un moment imperceptible, il tombe à son tour dans le passé.

Cette série des impressions reçues, des états successifs du moi, qui en ont résulté, se trouve faite dans la mémoire qui les garde, non à raison de la cause qui les a produits, mais à raison du temps où ils se sont succédé, l'un ayant suivi l'autre, sans que l'un pour cela ait procédé nécessairement de l'autre; si ce lien existe, de la cause à l'effet, dans ces divers états du moi, comme il arrive souvent, ce n'est pas à la mémoire mais à la raison, d'en connaître, à elle qu'il faut les rapporter.

Nous ne pensons pas d'ailleurs, comme les déterministes, que ces différents états soient si bien liés dans le passé, se tiennent si bien ensemble, qu'ils ne soient tous, de proche en proche, que la conséquence de la première impression reçue ; la vie de l'homme n'est pas le mouvement d'une bille, qui, après une première impulsion, touche à plusieurs obstacles, se heurtant fatalement de l'un à l'autre jusqu'à épuisement de la force, si bien que la raison d'être de ce mouvement est toute dans l'impulsion première et celle du repos qui a suivi dans la série successive des obstacles, où elle s'est heurtée. Elle n'est pas davantage l'ondulation circulaire qui ride l'eau, développée par un oiseau qui nage, un corps pesant qui tombe, et dans l'intérieur de laquelle se forment sans cesse d'autres ondulations, qui toutes vont mourir au rivage.

La renommée croît en allant, *crescit eundo* ; Ainsi fait souvent en nous une impulsion, elle se diffuse, se multiplie en impulsions diverses, dérivant d'elles, mais en même temps elle s'affaiblit, s'altère et meurt en nous, jusqu'à ce qu'une autre lui succède ; indépendantes l'une de l'autre ; bruit intense chacune au point de départ peut-être, presque imperceptible au point extrême d'arrivée.

Il y a beaucoup d'impulsions premières ; les sens, l'imagination sont ouverts à toutes ; mille objets divers peuvent, selon leur nature, les provoquer ; elles peuvent à leur tour se développer en impressions consécutives ; différentes parfois, se combattant entre elles, se détruisant, sans que le développement de l'une détermine ou arrête nécessairement le mouvement de l'autre, leur objet étant différent. Encore est-il bon de dire que la même impulsion reçue ne produit pas toujours chez tous les mêmes impressions, et que les effets qui ont suivi ne sont pas des effets nécessaires, comme le prétendent les déterministes, mais seulement relatifs.

La manière dont les choses passées, que garde la mémoire, se représentent à l'esprit, est tantôt spontanée, accidentelle, tantôt réflexe, c'est-à-dire provoquée par un acte de la volonté : un fait, une parole, un geste, une forme, un air vus ou entendus se réveillent souvent d'eux-mêmes en nous ; ce sont comme des apparitions soudaines, mais je les reconnais comme choses vues autrefois. Plus souvent peut-être ces apparitions sont provoquées à notre insu par des particularités, des faits, des circonstances dues au hasard, auxquels elles se rattachent et qui sont comme des éclairs à la lueur desquels le passé se révèle. Au seul nom d'une personne prononcé, à la vue d'un lieu, mille souvenirs se réveilleront qui s'appellent, qui se tiennent par des liens subtils.

Quelquefois nous évoquons nous-mêmes ces souvenirs par un acte de la volonté : un document nous manque, une citation, une date, un air musical, un mot tout seul quelquefois ; nous les cherchons, descendant, remontant dans la série de nos souvenirs, grâce au fil conducteur qui les attache et qui nous guide ; soit que la logique les retrouve ou que l'imagination les pressente et les devine, ou qu'ils se dérobent aux efforts que nous faisons pour les retrouver. Quelle que soit, en effet, notre application, ils persistent souvent à ne pas sortir des ténèbres de l'oubli, et la mémoire ainsi rebelle à nos efforts montre notre impuissance, comme cette impuissance même montre la différence d'un acte libre, dont nous sommes les maîtres, avec une impression reçue fatalement autrefois, et sur laquelle l'agent libre n'a plus d'action, comme si le passé n'était plus en notre pouvoir.

A quoi tient cette éclipse passagère, capricieuse, de la mémoire ? Nous ne le saurions dire ; elle se prolonge quelquefois, jusqu'à ce que l'objet évoqué, que nous croyons disparu, éteint, se représente longtemps après, et sans raison apparente, de lui-même, à nous, quand nous avons cessé de le chercher.

Chose non moins étrange, contraste singulier, il est des souvenirs au contraire qui nous obsèdent, dont nous ne pouvons nous débarrasser ; il est des airs que nous fredonnons sans cesse à notre insu et malgré nous ; des vers entendus et appris que nous répétons sans nous lasser, comme nous absorbant en eux pendant une série de jours plus ou moins longue, improvisant même des variations sur ces airs qui nous servent comme de thèmes donnés.

Certes, c'est là un mécanisme qui nous étonne ; ces irrégularités au moins apparentes et inexpliquées, dans le fonctionnement de la mémoire, peuvent bien déconcerter l'esprit, mais notre embarras, que nous n'avons faute de reconnaître, d'autres n'y échappent pas non plus, qui ne peuvent pas mieux expliquer que nous ces irrégularités par le jeu des organes et les circulations mentionnées ailleurs de l'électricité et du sang.

En reconnaissant notre embarras c'est à la condition qu'il ne sera pas pris pour une défaite et compté par les adversaires comme une victoire, car ils ne triomphent non plus que nous. En vérité l'homme, machine consciente, s'ignore lui-même, n'étant pas maître dans le présent de la conscience du passé, il fait les fonctions de la machine, ou plutôt la machine fonctionne ici toute seule, sans que son intervention en détermine le fonctionnement, sans que même il le puisse connaître et le régler ; l'abeille ne sait pas avec quoi elle compose son miel, ni comment elle le compose, encore moins se connaît-elle elle-même.

Ce serait ici le lieu de traiter de la mémoire chez les animaux et chez l'homme pendant le sommeil, questions plus obscures encore, car, en dehors de la constatation des faits, que savons-nous ? Que l'animal, le chien, le cheval, le renard, l'oiseau aient de la mémoire, si vague, si faible, si fragile, si rudimentaire soit-elle on n'en saurait douter ; ils sont presque tous capables de contracter des habitudes et l'habitude ne peut s'acquérir sans la participation, comme condition essentielle, de la mémoire ; beaucoup savent s'orienter à travers des difficultés telles que l'homme bien souvent ne pourrait s'y reconnaître ; sans parler du pigeon-voyageur, les fauves dans les bois savent les pistes, l'alouette retrouve son nid dans un champ d'épis, combien d'autres espèces retrouvent le leur dans l'inextricable lacis des branches dans les bois, etc., etc., l'abeille s'en va au loin, sans oublier jamais le chemin de la ruche.

Quant à la mémoire de l'homme dans le sommeil, un jour ou l'autre elle se manifeste à chacun ; nous revoyons en songe des êtres que nous connaissons ou que nous avons connus ; elle fournit à l'imagination quantité de matériaux divers, dont celle-ci construit ses rêves.

Du rôle qu'elle joue, quand elle intervient, nous ne retiendrons que cette seule considération, c'est que, selon toute apparence, elle est, tout d'abord au moins, spontanée, rien, que nous puissions saisir, ne la provoquant à faire revivre un moment ceci, de préférence à cela, des choses du passé. Ajoutons qu'une fois éveillée, et nous ayant spontanément représenté un premier objet, elle peut cesser d'être spontanée, le premier objet ou souvenir en provoquant un second et d'autres à la suite ; comme si le fil qui, dans l'état de veille, tient liés ensemble les faits et les idées, choses du passé, ne cessait de les tenir ainsi liés pendant le rêve, alors que nous n'avons plus conscience et que nous ne les appelons ni ne les provoquons par les procédés ordinaires de l'association des idées, ce qui permettrait de conclure que les idées, les faits passés, s'ils sont en nous dans un pêle-mêle latent et dans la confusion, sortent tour à tour de cet état, lorsque la raison projette sur eux sa lumière, et se coordonnent alors, selon le point de vue où nous nous mettons, en les évoquant.

L'habitude et l'association des idées, dans

l'exercice desquelles la mémoire intervient, pourraient trouver ici leur place, mais comme elles touchent aussi à d'autres facultés, et que même elles occupent une place particulière, c'est à cette place que nous les renvoyons et que nous les retrouverons.

CHAPITRE XXIV

Ce que ne perçoivent pas nos sens. Idée de cause et idée d'ordre.

Dans la revue générale des phénomènes du moi, nous avons reconnu que toutes nos idées ne venaient pas des sens ; sortant de la généralité, nous avons étudié ensuite à part les sens et les sensations, qui en viennent, et la mémoire qui les enregistre ; nous allons examiner, si les idées proprement dites peuvent y être ramenées ; s'il n'y a en nous que des sensations, ou s'il ne se trouve pas avec elles des conceptions qui en diffèrent, remarquer leur nature ou leur objet, et essayer d'en déterminer l'origine.

Si nous distinguons sur la neige l'empreinte légère des pattes d'un oiseau, nous concluons, sans l'avoir vu, qu'un oiseau est passé par là ; l'animal même, le chien, qui suit une piste, ne la suit pas aveuglément, il sait que les esprits qu'il flaire émanent d'un autre animal ; la cause lui en est révélée, il la cherche. Ainsi familièrement nous distinguons l'effet de la cause.

Dans les exemples que nous venons de faire,

nous percevons les deux objets, la trace et l'oiseau, séparément et sans peine, par les sens ; mais le rapport qui les unit nous ne le percevons pas de même : il y a là une empreinte, une piste, et là un oiseau, un lièvre, c'est tout ce que nous témoignent les sens. Seul, l'esprit voit le rapport qu'il y a entre la trace laissée sur la neige par l'oiseau et l'oiseau même, entre la cause et l'effet ; le chien le voit aussi à sa manière, puisqu'il compte par la piste, l'effet, arriver jusqu'au lièvre, la cause ; avec cette différence essentielle toutefois qu'il ne généralisera pas comme nous, se bornant toujours à des cas isolés, servi en cela par son instinct plus que par la raison. Il ne sait à l'inverse ni lancer une pierre ni souffler au feu, ne sachant poser la cause en vue de l'effet voulu et à produire : il suit la piste, il chasse, parce que c'est son moyen de vivre ; là s'arrête sa science ; nous de ce fait nous tirons la conclusion générale : tout effet a une cause, aphorisme d'une grande portée, puisqu'il est une des bases de la connaissance humaine. Le chien le sait comme nous, mais il ne s'en sert pas de même, il ne l'applique qu'à des cas isolés et identiques ; la loi du ventre qui l'étreint raisonne ici comme la raison, comme la nature, mais ne raisonne que pour le ventre, non pour l'esprit.

D'après ce qui précède, on peut définir la cause ce qui produit quelque chose, et effet, ce quelque chose que la cause produit.

Cette idée nouvelle se distingue des idées étudiées jusqu'ici, les sens n'y ont point de part, le phénomène n'y a aucune place, n'y joue aucun rôle ; les yeux voient la trace, ils ne voient pas l'oiseau, mais quelque chose en nous sait que la trace ne peut être sans l'oiseau, la cause, et que l'oiseau existe, et que l'effet ne saurait être sans la cause.

Tout est nouveau dans cette idée, l'idée même et la faculté qui l'a perçue ; l'idée ne changera pas dans son objet, ne vieillira pas comme celle qui nous est venue par les sens : la trace vue ne durera pas, l'oiseau ne durera guère plus ; mais le rapport entre la cause et l'effet durera, il n'est pas dans le temps, il est toujours et ne pourrait pas ne pas être.

La cause d'ailleurs que nous connaissons ici on ne la connaît pas toujours, et cela ne nous empêche pas de dire qu'elle existe : chaque espèce d'oiseau chante ou crie différemment : on ne pourrait ni en dire nettement la cause ni expliquer des effets si variés. La nature, inépuisable en procédés divers, ne nous livre que très parcimonieusement ses secrets ; mais connue ou inconnue, je sais qu'aux effets que je vois il existe une cause.

Dans les exemples précédents du lièvre et de l'oiseau, les effets ne sont pas voulus par les causes, ils se détachent d'elles, pour ainsi dire, à leur insu ; il est des cas non moins nombreux peut-être et beaucoup plus intéressants, où la cause vise et veut l'effet, avec une intention marquée et visible vers un but à atteindre :

l'oiseau fait son nid dans un but déterminé ; l'araignée ne tend pas sa toile au hasard ; la plupart des actions libres de l'homme présentent le même caractère. A l'idée de cause s'ajoute alors l'idée d'ordre, qui n'est que l'adaptation par la cause de moyens efficaces à une fin voulue, l'effet. L'horloger veut-il partager la journée en fractions de temps égales, la force du ressort, qui produit le mouvement des rouages, les moyens, doit lui être connue, et ceux-ci y doivent être adaptés, pour mesurer et distribuer la force et le mouvement en un certain nombre de fractions, les heures, qui embrassent et limitent la durée de la journée, ce qui est le but. La nature nous a, la première, montré le chemin, étant cause et ordre à la fois ; c'est ainsi que le phénomène de la vision n'implique pas seulement l'idée d'une cause quelconque, inconsciente et distraite, mais d'une cause intelligente qui a adapté l'organe de la vue aux lois de la lumière, pour une fin déterminée, la vision. De même l'oreille a été construite à raison des lois du son et de l'harmonie, et la voix, la parole humaine et toutes les innombrables voix des êtres sont entendues par un organe approprié. Ces deux merveilles n'évoquent pas seulement en moi l'idée de cause ; dans les effets se montre aussi une intelligence des fins voulues, des moyens adaptés, l'ordre en un mot. Seule ici, d'autre part, l'intelligence comprend ce que l'intelligence a fait ; les sens y sont aveugles et l'animal n'en a aucune notion.

CHAPITRE XXV

Idées de principe et de conséquence.

Les idées de principe et de conséquence, comme celles de cause et d'effet, d'intelligence et d'ordre, sont corrélatives entre elles, c'est-à-dire que l'une appelle et suppose l'autre et qu'elles sont inséparables. Moins encore que les précédentes, elles ne sauraient nous venir des sens ; la cause et son effet peuvent être de nature physique et comme tels perceptibles, chacun séparément, aux sens, mais le principe et ses conséquences n'ont rien de la sensation et sont en dehors d'elle, à plus forte raison le rapport qui les unit.

Les idées se tiennent, s'enchaînent entre elles : de toute une série celle qui occupe le premier rang, en descendant, est l'idée principale, c'est là un principe, et les idées qui suivent sont les conséquences ; toutes ensemble inséparables, bien que distinctes, formant un tout ; telle est l'idée de cercle qui renferme celles de rayon, de diamètre etc. Plus communément on entend par principe une proposition claire par elle-même, qui contient en elles d'autres propositions moins claires, lesquelles tirent d'elle leur démonstration ; telle est cette proposition, le tout est plus grand que sa partie.

Cause et principe sont quelquefois confondus, parce que l'effet se rattachant à la cause remonte de proche en proche de la cause immédiate à une cause supérieure, jusqu'à une cause première, ainsi que, de conséquence en conséquence, on remonte au principe qui les comprend toutes. Mais tandis que l'effet procédant de la cause se sépare d'elle, la conséquence, même se distinguant du principe, est en lui et ne peut s'en séparer. De la première cause dépendent tous les effets, comme dans la proposition principale se résument toutes les conséquences : *ab uno pendent omnia.*

Il est clair que ce ne sont pas les sens qui perçoivent cette filiation des idées et les rapports qui les unissent entre elles.

Entre la cause et l'effet il y a succession de temps, la cause précède l'effet, elle est et doit être avant lui ; entre le principe et la conséquence il n'y a qu'une succession logique ; l'un est dans l'autre, simultanément, et de tout temps ; et, bien qu'étant tirée du principe, la conséquence n'en vient pas, comme l'effet vient de la cause, il n'y a pas un moment où elle n'y est pas ; elle n'est pas en puissance du principe, passant par lui du non-être à l'être, comme l'effet, qui, n'étant pas encore, procède de la cause, qui le fait être ; elle est, comme le rayonnement de l'astre, inséparable de lui. Avec les principes on ne sort pas des idées, de l'intelligible, avec la cause on en peut sortir, pour passer dans les faits, le sensible et le contingent.

Toute la géométrie n'est que l'évolution de quelques idées générales, définitions et principes, dont elle déduit les conséquences, et auxquels les formes éparses dans la nature se résument.

CHAPITRE XXVI
Idée de substance et de mode, de loi et de phénomène.

En nous et autour de nous, nous ne voyons, nous ne percevons que des choses fugitives : nous nous en sommes déjà expliqué en maints endroits, lorsque nous avons étudié la sensation dans le sujet et dans l'objet. La nature est toujours en travail, elle compose, décompose et transforme toujours ; il n'est rien de stable, de permanent, dans ce que nous voyons et entendons, encore moins dans ce que nous touchons, goûtons et respirons ; nous recueillons des impressions et ces impressions sont passagères et vaines ; nous sommes impuissants à arrêter cette perpétuelle mobilité des choses, à laquelle nous sommes assujettis nous-mêmes, comme tout le reste. Nous n'avons en effet qu'à examiner ce qui ce passe en nous, c'est-à-dire, les phénomènes qui nous manifestent : combien l'homme est changeant et divers, sans cesser pourtant d'être lui-même ! A travers et malgré tous les changements, nous avons la conviction, par la conscience, que notre moi, la substance qui se manifeste aux autres et à nous partant de phénomènes, tant d'actes et d'impressions mobiles, leur est invisible, insaisissable, et qu'ils ne peuvent nous connaître que parce qu'ils se reconnaissent en nous, faisant d'eux à nous une comparaison, et jugeant ainsi de la persistance de la substance, sous la variabilité des accidents. Réduite aux sens, une sensation n'est jamais qu'une sensation, c'est-à-dire quelque chose de relatif, un état mobile du moi, un ébranlement causé par quelque chose de toujours changeant et qui nous fait changer nous-mêmes. Ce n'est pas sur cette base fragile que peut reposer l'édifice de la connaissance humaine, mais sur l'idée d'être et de substance, qui seule est consistante : sous le mode changeant l'être se cache, *substat*, il se dérobe sans cesse à nos investigations, mais il persiste.

Le mode n'est que la forme, la manière d'être de la substance, tant que rien ne la fait changer, ne la provoque à sortir de son état ; il prend le nom particulier de phénomène, lorsqu'il cesse d'être fixe et permanent, lorsqu'il change au contraire et qu'on le considère, non plus seulement comme la manière d'être d'une substance, mais comme la manifestation d'une loi : l'eau devenue neige est blanche et solide ; tant qu'aucune influence en dehors d'elle ne la détermine à changer : la neige est la substance, blanche et solide sont des modes par lesquels elle se manifeste. Quand un changement se produit en elle, ce n'est pas dans l'incohérence et le désordre, les divers états se succédant, changeant d'après des lois certaines, qui, elles, ne changent pas ; le phénomène les manifeste, comme le mode manifeste la substance.

Le phénomène est changeant et la loi est stable, ce qui semble une contradiction, quand on a dit que l'un était la manifestation de l'autre ; car comment ce qui est stable pourrait-il se manifester par des changements ? La même loi est stable, il est vrai, toujours identique à elle-même ; mais les lois sont diverses, elles se succèdent dans l'œuvre de la nature, le perpétuel enfantement ; la vie ne se propage, ne s'entretient et ne s'éteint que par le jeu continuel des lois naturelles ; de là, avec la fixité de chacune, l'intervention successive de chacune aussi, la mobilité superficielle et perpétuelle des choses.

Telles sont donc les idées irréductibles de substance et de loi, corrélatives à celles de mode et de phénomène, complétant celles-ci, inséparables les unes des autres.

Si par les sens nous ne percevons que le mode et le phénomène et si, tout changeants qu'ils sont l'un et l'autre, nous ne pouvons les percevoir que comme les manifestations de quelque chose, qui ne change pas, et qui se dérobe aux sens, il faut bien admettre que ce qui se dérobe ainsi, la substance, la loi, nous le percevons autrement que par les sens. Si le phénomène était toute la réalité, si sous le mode il n'y avait rien, nous serions les jouets de nos songes ; si les sens tout seuls captaient la vérité, ils ne capteraient que des ombres sans consistance.

L'idée de substance n'apparaît pas à l'esprit

aussi spontanée que celle de cause et de principe, nous la déduisons, comme on vient de voir, de l'idée de mode, sans qu'elle perde pourtant rien de sa qualité d'idée pure, puisqu'elle ne nous vient pas des sens.

L'idée de loi semble avoir quelque rapport avec l'idée de cause, puisque la loi agit sur les substances et les modifie, mais le phénomène n'est pas un effet voulu, distinct de la loi, comme l'effet l'est de la cause, il n'en est que la manifestation, et, pour cette raison, cause et loi ne se peuvent confondre. La loi d'ailleurs n'est que le procédé invariable, d'après lequel la cause agit pour produire l'effet.

Il y aurait lieu peut-être de distinguer parmi les modes ceux qui sont essentiels de ceux qui sont accidentels : la couleur, le goût, le son, l'odeur, la température etc., que les sens perçoivent sont, des accidents ; la forme ronde est essentielle à la circonférence, elle ne semble qu'accidentelle dans les œuvres de la nature, un nid d'oiseau, un fruit, etc. et cela nous mènerait à nous demander, s'il y a lieu de distinguer l'idée, ou type éternel, de ce qui n'en est que la représentation passagère, distinction que nous nous réservons de faire plus tard.

CHAPITRE XXVII

Du vrai.

Les idées sont simples, claires et lumineuses de leur nature, confuses pourtant dans beaucoup d'esprits, malgré leur simplicité. La première idée que nous concevons, parce qu'elle est implicitement comprise dans toutes les autres, c'est l'idée d'être ; l'être que l'on peut concevoir est intelligible ; intelligible, il rayonne d'une lumière propre, non aux yeux du corps, mais à ceux de l'esprit; l'intelligible qui rayonne en nous est vrai. Chaque objet est représenté par une idée, chaque idée est une image ; cette image lumineuse est vraie, à raison de sa lumière et à raison de la perception que nous en avons. Le vrai est donc l'être en tant qu'intelligible et perceptible.

Ce n'est pas de nous que vient la lumière, c'est de lui en nous ; ce n'est pas nous qui projetons la lumière sur lui, qui l'éclairons, c'est lui qui la projette sur nous, qui nous éclaire ; nous ne donnons pas, nous recevons. Cet objet intelligible et vrai n'est pas un objet matériel, que l'on mesure, que l'on pèse, que l'on dissèque, perceptible aux sens, cet objet ce sont les idées, types éternels, et leurs rapports entre elles, par quoi tout s'organise et tout vit.

Quand l'intelligible se présente ainsi à nous et qu'il brille en nous de sa propre lumière, l'intelligence qui le perçoit a trouvé son objet ; elle est heureuse, elle se repose, elle se nourrit de ce qui est l'aliment de sa vie ; elle est réjouie comme l'œil qui voit la lumière, après une longue nuit d'insomnie. C'est que l'intelligence est faite pour l'intelligible et l'intelligible pour l'intelligence ; ils se cherchent ou plutôt, celle-ci cherche toujours, toujours attirée par celui-là. Hélas ! trop souvent elle est enveloppée par des nuages venus d'en bas, du monde des sens, qui interceptent la lumière de l'intelligible ; dans sa pureté radieuse, il ne peut pénétrer jusqu'à elle ; de là des malaises, des fatigues, qui nous découragent. Plus souvent encore, au lieu de ces heures incertaines, mêlées d'ombre et de lumière, les hommes, esclaves des passions, et par elles détournés du vrai, vivent dans une nuit obscure et profonde comme les animaux sans raison ; l'œuvre de la connaissance n'est pas même ébauchée en eux. Ils sont rares ceux qui sont attentifs et dociles, qui s'efforcent de dissiper loin d'eux tout ce qui fait obstacle à la vérité, qui la cherchent et l'aiment par dessus toutes choses, qui ferment la porte aux distractions du dehors, pour n'écouter que la voix divine qui parle en eux ; car l'idée, le vrai, est vision et parole à la fois, comme l'intelligence est œil et ouïe à la fois, elle voit le vrai et l'entend. Le vrai se montre à nous, nous le voyons, et, instantanément, comme pour le distinguer désormais par un signe sensible, nous traduisons par un mot ce que nous avons vu, voyant et entendant en même temps, image visuelle et sonore à la fois.

On ne manquera pas de nous dire que ce que perçoivent les sens est aussi le vrai, or comment cela peut-il être, après que nous avons représenté les sens comme impuissants et suspects, et la sensation comme un obstacle ? Comment leur rendre ce que nous leur contestons !

L'objection, croyons-nous, n'est pas difficile à résoudre : tant que les sens extérieurs nous apportent les images extérieures, sans provoquer en nous des troubles capables d'obscurcir l'intelligence, tant que la conscience se borne à enregistrer les sensations venues du dehors ; si, d'autre part, l'intelligence sait distinguer dans la sensation ce qu'elle a de purement subjectif et passif d'avec ce qui en elle est vraiment objectif et réel, c'est-à-dire l'idée, qu'elle seule comprend, et dont l'objet extérieur qui l'a provoquée n'est que l'image fugitive ; si elle met à part, dans la sensation, la matière brute et l'idée qui rayonne en elle un moment, les sens sont-ils dès lors un obstacle insurmontable à la perception du vrai ? Les objets extérieurs n'ont qu'une lumière d'emprunt, puisque les formes sensibles changent sans cesse et qu'on ne peut les fixer. En dépouillant la matière de ses formes accidentelles, et la réduisant par conséquent à un état informe et inerte, indifférente à tous changements, mais les subissant tous, ne serons-nous pas forcés de reconnaître que ce que nous percevons en elle n'est pas elle ? L'idée se pose où elle veut, façonne ce qu'elle veut et comme elle veut, elle seule est vivante.

Le vrai étant l'être intelligible, perçu par l'intelligence, son contraire sera ce qui n'est pas intelligible, ce qui ne saurait être perçu par l'intelligence, un non-être ; le faux est un néant en effet, et on n'en saurait raisonner comme de ce qui est.

Notre intelligence toutefois n'est pas la mesure de l'intelligible, elle est bornée et l'intelligible ne l'est pas ; il ne suffit donc pas que nous ne comprenions pas une chose pour la déclarer fausse et la croire telle ; nous avons certes plus de raisons de reconnaître la faiblesse de notre esprit que d'en exagérer la puissance. Le vrai philosophe n'est pas celui qui discute avec autorité et tranche en maître infaillible, n'admettant pas la contradiction, mais celui qui, humblement, cherche à s'éclairer, sachant sa petitesse et que l'orgueil, loin de mener à la vérité, y est un obstacle, celui qui pieusement s'incline devant elle, et l'implore de se dévoiler à lui.

Si nous ne devons pas tenir pour fausse une chose par la seule raison que nous ne la comprenons pas, encore moins devons-nous la tenir pour vraie, lorsqu'elle nous paraît fausse ; tels sont les dogmes proposés, non pas à notre raison, mais à notre foi, c'est-à-dire, indiscutables. Il est dangereux de sortir de l'ordre de choses voulu par la nature et dévoilé à la raison ; l'esprit alors se repaît de fantômes vains, vit dans un monde imaginaire, épuise sa vigueur dans le vide.

Puisque le faux n'est pas, l'esprit qui s'en repaît vit de néant ; il ne voit ni l'être ni la lumière ; c'est un voyageur perdu dans le brouillard, le jouet de tout vent qui souffle. Si la vue de la vérité nous fait éprouver les joies pures et calmes, combien la nuit de l'erreur et de l'ignorance fait naître en nous d'incertitudes, de doutes et de terreurs ! L'esprit troublé se débat vainement, s'agite comme dans un rêve, et ne saisit que des ombres.

Employés couramment l'un pour l'autre, le vrai, la vérité, deux termes bien voisins d'ailleurs, se distinguent pourtant : le vrai est objectif seulement, c'est l'être perceptible ; le vrai perçu devient vérité ; vérité est aussi un terme général, il exprime plusieurs choses vraies, comme le mot erreur embrasse plusieurs choses fausses.

On peut s'étonner que le faux n'existant pas, ou n'ayant pas d'objet, puisse cependant exister à l'état subjectif dans le sujet et que l'intelligence qui perçoit ce qui est intelligible, puisse percevoir ce qui n'est pas. Question vaste, qui demanderait de longs développements, et que nous nous contenterons d'effleurer seulement en quelques considérations succinctes.

Le faux n'ayant pas d'objet ne saurait être perçu par l'intelligence, il est vrai ; mais sans parler de l'infirmité de nos sens, ailleurs reconnue, l'imagination, cette faculté si féconde, que nous ne connaissons pas encore, suscite des images, crée des fantômes, formes légères, non des êtres; ces formes légères nous impressionnent, nous passionnent ; elles se succèdent dans l'esprit et par les mouvements qu'elles provoquent et le trouble qu'elles occasionnent, nous donnent l'illusion dont nous sommes les jouets. Que le calme renaisse, la raison parle toute seule, et les illusions vaines se dissipent.

Il arrive parfois que, dans un groupe ou système de pensées, certaines, un grand nombre, si l'on veut, sont intelligibles, lumineuses, nous les percevons, elles sont vraies ; mais quelques-unes échappent à notre examen, or nous avons besoin de les trouver vraies pour soutenir, étayer une théorie, une doctrine qui nous est chère, et indûment nous les affirmons telles, dupes cette fois de notre précipitation, de notre impatience.

On mesure mal l'étendue de son esprit, on le mesure, non à sa juste valeur et à sa force, qui est faible toujours, mais à la force et à l'étendue de son orgueil, qui est sans bornes. L'esprit dès lors n'en connaît pas davantage ; étant sous l'empire de l'orgueil ; il est bien près de se croire infaillible, état bien dangereux, peu compatible avec le culte de la vérité. Se défier de soi est ici une force ; la vérité vient à celui qui la cherche humblement et ne lui fait point obstacle ; présumer trop de soi au contraire est une disposition favorable à nous faire tomber dans l'erreur ; on y est prédisposé, aimant mieux ce qui vient de nous et qui nous plaît que ce qui vient de la vérité, interceptant la divine lumière par les fumées de l'orgueil.

Nous ne parlons pas ici de ceux, et le nombre en est grand, qui n'ont qu'indifférence pour le culte de la vérité, qui voués uniquement à leurs passions, à leurs intérêts, ne vivant que de la vie animale, ne conçoivent rien en dehors d'elle, et comptent tout le reste pour rien, esclaves des sens, ne recherchant que les sensations. Telles sont les raisons ordinaires qui peuvent expliquer nos erreurs, nos illusions, nos surprises, comment facilement l'esprit peut prendre le change, se laisser entraîner loin de la vérité et même lui faire obstacle.

CHAPITRE XXVIII

Idée du beau.

Le vrai n'est vrai que s'il est et s'il est intelligible, telle est aussi la première condition du beau, qui doit être vrai, intelligible tout d'abord. Mais il ne suffit pas à un objet d'être vrai, pour être beau, et si le beau doit être vrai, celui-ci n'est pas nécessairement toujours beau, sans quoi ils se confondraient l'un avec l'autre. En quoi se distinguent-ils ? En quoi le beau diffère-t-il du vrai ? Le vrai s'adresse uniquement à l'intelligence, le beau parle aussi à l'imagination et à la sensibilité ; à la lumière calme de l'intelligible s'ajoute, plus intense et d'une autre nature, une lumière qui charme l'imagination, une chaleur de vie qui pénètre jusqu'au cœur. Le premier procède par analyse et ne connaît le tout qu'en le décomposant : le second procède par synthèse et ne voit que l'ensemble. Au vrai s'ajoute la grâce qui nous plaît et nous touche ; à l'idée simple s'ajoute la vie, le mouvement, jusqu'à la passion, éléments nouveaux auxquels le vrai est étranger. Ce n'est plus là l'intelligence qui seule perçoit le vrai par la lumière de l'intelligible, mais les facultés affectives mêmes qui le perçoivent à leur manière, par les mouvements qu'il excite en elles, lesquels le rendent aimable, désirable. Le vrai par le beau est devenu sensible ; il s'adresse à l'intelligence et au cœur par les sens ; il nous plaît, il nous charme.

Le soleil caché derrière un nuage, invisible, ne cesse pas d'être vrai ; couronné de ses rayons dans les mille jeux de la lumière il est beau, et Platon a pu dire avec autant de vérité que de poésie : « Le beau est la splendeur du vrai », le vrai resplendissant, ajoutant à l'idée du vrai l'harmonie, la séduction des couleurs, des sons et des formes, la grâce avec la lumière, les mouvements de la vie, charmant ainsi cette faculté brillante qu'est l'imagination, et, par elle, provoquant déterminant notre admiration. Tel est le beau, il est le principe de l'amour.

Le mouvement de réaction affective provoqué par sa présence est beaucoup plus vif que celui que provoque la présence du vrai, puisqu'il ne s'adresse pas uniquement à l'intelligence comme celui-ci, mais encore à nos facultés sensibles. Le mouvement et la vie qui sont dans le beau sont contagieux, ils atteignent le sujet qui les perçoit et qui à un certain degré vibre à l'unisson et semble participer de la même vie, du même mouvement. Le vrai ne produit pas sur nous les mêmes effets, il est purement spéculatif ; l'œil qui le voit est calme, parce qu'il n'est ni le mouvement ni la vie.

De ce qui vient d'être dit, il suit que le beau dans son objet est plus complexe que le vrai, dont il est inséparable, et que c'est surtout par les effets qu'il produit en nous, par le charme qui se dégage de lui, que nous distinguons sa nature et mesurons en quelque sorte sa puissance.

Cette complexité et ces effets plus grands, produits en nous par le beau, tiennent surtout à ce que nous le percevons non pas en éléments simples, faciles à analyser, distincts comme les choses vraies, mais dans leur ensemble, ne faisant qu'un tout de pièces diverses. Une œuvre de la nature, une œuvre de l'art, que nous jugeons belle, que nous admirons, est la mise en œuvre et le résultat de causes multiples, nous ne la voyons que d'une vue générale et en synthèse, ainsi qu'il en a été fait la remarque plus haut, nous ne l'apprécions que par l'effet général, que cette vue produit en nous. Ce n'est pas ainsi que nous procédons pour trouver le vrai.

Dans leur ensemble, les œuvres belles n'en sont pas moins assujetties à certaines règles ; l'esprit exercé qui les perçoit ne sera jamais entièrement épris, si ces règles n'ont pas été observées : Ces règles sont l'unité, la variété, la proportion et l'ordre des parties.

Nous parlerons ailleurs de l'unité comme idée pure, contentons-nous de dire ici quelle est la condition primordiale, essentielle de toute œuvre belle ; elle est la marque distinctive, jamais défaillante, des ouvrages de la nature, elle doit l'être de ceux de l'art, qui se pique de l'imiter.

C'est par l'explication de cette règle qu'Horace a commencé son art poétique :

Humano capiti cervicem pictor equinam.
J ingere si velit...

Adaptez à une tête humaine un cou de cheval, couvrez le corps de plumes et terminez-le en poisson, vous aurez fait un monstre.

Il ne faut pas que l'attention se partage entre plusieurs objets, si l'on veut que l'effet soit entier ; peindre une bergerie ensemble avec une bataille ; c'est détruire l'un par l'autre le double charme de deux choses bien faites.

La variété est moins essentielle que l'unité, elle l'est d'autant moins que le sujet est plus simple ; elle tient cependant à la nature du beau que nous avons représenté comme complexe, comme un ensemble, composé de pièces diverses mais unies ; elle est aussi un besoin de notre nature, qu'un même objet lasse et fatigue, qu'une même impression, uniforme et qui se répète, ne peut intéresser longtemps. Sans variété donc, l'œuvre ne produirait pas en nous l'effet ordinaire d'admiration et de plaisir, que la vue du beau a coutume de provoquer.

La proportion tient à l'unité, on y porterait atteinte, si on ne donnait pas aux parties d'un tout les proportions qui conviennent : peindre d'un arbre le tronc mince et les branches grosses, faire avec une grande porte une minuscule maison, mettre sur des jambes grêles un tronc et une tête démesurément gros, c'est créer des anomalies, des répugnances, des grotesques, qui, loin de nous séduire, nous choquent. Ce n'est pas là le procédé de la nature, elle met la proportion dans tout ce qu'elle fait, même dans les êtres bizarres qu'elle façonne en se jouant. La règle de la proportion des parties se justifie d'ailleurs sans peine, par la simple distinction de ce qu'il y a dans les choses de principal et d'accessoire, et par l'évaluation de la puissance et le développement des moyens relativement aux effets à produire, au but à atteindre ; ce qui nous ramène à l'idée d'ordre à laquelle se rapporte la proportion des parties, et qui l'implique visiblement. Ce sentiment de la proportion et de la mesure fut peut être ce qui surtout distingua le génie Athénien, ce qui a manqué les ouvrages des grecs d'un caractère d'harmonie, d'ensemble incomparable, *nil nimium*, l'atticisme ne fut pas autre chose que ce sentiment.

Enfin les parties proportionnées et variées d'un même objet doivent être placées dans l'ordre que la nature a voulu t que leurs fonctions indiquent; et, comme l'ordre est lumineux, *lucidus ordo*, sa lumière se projette sur le tout ; chaque partie est à la place qui lui appartient, dans une harmonieuse unité ; c'est lui qui compose cette unité et la fait ressortir ; et, comme d'autre part il est le produit d'une cause intelligente, ainsi qu'il a été dit, par lui, en admirant l'œuvre, on admire également le génie qui l'a conçue et exécutée. Et voilà comment dans l'œuvre de la nature se montre avec tant d'éclat un génie souverain et créateur, dont tous les autres vont s'inspirer, et comment l'unité et l'ordre dans la nature sont les modèles de l'ordre et de l'unité dans l'art ; double sujet déjà traité, et qui s'est de nouveau de lui-même présenté à nous, pour compléter et expliquer ce que nous disions de la proportion des parties.

Après avoir distingué l'intelligible du sensible dans la sensation, et montré par là que le vrai, qu'il y a en elle, n'est pas elle et ne nous vient pas des sens, il n'y avait qu'à conclure qu'il nous vient d'une autre source, comme les idées de cause et de principe ; nous conclurons de même pour l'idée du beau.

Les sens, la vue et l'ouïe peuvent être le canal par lequel nous viennent les sensations du beau, ils sont la voie ordinaire, même la voie unique de ces sensations ; mais ce ne sont pas les nerfs de l'œil et de l'oreille qui vibrent et perçoivent le beau, c'est par eux qu'un autre principe le perçoit; l'objet beau est marqué d'une empreinte, celle de l'idée que l'auteur a exprimée et qui, représentée sur la matière, n'est pas matière elle-même.

Puisque nous percevons le beau autrement que par nos sens, les choses belles sont-elles autre chose que des symboles, autre chose que des idées, des mouvements exprimés sous des formes matérielles et transmis par l'intermédiaire des sens jusqu'à l'âme ? Ces idées, ces mouvements sont dans la nature, nous ne les y lisons pas toujours, étant notre esprit lent et obtus ; mais l'idée a présidé à toutes ses œuvres, et l'idée sensible est ce que nous y admirons.

Indépendamment du lien qui l'unit au vrai, de l'intelligible, qui exige pour être perçu une faculté autre que les sens, il est certain que ce qui caractérise le beau et le distingue du vrai, c'est qu'il fait vibrer en nous des cordes différentes, à raison de la splendeur qui lui est propre, et que le charme particulier que nous éprouvons à sa vue ne ressemble en rien au plaisir que nous éprouvons à respirer une fleur, à manger un mets délicat, à disséquer un insecte, à reconnaître dans le creuset la présence de deux éléments chimiques que nous cherchions. L'animal voit les mêmes lignes, les mêmes couleurs, entend les mêmes sons, il a les mêmes organes, reçoit les mêmes sensations, il ne voit pas le vrai comme l'homme, encore moins le beau, dont la corde sacrée ne vibre pas en lui. Il y a donc en nous autre chose que la sensation dans la perception du beau et du vrai, un sens divin qui n'est pas dans l'animal.

L'artiste, dans l'œuvre qu'il exécute, ne met-il que des sons, des couleurs et des lignes ? n'y met-il rien de lui ? rien de prévu, de combiné, par lui ? rien d'inspiré ? Le peintre ne se contente pas de copier les modèles de la nature, il ajoute à sa copie l'impression qu'il en a reçue : il voit sous tel angle, il a vu à telle heure, dans un tel état d'âme ; ce qu'il voyait l'a ému, charmé ; ce charme, cette émotion n'étaient pas dans le modèle, ils se trouvent dans son tableau ; nous voyons donc dans la copie ce qui n'était pas dans le modèle ; nous voyons celui-ci désormais avec les yeux même du peintre, le voyons-nous avec les seuls yeux du corps ?

Et si l'artiste, ne se contentant pas de le copier, compose lui-même son tableau, rapproche, éloigne, déplace, ajoute, retranche, conçoit en un mot son œuvre entière, avant de l'exécuter, ne met-il rien de lui sur la toile ? tire-t-il tout uniquement de sa palette ? Si tout n'y est pas ligne et couleur, si nous y percevons autre chose, ce quelque chose n'a pu être conçu par lui ni réfléchi de lui en nous, à travers le tableau, par les sens, les siens et les nôtres.

N'y a-t-il dans une montre que des rouages, une boîte, un ressort ? N'y a-t-il pas dans tout l'ouvrage et dans chaque pièce la pensée, le plan de l'ouvrier ?

Et le musicien, mieux que l'horloger et le peintre, où prend-t-il la matière même de son art, le chant, la mélodie, l'harmonie ? Elle n'existe nulle part dans la nature extérieure ; les notes n'ont point de corps, il les entend dans le silence ; il les assemble, les varie, les cadence à l'infini ; de quelle source matérielle, s'il n'en est point d'autre, les tire-t-il ? Le mouvement lent ou rapide comment l'exprime-t-il ? Et si l'œuvre du maître est conçue avant d'être écrite, si les images sonores se forment, se succèdent, bien rythmées, d'où vient le rythme ? d'où viennent les notes puisque, l'oreille ne les entend pas ? Quelle faculté dès lors les entend ? et comment un auditeur pourrait-il les percevoir uniquement par l'oreille, autrement que le compositeur ?

La conclusion se dégage toute seule : les idées de cause et d'ordre, de principe, de vrai et de beau ne nous viennent pas des sens, ne sont pas uniquement des sensations, mais des idées pures, ou tout au moins relevant d'elles et en venant.

Le goût juge du beau comme l'intelligence juge du vrai ; c'est une faculté complexe, parce qu'elle mesure comme un second degré de l'être, et que le beau, pour être perçu, met en mouvement, non pas seulement les facultés intellectuelles, mais encore les facultés imaginative et sensitive. Une personne sans imagination ni sensibilité jugera mal d'une œuvre d'art, tout en jugeant bien d'une œuvre didactique peut-être ; elle pourra l'analyser fidèlement dans toutes ses parties ; quelque chose échappera pourtant à son analyse, c'est l'impression que l'artiste a ressentie et reproduite et qu'elle ne ressent pas, elle est intelligente sans doute, mais elle manque de goût.

De cela on peut induire que les facultés d'imagination et de sensibilité sont et doivent être en harmonie avec l'intelligence dans la perception du beau ; qu'elles le perçoivent réellement chacune à leur manière ; que le goût par conséquent, qui les résume toutes, n'est que l'intelligence du beau, perçu comme tel. De là on peut induire aussi que le vrai et le beau ne sont pas moins en harmonie ensemble, comme un chant à deux parties, qui vont se complétant. De là enfin concluons que l'être, à quelque degré que nous le percevions, est un dans son objet et en harmonie avec nos facultés qui à leur tour sont en harmonie entre elles ; comme si l'être pouvait se mirer tout entier dans notre esprit et faire vibrer en lui comme les cordes d'une lyre.

Il ne serait pas moins vrai de dire qu'une personne, chez laquelle prévaudraient exclusivement l'imagination et la sensibilité, au détriment de l'intelligence, n'aurait pas toujours le goût bon non plus : imagination brillante, sensibilité profonde et délicate, mais esprit obscur, incomplet, elle manquerait souvent de vérité, manquant de mesure, et ses jugements, comme ses œuvres, s'en ressentiraient.

Ce que nous avons dit jusqu'ici ne s'applique guère, semble-t-il, qu'au beau plastique ; il est un autre beau, le beau moral, que nous ne devons pas passer sous silence. Il est non pas la représentation fictive, l'apparence du beau par les facultés particulières de l'imagination et de la sensibilité, mais le beau lui-même, le beau vivant, réalisé par l'acte de la volonté. Conçu et présenté ainsi, il ne diffère pas sensiblement du bien, dont nous traiterons bientôt, et auquel nous le rattachons d'avance.

CHAPITRE XXIX

De l'idéal.

Si les idées de vrai, de beau, de cause, d'ordre et de principe ne peuvent se ramener à des sensations, se résoudre en elles, si elles sont des idées pures ou si elles en relèvent, il faut que dans l'artiste, le philosophe, le poète, dans tout ouvrier en un mot, il y ait un foyer vivant de chaleur et de lumière, d'où les idées pures, l'éternelle perfection, rayonnent. Non que la lumière soit en nous, qu'elle jaillisse de nous ; nous n'en sommes ni le centre ni la source ; elle nous est extérieure et impersonnelle, puisqu'elle éclaire également toutes les intelligences, comme intelligible et comme beauté ; elle n'est pas nous, mais elle vient à nous, elle nous enveloppe, elle nous baigne, en elle nous respirons et nous voyons.

Ce n'est pas sous des traits particuliers, marqués, qu'elle se montre, comme les formes contingentes ; nul ne l'a vue ainsi ; nul n'a vu ni le vrai ni le beau dans leur plénitude et face à face. Comment, êtres finis, imparfaits, bornés, que nous sommes, verrions-nous l'être infini et parfait ? C'est à sa lumière seule que tout s'éclaire et s'embellit, c'est lui que nous voyons en tout le reste, mais seulement dans des reflets fugitifs ; c'est à sa lumière aussi que nous jugeons de tout, que nous voyons ce qu'il y a et aussi ce qui manque de beauté aux œuvres de la nature et surtout à celles de l'homme ; car c'est surtout par le défaut des choses contingentes, que nous jugeons qu'elles sont contingentes, et ce défaut nous ne pouvons le concevoir, le surprendre autrement qu'en le comparant à ce que nous savons et voyons sans défaut : Il existe donc un type, un modèle de beauté par excellence, qui nous attire, qui nous charme, que nous cherchons à imiter, et qui est la règle, à laquelle nous rapportons tout le reste, pour en juger. Ce type, à raison de notre petitesse, se montre parcimonieusement à nous, à travers les nuages des sens ; il n'en est pas moins la source et la raison d'être de toute beauté. D'une chose belle nous ne disons pas qu'elle est le beau idéal fixe et immuable, à peine pouvons-nous dire qu'il y a en elle un rayon de lui ; nous disons, au contraire, quand ce rayon manque : ce n'est pas beau. Que nous affirmions, que nous niions, nous le proclamons toujours.

Quand l'accident meurt, création éphémère de la nature, produit de l'art, le type, l'idéal persiste, puisqu'il reparaît, fidèle à lui-même, dans la nature et qu'il préside à de nouvelles conceptions chez l'artiste, le poète ; il est donc indépendant de l'accident, puisqu'il ne meurt pas comme lui.

C'est surtout dans la nature que la beauté souveraine a laissé les traces de sa beauté ; il serait inutile de s'arrêter à le démontrer quand tout le monde le reconnaît ; nous nous contentons d'ajouter que, si l'artiste laisse de lui une trace dans son œuvre, la marque de son génie, l'ouvrier de la nature n'a pas dû moins faire dans la sienne, la cause ne pouvant s'abstraire de l'effet, au point qu'il n'y paraisse rien d'elle ; on est donc pleinement en droit de l'y retrouver.

Platon avait pensé que les idées, c'est-à-dire, les types des choses, en dehors de toute réalité extérieure concrète, étaient perçues directement par l'âme intelligente ; qu'elles préexistaient aux formes contingentes ; qu'elles étaient éternelles ; que les contingents en découlaient, frêles et passagères images. L'idée était donc la force première dans le monde, le principe primordial, organisateur et moteur des choses, qui, toutes, relevaient d'elle ; l'idée vit ; l'idée était Dieu, Dieu était l'idée vivante. Ces idées de Platon l'idéal les résume, comme les rayons d'un centre commun, et il n'est plus seulement alors le type parfait du beau, la beauté absolue, mais le type de toutes choses, qui en lui, sinon par rapport à nous, sont toutes belles.

CHAPITRE XXX
Idée du bien

Lorsque le vrai brille, il est beau ; nous voyons le vrai ; nous contemplons et admirons le beau ; nous aimons le bien ; c'est par le trait caractéristique de l'amour qui est en lui et qu'il provoque en nous que celui-ci se distingue ; non que le vrai et le beau ne soient aimables en eux-mêmes, mais ce n'est pas par le côté aimable qu'ils se montrent à nous, non plus que ce n'est par le côté brillant que le bien nous apparaît, encore que nous l'admirions tout en l'aimant. La beauté devient aimable par la grâce.

Et la grâce plus belle encor que la beauté,

a dit justement La Fontaine.

La grâce est l'attrait du bien. Elle n'est pas la beauté plastique, résultant de l'harmonie des lignes et des couleurs ; elle est plutôt un rayonnement au dehors de la beauté morale intérieure, que révèlent l'expression du visage, le son de la voix, les mouvements du corps ; elle est la beauté du bien ; c'est par elle que le beau nous est désirable ; c'est elle qui provoque et détermine notre amour ; elle qui plaît, elle qui attire, elle qui se communique ; elle se penche, pour ainsi dire, vers nous, comme si quelque chose débordait d'elle, qu'elle fait passer en nous ; le parfum de la rose entr'ouverte ; c'est un appel vers elle auquel notre cœur répond.

C'est sous ces traits que par elle le bien se présente à nous, que nous le désirons ; le posséder semble la jouissance suprême ; le possédons-nous, le vide que nous sentions en nous est rempli ; au besoin succède la plénitude, au trouble la quiétude de tout l'être.

Cette jouissance suprême ne saurait s'entendre des plaisirs sensuels attachés à la satisfaction d'un besoin et qui sont un bien aussi ; nous avons faim, nous avons soif, nous sommes fatigués, épuisés ; la nourriture le repos seront pour nous un plaisir, et ce plaisir sera un bien, un bien réel. Mais ce bien là n'est que subjectif, il n'est pas dans le pain que je vois, que je mange : il est dans la sensation seule que j'éprouve en le mangeant ; tandis que la grâce, dans une personne, dans une fleur, est bien objective et se distingue du plaisir que j'ai à les considérer, et que d'autres peuvent avoir comme moi.

Ce bien, ce plaisir, que nous éprouvons à la satisfaction d'un besoin, les animaux l'éprouvent comme nous : les mêmes plaisirs sont attachés aux mêmes fonctions.

Les besoins du corps sont la mesure même où les plaisirs sont un bien ; les provoquer, les rechercher au-delà de ses besoins, c'est en altérer la nature ; ils se changent alors en amers dégoûts ; user d'eux n'a rien de grossier, étant chose dans l'ordre ; en abuser en dehors de la fin voulue, c'est grossièreté et débauche ; il faut manger pour vivre et non pas vivre pour manger ; celui-là seul a les jouissances longues et vives qui cherche et suit la voie simple de la nature.

C'est par l'amour qu'il fait naître en nous que l'on peut mesurer l'excellence du bien, comme l'excellence du bien à son tour pourra être la mesure de notre amour. L'objet aimé est pour nous l'incarnation du bien entre tous, et il est tel qu'il convient à notre nature ; nous cherchons à nous donner comme nous cherchons quelqu'un qui se donne ; le possédons-nous, notre cœur est plein.

Que ne fait-on pas pour plaire à l'objet qu'on a choisi et qu'on aime? Que ne fait-on pas aussi par crainte de lui déplaire? Quelle passion est comparable à l'amour ? Il naît en nous comme un mouvement spontané de toute notre âme, à la vue du bien, de la grâce et de la beauté ; ce n'est plus seulement une vue spéculative, la vue d'un objet que nous nous contentons de contempler, c'est un élan impétueux et impérieux à la fois de tout nous-mêmes vers ce qui nous a charmés ; il ne nous suffit plus de le voir et de l'entendre, nous voulons le saisir, le posséder ; la volonté est subjuguée comme l'intelligence, comme la sensibilité et l'imagination ;

nous courons altérés, et notre soif ne s'apaise que quand il s'est donné à nous.

L'amour est le résumé de tout le bien qui se fait sur la terre, car si la vue du bien inspire l'amour, l'amour à son tour inspire le bien, effet et cause à la fois ; il est seul toute la chaleur toute la vie du cœur ; il est la consolation et l'espérance de ce qui souffre ici-bas : *Ubi amatur*, dit saint Augustin, *non laboratur ; aut si laboratur, labor amatur* ; il est le foyer d'où la vie procède et se propage ; sans lui tous les autres biens sont incomplets et vides. Que valent, auprès des joies de l'amour en possession du bien, que valent les plaisirs de l'ambition satisfaite, de l'avarice assouvie, du luxe qui s'admire ? Plaisirs égoïstes, plaisirs vénéneux. Le bien seul et l'amour sont dans l'ordre.

Entre tous les êtres bons, est l'être bon, le bien par excellence, de qui tous les autres biens, les biens contingents, émanent ; il est toute vérité, toute beauté, toute bonté; entre tous et par-dessus tous il est aimable, et nul autre n'est aimable que par lui, aussi tout amour doit remonter vers lui et c'est en lui que nous devons aimer tout le reste ; en lui est la grâce, et de lui elle se répand en rayons bienfaisants sur les créatures ; sa grâce produit en nous l'amour du bien et l'horreur du mal; par elle l'austère devoir perd de son austérité et devient aimable.

Plus d'une de ces considérations tient à la morale, nous nous contentons ici d'un simple trait.

Dans ce que nous avons dit jusqu'ici sur le

bien, la grâce et l'amour, nous n'avons eu guère en vue que la personne humaine et celle de son auteur : bonté, modestie, piété, pudeur, générosité, courage, dévouement, sacrifice de soi-même, etc., sont des réalités bonnes et belles ; elles nous touchent, nous charment, nous ravissent. Ce sont des causes belles, qui ne le sont pas moins dans les effets, dans les œuvres, où les vertus, les causes, se survivent, perpétuant le bien qu'elles ont fait et qui subsiste après elles. L'histoire est pleine de ces œuvres, créées par amour du bien, de ces actions dues au dévouement, à la fidélité au devoir ; les unes et les autres brillent encore d'un vif éclat à travers les siècles et font battre nos cœurs d'un saint enthousiasme, tant est grande la séduction de tout ce qui est beau et bon.

Bien dans les personnes, bien dans les choses, il en est un troisième, la Loi, qui est tout spéculatif ; la loi est belle et bonne, étant ordre et harmonie, par la justice et par la charité, dont elle est et doit être l'expression ; elle est belle et bonne et harmonieuse même, lorsqu'elle nous parle au nom du devoir et nous propose des choses qui coûtent à la nature. La grâce du bien n'apparaît pas toujours alors : sacrifier ses intérêts, contenir les sens, réprimer les appétits sont choses dures parfois ; mais acceptons-nous généreusement le sacrifice, la grâce, le bien rayonnent en nous ; nous sommes vainqueurs et nous goûtons la douce joie de la victoire. Qui n'a pas connu cette lutte ? Qui, s'il a vaincu, n'a pas

10

connu cette joie, ou, s'il a succombé, n'en a pas éprouvé quelque regret ?

Résumons-nous pour conclure : Vertus, devoir, beauté morale, reflétées sur un visage, traduites par des actes, existent en dehors des visages et des actes mêmes ; elles jaillissent, comme l'amour qui en vient, d'une source pure, où les sens n'ont pas accès ; il faut une vue particulière, intérieure pour en saisir la vraie nature, pour pénétrer jusqu'à cette source sacrée. Sous le nom de devoir particulièrement, et lorsque notre mollesse répugne à l'accomplir, l'idée du bien ne nous saurait venir des sens ; on ne saurait contester raisonnablement qu'elle soit alors, non une sensation, ni un résultat combiné de la sensation, mais une idée pure. C'est l'impératif catégorique de Kant, la base même qu'il a donnée à son système philosophique, partant de là pour démontrer Dieu et notre survivance après la mort, à raison du mérite qui naît du devoir accompli et qui n'a pas ici-bas sa récompense. Dans le creuset de son analyse, cette idée du devoir était, aux yeux de Kant, demeurée seule irréductible.

Ainsi vérité, beauté, bonté sont pour nous ce qu'il y a de plus réel dans les sensations, l'essence intime et profonde de l'être, qui se cache sous des formes éphémères ; celles-ci venant à disparaître par le fait de leur caducité, le vrai, le beau, le bon, types immortels, persistent et renaissent toujours.

CHAPITRE XXXI
Idée d'unité.

L'idée d'unité ne semble pas être directe et spontanée ni s'éveiller en nous comme un germe d'espèce particulière : elle se déduit à la fois de l'idée de cause et de l'idée d'ordre ; de l'idée de cause, puisque en toutes choses il faut remonter du dernier effet, et, pour avoir raison de lui, jusqu'à une cause première et unique, de laquelle tout a procédé ; et de l'idée d'ordre parce que l'ordre sans l'unité serait le désordre, avec lequel rien ne se peut constituer.

Nous avons déjà parlé de l'unité au chapitre XXVIII où il est question du beau ; ici le point de vue s'élargit, ce n'est plus une question d'art que nous agitons, mais une idée essentielle à tout, le fondement de tout, que nous étudions ; ce n'est pas l'unité, condition nécessaire à toute œuvre belle, que nous considérons, mais une idée pure, la condition de tout, que nous détachons, et dont la trace se retrouve en nous-mêmes et partout.

Tous les ouvrages de la nature, en effet, portent visiblement la marque de l'unité ; l'animal, la plante, chacun en son espèce, sont uns ; toutes leurs parties se conviennent entre elles et concourent à la réalisation d'un même type. Cette unité, manifestement apparente dans tous les êtres, nous en avons la preuve intime dans le témoignage de notre propre conscience. Que d'actes, que de mouvements, que d'organes divers, se rapportant tous à un même centre, ne pouvant s'isoler, obéissant tous à une seule voix, à une même impulsion ! tandis que le moi à son tour, qui est cette voix, ce centre, se retrouve présent dans toutes les parties, prend la responsabilité de tous les membres qui le composent.

Toute maison divisée contre elle-même périra ; tel est le danger que courent toutes choses, toutes entreprises conçues sans ordre, sans unité et exécutées de même. Voilà pourquoi les institutions humaines proclament toutes l'unité comme la condition première de leur existence ; la famille est une, l'empire est un, la république doit être une et indivisible, l'Eglise est une. Toute rebellion, hors de l'unité, tendant à détruire le corps, est un déchirement, un schisme, un crime ; car, selon que le dit Boèce, livre III, prose XI, il n'est point de bien dans la division, et tout se faisant un par l'union se rend bon par l'unité ; et comme rien ne se conserve que par l'union, aussi rien ne se ruine que par la division.

Toutes les créations du génie humain, tous les systèmes reposent sur ce principe de l'unité, les conceptions mêmes, où l'imagination seule se joue, ne s'en peuvent affranchir ; entre ces conceptions et nos songes il n'y a souvent que la différence de l'unité, sans laquelle l'imagination même éveillée ne crée que des songes.

L'œuvre de corruption en toutes choses n'est

que la désagrégation, la rupture de l'unité ; et, si l'on veut juger du degré de vie qu'il y a encore en une institution, il n'y a qu'à voir, à examiner comment les parties sont jointes ensemble, comment les membres tiennent au chef. Là où vous voyez la désaffection, l'indifférence, l'isolement, tenez pour sûr que la vie se ralentit et que le corps lentement se dissout. Ce ne sont point les frontières, une montagne, un fleuve ni les forteresses, qui font un peuple, ni les murs d'une maison qui font une famille, mais une pensée, des sentiments et des intérêts communs ; le lien du sang ; celui de la langue par laquelle s'expriment les sentiments d'une race et qui en est comme le moule, le canal ; celui de la religion qui unit tous les sujets de la race en une même conception des idées supérieures, dans l'adoration d'une même cause souveraine ; le respect des droits et la consécration des devoirs, confondant sur tous ces points les intérêts individuels en un universel intérêt ; tels sont les éléments primitifs et simples qui groupent es hommes et font les nations.

Cette idée fondamentale de l'unité, dont nous avons incidemment parlé déjà ailleurs et que nous avons implicitement reconnue nécessaire au vrai, au beau et au bon, cette idée dont nous portons en nous l'image réalisée, que nous surprenons partout autour de nous, dans les ouvrages de la nature, qui est la condition première de toute œuvre, de toute institution humaine, d'où nous vient-elle ? Les sens nous montrent des choses unes, mais dans ces choses même ils ne voient point l'unité ; ils ne peuvent démêler la subordination des parties ; les sensations se succèdent indépendantes l'une de l'autre, c'est un sens supérieur qui seul les groupe, qui seul démêle ce qui est multiple et l'unifie, qui voit le bien, l'ordre, qui, rattachant ensemble les parties, les enchaîne les unes aux autres et nous montre l'un dans la diversité. Les sens nous apportent les impressions extérieures diverses, fugitives, inconsistantes, qui nous avertissent, et c'est sur elles que s'exerce cette haute faculté qui en est distincte, qui voit seule ce qu'elles ont d'intelligible et qui est un, beau et bon, en le comparant avec ce qu'elle conçoit de permanent, et dont, en elles, elle retrouve quelque trace.

Ainsi cette idée d'unité est une idée pure, puisqu'elle ne nous vient pas par les sens et que, même réalisée dans les objets extérieurs, étant intelligible, elle ne peut y être perçue par eux. Que de gens ayant sous les yeux partout l'image de l'unité, sont aveugles et ne l'aperçoivent nulle part. On la voit dans ce qui se compte et se mesure, si cela est fractionné en unités visibles et palpables. On la voit moins dans ce qui forme un tout organisé, et, dans ce qu'on organise soi-même, ce n'est pas sans effort que l'on groupe les parties, pour les coordonner en un tout harmonieux.

CHAPITRE XXXII
Idée du juste.

Le juste comme le bien se manifeste dans l'action ; c'est un bien qui est dû, un minimum de bien ; tandis que celui-ci procède du cœur, de l'amour, celui-là procède de la conception de la loi morale et de l'application que nous en faisons à nos actes, dans l'intérêt de l'ordre. Le bien ne peut être sans la justice ; la condition d'être bon c'est tout d'abord d'être juste ; pour donner à l'un, il ne faut pas ôter à l'autre, dépouiller Pierre pour vêtir Paul ; ainsi le contraire du juste est aussi le contraire du bon ; il y a entre eux plus que la différence d'un degré et les deux idées ne se peuvent confondre ; la bonté coule de source et surabondamment elle se répand, elle se donne jusqu'à l'oubli de soi-même, parce qu'elle est la bonté, parce qu'elle est amour et que le propre de l'amour est de se donner. Ainsi ne se donne pas le juste ; il est plus restreint, c'est un bien qui ne peut pas être refusé ; il n'est pas donné, il est dû ; il y a débiteur et créancier, l'un doit et l'autre peut exiger ce qui lui est dû ; la bonté c'est la rosée rafraîchissante, qui tombe du ciel sur la terre ; le droit, c'est la restitution, l'acquit d'un bien qui est dû et qui n'est pas à nous ; nous devons, nous ne donnons pas ; c'est aussi la réparation d'un tort, d'un préjudice causé et par là un retour à l'ordre.

Ce qui est bon n'est pas dû comme ce qui est juste, il n'y a ni débiteur ni créancier, mais d'un côté une main et un cœur qui s'ouvrent pour donner, et de l'autre une main et un cœur qui s'ouvrent aussi pour recevoir ; le bien comprend le juste, comme le plus comprend le moins, et si la bonté était partout et dans tous, comme elle ferait plus que le juste, celui-ci n'aurait pas de raison d'être. Mais tous les cœurs ne s'ouvrent pas ainsi, et parce que la bonté ne saurait être contrainte comme la justice, une règle, le droit, a été nécessaire, pour déterminer dans quelle mesure l'un devait donner et l'autre recevoir, et le bien de chacun être ainsi respecté, afin que nul ne fût entièrement deshérité.

La règle de ce qui est dû c'est le juste, τό δίκαιον. Cette règle doit être droite, sans dévier ni à droite ni à gauche ; elle ne peut être droite qu'à la condition d'être immuable, sous peine de n'être plus la règle ; alors le juste peut s'appeler et s'appelle ordinairement le droit.

Ce qui n'est pas conforme à la règle est nécessairement injuste, c'est le droit méconnu, violé ; et, si la règle est partie du bien, il est clair que sa violation est le pire mal, un désordre.

Nous n'avons pas de cette règle une notion nette, prévoyant tous les cas et s'y appliquant ; elle est pourtant en nous toujours vivante, juge éclairé et perspicace, qui sonde les replis de la conscience et prononce sagement, si nous ne fermons pas volontairement l'oreille à ses arrêts.

La nécessité de la règle n'a pas besoin d'être longuement démontrée, elle est dans le sens de l'ordre, elle découle de la nature de l'homme, des rapports que les hommes ont entre eux, lorsqu'ils forment une société, et même des rapports qu'ils doivent avoir avec la nature entière, où ils occupent seulement leur place, sans pouvoir empiéter, ni toucher à l'ordre établi dans l'intérêt de tous.

Il fallait bien une règle pour éclairer notre libre arbitre et le diriger dans les compétitions rivales ; elle est écrite au dedans de nous-mêmes à l'origine des temps, préexistant à l'homme, et notre contemporaine à la fois, parce qu'elle est inhérente à la nature même des choses. Sans le frein de la règle, sans guide qui l'éclaire, le libre arbitre peut n'être qu'un agent de désordre, de destruction et de mort.

Nous faisons ici un postulatum, en supposant que l'homme est libre, le moment viendra plus tard d'en faire la démonstration, en attendant nous ne croyons pas outrepasser les droits d'une franche discussion, en faisant appel à la conscience pour en témoigner.

Dès lors comment supposer que l'homme ne porte pas écrite en lui l'idée du juste avant toute expérience lui venant par les sens ? Des êtres simples et ignorants en ont la notion claire, qu'ils n'ont point apprise ; les animaux eux-mêmes qui vivent en société en ont quelques lueurs, n'ayant ni ambition, ni avarice se contentant de ce qui suffit à leurs besoins, vivant en paix les uns avec les autres.

L'expérience, il est vrai, a toujours ramené l'homme à cette idée et montré la nécessité de la règle ; on n'en saurait conclure que la règle nous vient par les sens et qu'elle ne préexistait pas à l'expérience. Sans doute, il fallait bien que l'expérience vint confirmer la règle, qu'elle la démontrât par les effets qui ont suivi ; mais en elle-même quel sens l'aurait saisie ? Quel rapport y a-t-il entre la notion du juste et l'objet des sens ? L'infraction à la règle ne prouve pas que la règle n'existait pas avant ; elle prouve au contraire qu'elle existait et qu'il était nécessaire qu'elle existât, à raison des funestes conséquences qui en ont résulté souvent. L'ordre tient au juste, et le juste est la condition de vivre; de l'injuste au contraire naît le désordre ; deux négations d'être, l'injuste et le désordre, ne sauraient prévaloir contre deux affirmations d'être, l'ordre et le juste.

La justice est représentée pour l'ordinaire une balance à la main, et il va sans dire que cette balance est et doit être juste : pour qu'elle le soit, il faut et il suffit que le fléau soit supporté, juste à son milieu, par le couteau, et qu'il porte à son tour, à chaque extrémité, deux plateaux, un de chaque côté, d'un poids égal ; les plateaux étant en équilibre, la balance est juste.

De cette manière, ayant reçu en poids autant l'un que l'autre, l'un n'a aucun droit sur l'autre. C'est l'image de la justice. Si l'on jette un grain dans l'un des plateaux, celui-ci descend, l'autre monte, l'équilibre est rompu, l'ordre troublé ; la balance, la règle n'a pas cessé d'être juste, elle le témoigne seulement d'une manière négative cette fois, par le défaut d'équilibre, accusant l'inégalité de poids, marquant que l'un des plateaux a trop reçu et l'autre pas assez, et qu'il n'y a pas traitement égal ; il y a trouble et l'accord ne sera rétabli que lorsqu'une compensation aura été donnée à celui qui indûment a moins reçu. C'est donc sur une idée d'égalité que repose l'idée du juste.

Il y a une balance des actions humaines, c'est l'antique maxime : « Ne fais pas à autrui ce que tu ne veux pas qu'il te soit fait ». C'est à cette balance qu'il faut rapporter et apprécier tous les écarts que nous faisons du droit juste ; elle relève en effet les torts que nous avons à réparer, le mal fait qu'on n'aurait pas dû faire ; or, tenus de ne jamais faire le mal, ne sommes-nous jamais tenus de faire le bien ? Le père qui abandonne son fils est-il moins coupable que celui qui trahit la foi jurée ? qui manque à sa parole ? qui dérobe le bien d'autrui ? Dans tous ces cas, il y a un devoir strict à remplir, et ne pas faire le bien qu'on doit équivaut à faire le mal qu'on ne doit pas faire.

La maxime antique est donc insuffisante et impropre quelquefois à peser, à mesurer exactement, et dans tous les cas, le degré de justice des actions humaines ; il la faut compléter par cette autre maxime : « Fais à autrui ce que tu voudrais qu'on te fît, entendue dans le sens où le bien que nous devons n'est pas facultatif, mais pourrait être exigé de nous, où le bien à faire, comme le mal à ne pas faire, sont un devoir également impérieux. »

La morale évangélique dit mieux encore : « Vous aimerez votre prochain comme vous-même », faisant du devoir un acte d'amour, allant ainsi par le cœur dans la voie du bien plus loin que le devoir ne prescrit ; car, sous l'empire de cette loi d'amour, on donne à autrui, non pas seulement ce qui lui est équitablement dû, mais même au delà.

Dans la justice des nations, c'est un droit méconnu, une usurpation du droit d'autrui, qui fait pencher la balance, et c'est la loi qui, par l'organe du juge, dicte quel poids il faut mettre dans le plateau des droits usurpés pour rétablir l'équilibre. La loi est donc l'expression du droit, puisqu'elle indique à quelles conditions le juste équilibre se pourra maintenir, ou être rétabli, s'il vient à être rompu ; et la loi juste sera celle qui proportionnera la réparation au dommage causé.

Mais avant que la loi soit formulée, promulguée, expression du droit, le droit existe, la loi ne le crée pas ; la loi seule, non pas le droit, est l'œuvre du législateur ; le droit découle de la nature même des choses ; c'est là que notre conscience le saisit, parce qu'il est dans le sens de l'ordre.

A l'idée du juste, celle du devoir ajoute l'idée d'obligation ; le juste dit ce qu'il faut faire, le devoir l'impose rigoureusement ; le juste ne nous oblige pas toujours et immédiatement, il est la règle, il dicte seulement ce qu'il faut faire ; le devoir nous commande de le faire et nous dit quand il faut le faire. Le juste dit indistinctement à tous : Honore ton père et ta mère ; mais si les miens sont morts, comment cela pourrait-il être un devoir pour moi ? Mon devoir ne leur a pas survécu, il était pour moi seul ; la règle étant générale a survécu à mon devoir.

Obscure et incomplète dans les sociétés naissantes, la notion du juste va se développant, à mesure que les rapports des hommes entre eux se multiplient ; elle seule rend ces rapports possibles même faciles ; elle est comme le germe qui va grandissant, et qui abrite les oiseaux du ciel ; mais le germe pourrait-il se développer, s'il n'était d'abord ?

D'où nous vient-il ? et par quelles facultés le percevons-nous ? Vient-il du goût ? de l'odorat ? du toucher ? de l'ouïe ? de la vue ? Ni la lumière, ni un son, ni le chaud, ni le froid, ni une saveur, ni une odeur ne sont justes ; aucun sens ne perçoit le devoir ; il n'est pas à l'extérieur, à la surface, mais au fond de l'être ; ce n'est pas sur le rapport des sens que s'éclaire la conscience humaine ; ils peuvent être des instruments utiles pour décider selon le droit, mais ils ne sont pas le droit ; la voix du droit qui parle en nous ne nous parle pas par l'oreille. On dit bien voir et chanter juste, mais ce n'est là qu'une double expression métaphorique, pour marquer l'excellence de deux organes ; encore est-il bon de remarquer que l'œil ne peut voir juste, que l'oreille ou mieux la voix ne peut chanter juste qu'en se pliant à des règles, que ni l'œil ni l'oreille n'ont faites.

On dit de même penser et parler juste, qui sont une seule et même chose, au point de vue qui nous occupe, celle-ci supposant celle-là ; penser et parler juste sont choses nécessaires, dans le discours, à la clarté et à l'ordre, pour l'expression du vrai et du beau : la première résulte de la perception claire du vrai, laquelle par son objet se distingue aisément de celle du juste, et la seconde est le résultat de l'interprétation exacte, par un mot, de la chose perçue, pour la rendre telle qu'elle a été perçue, double opération, où les sens jouent un rôle sans doute, mais sans empiéter sur le rôle de l'intelligence, qui, en dehors d'eux, perçoit le vrai intelligible et l'ordre, qui est la raison même du juste.

CHAPITRE XXXIII
Idée d'infini.

L'infini est la négation de l'accident, du contingent, c'est la plénitude de l'être ; rien ne le borne, tandis que la borne est dans tout le reste. Ce que les sens nous apportent, nous transmettent, est passager, inconsistant ; nous nous contentons de le rappeler ici, pour y opposer la nécessité de quelque chose qui soit stable et permanent, car comment comprendre et reconnaître l'accident, sinon par la comparaison que nous faisons de lui à quelque chose qui n'est pas lui, mais à laquelle il se rattache, et par laquelle nous connaissons et jugeons de tout le reste ?

Comment affirmer la borne dans le contingent qui n'a pas pu se borner lui-même, sinon par le rapprochement, que nous faisons de lui avec quelque chose qui n'est pas borné ? et comment la borne serait-elle ainsi dans le contingent, si autre que lui ne l'avait borné ? Comment comprendre la fraction si on n'a pas l'idée de l'entier ?

Les contingents bornés en eux-mêmes et par d'autres contingents, dont ils sont distincts et indépendants, forment chacun un tout fermé, d'autre part les espèces à leur tour forment chacune des séries indéfinies d'individus également bornés et de même manière, et toutes les espèces ensemble peuvent être considérées comme une série unique, toutes néanmoins demeurant essentiellement distinctes l'une de l'autre ; mais l'individu, comme l'espèce, comme la totalité des espèces, étant bornés, n'ont pas tout l'être : au delà de la borne dans le temps, dans l'espace, dans les qualités particulières distinctives, il y a quelque chose que rien ne borne, ni dans le temps, ni dans l'espace, ni dans les qualités qui sont le développement de l'être. C'est l'infini, sans lequel nous n'aurions jamais que des fractions de l'être et point l'être complet, l'être infini ou immense dans l'espace, où il est partout présent, l'être infini dans le temps ou éternel, l'être infini en puissance, c'est-à-dire, possédant toutes les qualités, tous les degrés d'être, en essence.

Que la borne qui les limite soit la même dans tous les individus de la même espèce, ou différente dans les différentes espèces, il n'importe ; tous les finis ne peuvent être conçus que comme étant des êtres, des formes, des existences bornées ; et, comme nombre même, ces existences ne sont pas infinies ; le nombre est contingent. Un nombre infini ne se peut concevoir par l'imagination, car à tout nombre on peut toujours ajouter une unité. Un nombre infini n'est tel que parce que nous le mesurons à notre petitesse, à la faiblesse de nos conceptions, et il ne signifie qu'un nombre superlatif ; tandis que, considérant la cause absolue, la cause féconde, nous abaissant devant elle, que nous ne pouvons concevoir, nous la proclamons infinie, non en raison du nombre innombrable des êtres qu'elle crée, mais en raison de son inépuisable puissance qui n'est nullement bornée au nombre de ces êtres. Rien, en effet, ne peut la borner, tout l'être étant en elle, si elle était bornée et finie elle-même, elle ne se pourrait pas distinguer de l'être contingent qu'elle crée.

Dira-t-on que dans le fini l'infini s'est borné lui-même ? il s'est borné dans son œuvre, il est vrai, ou, plus clairement, il a assigné des limites à cette œuvre, mais par là il n'a pas borné sa puissance ; il n'a pas épuisé sa fécondité ; l'idée d'infini étant exclusive d'un autre infini, cette puissance n'a pu s'exercer que dans les limites du fini ; l'infini est un ou il n'est pas, résumant en lui tout l'être, comme dans le centre de la circonférence se résument les rayons qui en émergent, et dans la cause les effets qui sont sortis d'elle. L'espace ni le temps ne le bornent, et il n'est rien, ni la bonté, ni la sagesse, ni la puissance, ni aucune forme de l'être qui soit bornée en lui. Aurons-nous donc ainsi autant d'infinis que nous concevrons en lui de formes d'être, de facultés ? Non ; c'est la borne de nos conceptions qui apparaît seule ainsi, car dans l'infini, dans l'absolu, la bonté est être, la sagesse est être ; tout est être en lui, et tout l'être est en lui. Qui dit être sans restriction dit également toute puissance, toute bonté, toute sagesse, toute science, etc., tandis que nous, bornés dans notre vue et dans ce que nous sommes, nous n'avons de l'être que des parcelles, et ne le voyons même en nous que successivement et par fractions. Pour nous faire entendre clairement, nous sommes obligés de distinguer les fonctions l'une de l'autre. Ainsi faisons-nous par habitude, quand il s'agit de l'être par excellence, en qui se trouve l'être dans sa plénitude.

Quant à l'espace et au temps, ces mots n'expriment que des idées relatives : l'être est et il est partout et toujours présent ; nous seuls, les contingents, avons été, nous seuls passons et dans d'autres continuerons d'être. Il n'y a qu'un temps pour l'être infini, il est ; il n'y a qu'un lieu, il est partout ; l'espace et le temps n'existent que par rapport à nous.

En représentant l'infini sous ces traits, nous semblons sortir de la région des idées pures, puisque ce n'est plus seulement ici l'idée d'infini que nous exposons, mais la démonstration de son existence que nous venons de faire. Il est vrai, nous avons fait plus que nous ne devions, mais dans le plus se trouve le moins, et l'idée d'infini peut bien entre toutes être reconnue pour une idée pure, puisque les sens extérieurs au dehors ni le sens intime de la conscience ne nous fournissent l'objet de cette idée. Le fini nous l'avons sous les yeux, la borne est partout, en nous, autour de nous ; c'est un fait que les sens, que la conscience attestent, mais ils n'attestent que ce fait ; ils ne voient que le fini et rien au-delà ; l'infini donc qui se montre à nous ne le peut faire que en dehors d'eux et par le sens supérieur de la raison. Ce qui manque, comme être, au premier, au fini, nous le trouvons dans le second, l'infini, tandis que le manque, la borne, qu'il y a dans celui-là, ne se trouve pas dans celui-ci.

CHAPITRE XXXIV

Noumènes ou idées pures de Kant.

Vers la fin du xviiie siècle, Kant, dans sa critique de la raison pure, a contesté l'objectivité des idées qui nous viennent d'elle, il les considérait comme de simples formes dialectiques ou procédés suivis par l'esprit dans sa manière de concevoir ou d'interpréter nos intuitions contingentes, simples phénomènes, qu'il a appelés noumènes νούμενα, ou choses pensées. Ces idées pures nous les formons nous-mêmes et nous les appliquons aux perceptions sensibles, qui nous viennent des sens ; ce ne sont donc que de simples concepts, dont l'objectivité n'apparaît pas, et s'en servir pour prouver qu'elles ont un objet réel c'est faire une pétition de principe, c'est les supposer objectives, pour prouver qu'elles ont un objet.

Kant nous les propose sous le nom de catégories, il les a étudiées et classées laborieusement, au double point de vue du jugement et du raisonnement, guidant l'esprit dans la double fonction de juger et de raisonner.

Il les rapporte, trois par trois, à la quantité, à la qualité, à la relation à la modalité, qui sont la forme de nos jugements.

JUGEMENTS

DE QUANTITÉ	DE QUALITÉ	DE RELATION	DE MODALITÉ
Individuel.	Affirmatif.	Catégorique.	Problématique.
Particulier.	Négatif.	Hypothétique.	Assertif.
Universel.	Limitatif.	Disjonctif.	Nécessaire.

Ces douze formes résument sans doute, dans la pensée de Kant, les espèces de jugements variés, que nous pouvons former, et il est clair que ces formes n'ont rien d'objectif ; nous en convenons.

De ces douze formes de nos jugements il a extrait autant d'idées pures ou catégories, qui s'y rapportent ; et qu'il a distribuées sous les mêmes dénominations.

CATÉGORIES

DE QUANTITÉ	DE QUALITÉ	DE RELATION	DE MODALITÉ
Unité.	Réalité.	Inhérence, Subsistance.	Possibilité.
Pluralité.	Négation.	Causalité, Dépendance.	Existence, Inexistence.
Universalité.	Limitation.	Communauté	Nécessité, Contingence.

Telles sont les fameuses catégories de Kant presque aussi célèbres que les catégories d'Aristote. Rendons-lui cette justice d'abord qu'en effet l'objectivité de pluralité, de négation, d'inhérence, de possibilité, etc. n'apparaît pas, si on sépare ces catégories d'un ou de plusieurs objets qui soient inhérents, possibles, etc., etc.

En termes arithmétiques, unité, pluralité, universalité, n'ajoutent rien à l'objet, un, pluriel ou universel, et ne sont que des formes vides, appliquées par notre esprit.

Les trois catégories de qualité : réalité négation, limitation ne semblent se rapporter qu'à nos jugements, et visiblement sont inobjectives et purement subjectives ; affirmation, négation etc. ne viennent que de nous.

Entre les catégories de relation, nous nous attacherons à la causalité ; ce mot comprend la cause même sans doute, mais aussi ce qui a du rapport avec elle, ce qui dépend d'elle, comme l'indique le mot de dépendance, joint à celui de causalité, formant tous deux une seule et même catégorie. Causalité a un sens plus étendu que cause, mais moins précis ; Kant l'a préféré, peut-être avec raison ; nous aurions préféré le mot précis.

Cette catégorie d'apparence objective ne l'est pourtant pas plus que les autres ; causalité, ce qui se rapporte à la cause, sans un objet perçu comme tel, ne peut être qu'une forme fournie par l'esprit à l'objet que les sens ont perçu ; la cause ne peut pas être intuitivée.

Kant triomphe jusqu'ici avec ces prétendues idées pures ou catégories qui n'ont pas d'objet ; il reconnaît qu'elles nous viennent d'une source autre que l'expérience ; elles ne sont ni accidentelles ni fugitives, comme les intuitions empiriques, et nous n'y contredisons pas. Nous nous demandons toutefois si les catégories générales : quantité, qualité, relation, modalité, sont bien toutes les catégories au nombre de quatre, ou si ce sont leurs espèces au nombre de douze ; la chose importe peu au fond. En tout cas elles sont toutes nécessaires, pour former chacune les jugements qui y correspondent, espèce par espèce, et sans que ni jugements ni catégories ajoutent rien d'objectif à l'intuition, qui seule est objective.

Ne saurait-on trouver d'autres catégories et former avec elles d'autres jugements, de nature également inobjective ? Quantité et qualité ont des degrés ; minimum, medium, maximum leur sont applicables comme individuel, particulier, universel.

La relation pareillement peut-être séparation, cohésion, fusion, d'un objet avec un autre ; elle pourrait se faire aussi du sujet à l'objet.

L'espace et le temps ne sont-ils pas aussi des catégories, des idées pures marquées chacune par trois degrés, le bas, le milieu, le haut pour l'espace ; le passé, le présent, l'avenir pour le temps ?

Toutes expriment de simples rapports, idées abstraites et générales que l'esprit forme en lui et qu'il ajoute et applique aux intuitions, sans lesquelles les intuitions, tout objectives qu'elles sont, ne seraient point intelligibles et ne pourraient être l'objet de la connaissance. Par là nous est montré le double mécanisme, empirisme et idéalisme, qui fait la science, dans laquelle le sujet et l'objet sont confondus ; si bien que l'on ne saurait dire si nous voyons les objets en eux-mêmes ou nous-mêmes dans les objets, impuissants que nous sommes à les voir autrement qu'à travers les vides catégories, qui ne sont pas en eux, mais en nous.

Nous nous sommes efforcé de mettre un peu de clarté dans une matière assez obscure, et nous ne sommes pas sûr d'y avoir réussi, ni même d'avoir bien exprimé la pensée du maître, n'ayant pris que de seconde main la théorie Kantienne.

Elle donne lieu à quelques particulières réflexions. Il est entendu que le père des catégories ne leur donne aucune objectivité, elles en ont une pourtant, qui est une certaine lumière, que l'esprit projette de lui même sur les intuitions, qu'il la tire de lui-même, ou qu'elle lui vienne d'ailleurs, l'esprit saisissant seul des rapports que les sens ne peuvent saisir, qu'importe ? il est certain que le travail et part de l'esprit se distinguent du travail et part des sens, dans l'objet de la connaissance ; c'est ce que Kant reconnaît sans peine. À cette lumière qu'il appelle noumènes, que nous appelons intelligible, l'objet se transforme et devient intelligible, objectif à son tour et passe tel dans la connaissance.

Mais il tirait de là l'étrange conséquence que ni l'idée de cause ni l'idée de perfection, toutes deux inobjectives, vides de sens, n'étant que des noumènes, donnaient lieu à des antinomies, au lieu d'intuitions objectives, et de rigoureuses conclusions, et que l'existence de Dieu n'était pas démontrée.

Pour reconstituer l'édifice ébranlé par son analyse de la raison pure, il ne trouva de point d'appui que dans ce qu'il appelle l'impératif catégorique de la raison pratique, ou plus simplement la notion du devoir, avec injonction à la volonté. Par là, établissant que l'homme est libre, condition nécessaire pour obéir au devoir, et que le devoir accompli, logiquement, mérite récompense, il remontait jusqu'à Dieu, auteur de la loi morale et rémunérateur du devoir accompli, jusqu'à l'âme immortelle enfin.

Ainsi la lumière, qu'il n'avait pas voulu voir par une certaine porte d'abord, il la voyait par une autre ; mais non pas sans dommage pour la raison. Les notions de la raison pratique sont d'une nature particulière, nous le reconnaissons, puisque perçues par nous, il nous est enjoint impérieusement de les réduire en actes, et que, avec la raison qui spéculativement les perçoit, interviennent la volonté, à laquelle injonction est faite de les exécuter, et l'autorité qui commande. Mais, cette concession faite, en quoi la notion du devoir est-elle plus objective que les autres idées pures de bien, de juste, d'ordre, auxquelles elle tient, et que Kant ne connaît pas ? et pure ou pratique, comment la raison peut-elle être ainsi divisée ?

Il faut dire la vérité, il faut tenir son serment, sont deux impératifs catégoriques et deux formes à la fois d'idées pures, relevant en même temps de l'une et l'autre raison ; étant impératifs au seul moment où la volonté devra les réduire en pratique, et, hors ce moment, n'étant que concepts de la raison pure. Si l'on accorde que ces vérités pratiques sont objectives, comment leur refuser cette objectivité, si on les considère comme vérités d'ordre spéculatif, intimement liées à l'idée de perfection, dont elles ne sont chacune qu'un corollaire ? Comment pourrait-on contester que le tout, la perfection, soit objectif, puisque les parties le sont, lesquelles sont de même nature que le tout ?

Nous avons dit que même les catégories, vaines formes dialectiques, ne sont pas aussi inobjectives que Kant l'affirme ; si cette lumière venant de nous qui éclaire l'objet, ne lui appartenant pas, mais s'ajoutant à lui, le rend intelligible et lumineux, combien plus objectives, au sens rigoureux du mot, sont les idées pures que nous venons d'étudier ! loin de n'exister pas, elles résument tout l'être ; Kant les ignore, puisqu'il n'en parle pas ; le vrai, le beau, le bien, le juste, l'ordre, sont sans doute pour lui de simples modalités subjectives, des noumènes. Il ne les a vues dans aucun objet distinct, comme réalités individuelles, et il les confond avec les autres catégories.

Nous les voyons partiellement en effet comme reflets passagers dans des êtres passagers eux-mêmes ; elles n'appartiennent pas aux êtres où un instant elles se sont posées, mais à l'être, pensée vivante, qui les résume. Ils sont les rayons d'une lumière brillante, objective, qui baigne toutes les contingences, la règle suivant laquelle toute contingence a été construite, et cette règle, cette lumière ne seraient rien pour nous ! Le bien que nous voyons, que nous faisons quelquefois peut-être, la force primordiale qui nous excite à l'action sont-ils aussi de purs néants ?

Dans l'hypothèse où les idées pures, l'intelligible ne seraient rien que phénomènes subjectifs, comment expliquer que ce soient phénomènes identiques dans la diversité des esprits ? la règle unique selon laquelle procède tout entendement, alors que la sensibilité est si variable dans chacun ?

Par tous ces caractères, elles se distinguent nettement des noumènes proprement dits ; dans un monde fermé aux sens, elles nous font entrevoir la réalité sublime, seule absolue, pôle brillant qui nous attire. Entre le sujet qui pense et l'objet perçu d'abord, pensé ensuite, il y a harmonie, l'un interprétant l'autre dans la mystérieuse et radieuse unité de la substance objective, en laquelle ils se résument.

C'est surtout l'idée de cause et l'idée de perfection que Kant a essayé d'ébranler, ôtant ainsi toute valeur aux preuves cosmogonique et ontologique de l'existence de Dieu : cause et perfection, dont l'objectivité comme lumière est évidente, n'étaient pour lui que des noumènes hypothétiques ; nous n'intuitivons ni la perfection ni la cause, y a-t-il une cause, une perfection ?

Parmi les contingents qui se succèdent, il en

est un au moins qu'il faut rattacher à une cause, c'est l'être conscient que nous sommes, puisque à chacun la conscience témoigne invinciblement que par lui-même il n'est pas. Cette cause viendra d'une autre comme effet, et, remontant la série jusqu'à la première, celle-là nécessaire, nous aurons ainsi la raison de toutes les causes et de tous les effets. C'est à cela que nous a conduits la causalité de Kant ; comment peut-il dire qu'elle est inobjective, puisque, grâce à sa lumière, nous sommes maintenant en possession de la cause, qui explique toutes les autres ? car quant à se contenter d'une série interminable, y ajoutant sans cesse d'autres anneaux, c'est se mettre en route pour ne jamais arriver, c'est entreprendre pour ne jamais aboutir, c'est se complaire dans son ignorante paresse, donner tort à la logique raison. C'est là une attitude, mais qui violente l'esprit, et dans laquelle l'esprit délibérément s'assoupit et sommeille ; ce n'est pas résoudre un problème que de le dire insoluble.

L'idée de cause nous a conduits, et, sans nous montrer intuitivement une cause, elle nous a permis de conclure qu'il y en avait nécessairement une, comment dès lors prétendre que cette idée est sans objet ? Kant a dit excellemment de la métaphysique : « La colombe légère » qui, dans son libre vol fend l'air, dont elle » sent la résistance, pourrait bien s'imaginer » qu'elle volerait mieux dans le vide. » N'est-ce pas ce qu'il a fait lui-même ? et n'est-il pas cette colombe qui vole dans le vide ? A ce qui de soi est objectif, mais inintelligible, il a ajouté ce qui est intelligible mais vide. La vérité objective réelle est-elle dans les vides noumènes, dans les concepts a priori de la raison, ou dans les intuitions objectives, mais idéalisées scientifiquement, de l'expérience ? Est-ce le diamant brut qui est l'objet ? ou cet objet est-il l'art qui l'a façonné ? L'intuition découvre l'objet, l'art l'éclaire de sa lumière, et par là le rend perceptible, non plus aux sens seulement, mais à la raison ; cette lumière est-elle donc inobjective ?

Nous terminerons cette longue digression par un dernier coup d'œil rapide sur les conséquences, résultant des catégories de Kant et que ses disciples ne manquèrent pas de tirer ; ne nous lassons pas de nous répéter.

Les catégories, de leur vrai nom noumènes, ne se distinguent pas du sujet qui pense, et nos connaissances ne se règlent pas sur les objets dont elles sont l'image, ce sont les objets, au contraire, qui se règlent sur la connaissance ou entendement ; en d'autres termes, nous ne pouvons intuitiver scientifiquement les objets hors du moi que par les idées pures, que le moi y met, sous forme de concepts à priori, de noumènes ; ce qui semble différer peu de l'idéalisme subjectif, puisque l'objet intuitivé n'est objet de la science que quand il est ainsi idéalisé, à la mesure des idées pures. D'autre part ce qui était inobjectif en soi s'objective dans les intuitions de l'expérience, en leur donnant la forme pensée, intelligible, qui n'est rien. De l'objet intuitivé, ou de la forme dialectique vide, quel était l'objet de la science ?

Nous avons dit plus haut, nous répétons ici, que les catégories ou idées pures étaient à nos yeux une lumière qui éclairait l'esprit, lumière transcendentale, se projetant sur l'objet et le rendant ainsi visible, sous sa vraie forme scientifique.

Les disciples de Kant n'entendirent pas tous de même la doctrine du maître. Fichte, croyant bien interpréter sa pensée, jugea que c'était l'art l'objet de la connaissance, et, dédaignant la matière, objet des intuitions de l'expérience, dont les formes ne sont autres que celles que le moi leur fournit, et que le moi produit par sa seule activité, n'ayant ainsi de réalité intelligible que celle que nous leur donnons, il s'en tint aux idées pures de l'entendement, aux catégories ou concepts a priori, seule vérité philosophique, et professa un idéalisme subjectif, qu'il résumait dans le τὸ ἐγώ, ou le moi, siège de l'idée.

Schelling, jugeant que, sans la matière, l'art n'était rien, qu'il était le vide où vainement la colombe essayait de voler, que seule la matière était la réalité, ne retint que les intuitions de l'expérience. Celles-ci se manifestent doublement, par les phénomènes de la nature et par la pensée dans le moi, où elles se confondent dans une unité, que Schelling appela l'être absolu, comprenant ainsi le sujet avec l'objet dans ce que le sujet pense ; et, de même que Fichte avait idéalisé les intuitions objectives ou matière, Schelling objectiva, matérialisa, pour ainsi dire, les concepts a priori, les idées pures de Kant ; il en fit des intuitions intelligibles, sans les distinguer des intuitions sensibles, réduisant les unes et les autres, inséparables, au rôle de phénomènes, ou manifestations de la même substance, de l'être absolu, et il enseigna l'idéalisme objectif.

Avec Hégel, l'idée prévalut seule, l'idée indéterminée ; il n'y eut plus ni sujet ni objet ; la seule réalité pour l'entendement fut l'idée inconsistante, intermittente, comme phénomène, manifestation changeante d'une substance unique, mais immuable, comme type persistant, et ce fut l'idéalisme absolu, le panthéisme.

Les trois écoles, quoique différemment, étaient à la fois idéalistes et partiellement sceptiques ; toutes trois identifiant le sujet avec l'objet ou absorbant l'un par l'autre, ne les considéraient que comme la double manifestation d'une même et unique substance et glissaient ainsi dans le panthéisme.

Kant, pour éluder ces conséquences, qu'il avait sans doute prévues, pour remettre sur sa base l'édifice philosophique ébranlé par lui, eut recours, nous le savons, à l'impératif catégorique, au moyen duquel il retrouvait, avec Dieu, l'âme humaine, libre et responsable. Nous aurons à examiner plus tard la portée de son expédient, la valeur de cet impératif invoqué par lui.

CHAPITRE XXXV

Considérations générales sur les idées pures.

Il peut être utile, en terminant l'examen qui vient d'en être fait, de faire quelques rapprochements entre les idées pures.

1° Certaines de ces idées se rattachent entre elles par le lien d'une connexité étroite ; c'est ainsi que à l'idée de vrai se rattachent celles de principe et de conséquence, de cause et d'effet, d'unité et d'ordre, étant vrai démonstrativement que l'on peut passer du principe aux conséquences, ou remonter de celles ci à celui-là, par le lien logique qui les rattache ensemble, comme il rattache également la cause et l'effet ; étant vrai aussi que l'ordre ne s'obtient que par l'unité, par la relation des parties au tout dans l'unité, et des moyens à la cause finale ; que, par l'ordre, s'éclairent à la fois les parties et le tout et qu'est rendu le vrai plus intelligible. La connexité, qui existe entre les parties et le tout dans l'objet, ne se trouve pas moins dans le sujet, comme faculté rationnelle, pour réaliser ou rétablir l'ordre où il n'est pas, ou comprendre par son moyen, en le décomposant, dans quel ordre il a été composé.

Nous avons fait remarquer ailleurs comment le vrai n'était que l'être intelligible, et comment le beau et le bon n'étaient à leur tour que deux degrés différents de l'intelligible, perçus l'un et l'autre non plus seulement par l'intelligence, mais aussi par les facultés affectives.

Il n'est pas difficile non plus de comprendre que l'idée d'infini par l'intermédiaire de l'idée d'unité, se confond avec celle de substance, une substance absolue et une ne pouvant être qu'infinie.

Enfin les idées d'ordre et de juste sont tellement connexes, l'ordre servant de trait, exprimant le rapport de l'infini au fini, que, par lui, le fini porte la marque de l'infini et se rattache ainsi à lui, et que par la loi du juste, le respect de cet ordre nous est imposé pour la conservation de tout.

Dans toutes ces idées se retrouvent l'idée de vrai ou être intelligible, et plus avant en remontant encore l'idée d'être absolu ; toutes jaillissent de cette dernière source, toutes y rentrent et s'y résolvent. L'être simple, l'être absolu rayonne par elles de diverses manières dans les êtres contingents et par eux ou par lui-même il éclaire nos intelligences. Dans toutes également se retrouve l'idée de substance ; infini en effet, juste, beau et bon, principe et cause ne sont que des points de vue particuliers, dans lesquels l'être par excellence, la substance, se révèle à nous, sans cesser d'être une.

2° Ces idées se reflètent en lueurs plus ou

moins vives, empreintes sur les contingents : En dehors du vrai, du beau et du bon, du juste absolu, il y a des choses qui sont d'un vrai, d'un beau, etc., relatifs ; il y a du bon, du juste dans les contingents ; ils sont uns chacun comme individus, uns comme espèce ; ils se rattachent entre eux ou leurs parties sont rattachées entre elles par raison de principe à conséquence, de cause à effet et par raison d'ordre. Mais lueurs vaines, empreintes éphémères, éclat passager, comme les êtres qui en sont marqués et qui en brillent un moment. La vieillesse, la mort, un accident, altèrent ces germes divins, tandis que l'être par excellence, la source d'où ils viennent, demeure inaltérable et renouvelle sans cesse les germes détruits.

3º C'est à la lumière intelligible des idées pures que nous connaissons, que nous classons, que nous jugeons les contingents et nous-mêmes ; c'est de leur lumière que s'éclaire la vie morale, la vie intellectuelle ; elles sont la charpente du monde des intelligences, même du monde matériel considéré dans les lois qui le régissent, sans quoi l'entendement humain, qui sans cesse raisonne à la lumière de ces idées, serait invinciblement, irrémédiablement condamné à l'erreur. Supprimez-les de votre esprit, et il sera plongé soudain dans l'obscurité et l'angoisse ; supprimez-les du monde et le monde n'est plus que le théâtre changeant de l'illusion trompeuse où rien n'est stable, où il n'est rien sur quoi l'on puisse s'appuyer ; elles sont les bases, les fondations fermes de la vie et de la science ; elles sont en nous, en vision intelligible, et dans le monde elles sont réalisées et se réalisent sans cesse ; en dehors d'elles, il n'est rien par quoi nous puissions nous diriger, nous orienter.

4° Par voie de conséquence, si c'est sur cette base que le monde est construit et repose, c'est aussi sur elles que reposent les œuvres des hommes ; le vrai, le beau, le bien, le juste, l'ordre, qui brillent en elles, ne viennent-ils pas de types intelligibles, conçus d'avance, combinés lentement dans le silence, et avant l'intervention de toute sensation ? Les œuvres belles et grandes sont conçues par l'esprit avant d'être exécutées, et elles le sont sur les modèles et d'après les règles immuables que nous venons sommairement d'indiquer. Quelle œuvre peut se passer de l'unité pour être belle ou bonne ! Comment l'ordre pourrait-il régner autrement que par le juste ? Hors de là, il n'y a qu'incertitude, hasard, incohérence, c'est-à-dire des tentatives stériles, des essais, des ébauches infructueux.

5° Puisque les contingents portent la trace des idées pures, et qu'elles sont leur raison d'être, il importe peu que l'intelligence les ait surprises en eux, qu'elle les ait distinguées dans la sensation même de ce que celle-ci a d'accidentel, de périssable, ou qu'elles lui viennent immédiatement d'une source plus pure, plus haute, et sans aucun mélange, par le simple contact de l'intelligible. La distinction que nous

nous sommes efforcé d'établir entre les idées et les sensations n'en demeure pas moins ; l'essentiel est de ne pas les confondre les unes avec les autres, de ne pas confondre aussi les facultés qui les perçoivent, l'intelligence et les sens. On peut avoir une manière de penser sur la question, sans pouvoir, ni vouloir la trancher avec certitude ; à quelque parti ou système que l'on s'arrête, la chose est au fond d'importance secondaire, et la nature des idées n'en sera pas altérée : l'intelligible est dans les choses extérieures, il est vrai, l'intelligence l'y peut trouver, l'y distinguer sans confusion ; nous pensons qu'elle le voit directement d'abord en lui-même et que c'est pour l'avoir déjà vu ailleurs qu'elle le reconnaît dans les contingents.

6° Les animaux n'ont pas les idées pures ou n'en ont que de lointains reflets, leur venant, non de la spéculation réflexe, mais de l'instinct, relatifs seulement pour l'ordinaire à leur existence matérielle et à leur conservation.

Qui n'a pas admiré avec quel art, quelle prévoyance les oiseaux et d'autres animaux construisent leurs nids ? Tout autour à l'extérieur les matières grossières, à l'intérieur les matières fines, les duvets, les crins, la laine ; la pie bâtit et couvre le sien avec des buissons pour le protéger ; comme elle est batailleuse, elle se fait beaucoup d'ennemis ; elle ne refuse pas la lutte, elle la cherche et pour cela elle fait de son nid comme une forteresse, toute hérissée d'épines.

Sur un trottoir de Paris un peu incliné, un

enfant faisait rouler une bille, qui décrivait une courbe en roulant ; un chien courait après, mais sans suivre la bille, allant plus bas, au point où la courbe devait la ramener. Dans une rue un chien à qui son maître lançait deux morceaux de bois d'inégale grosseur à rapporter, ayant saisi d'abord le plus gros des deux, la gueule se trouvait trop ouverte pour qu'il put saisir ensuite le plus petit, il reconnut vite son erreur, et, prenant celui-ci d'abord, il n'eut pas de peine à les rapporter tous deux ensemble.

Les idées de cause et d'effet, d'ordre et de cause finale apparaissent ici nettement, et dans les deux exemples particuliers apparaissent presque des mouvements raisonnés. Qu'on rapporte les uns et les autres à l'instinct, c'est-à-dire à des impulsions irraisonnées, mais raisonnables, nous n'y voyons pas le plus petit inconvénient ; si la raison n'apprend rien aux animaux, les sens ne leur apprennent pas davantage, et l'instinct, auquel nous attribuons certains de leurs actes, n'est jamais en contradiction dans les œuvres de la nature, avec les idées pures qui en soutiennent tout l'édifice ; le contraire serait un désordre évident ; l'incompatibilé, si elle était possible, détruirait l'unité de l'œuvre générale ; les idées pures et les instincts étant en lutte, l'harmonie ne pourrait se trouver dans l'ensemble.

7° Enfin des idées pures primordiales que nous venons de reconnaître d'autres idées viennent, qui, en étant déduites, participent d'elles par leur nature et leur origine : telles sont les idées de devoir et de droit que nous avons déjà signalées, confinant aux idées de bien et de juste ; telles aussi celles de mérite et de démérite qu'on y peut rattacher de même ; telle celle de proportion des parties, qui tient aux idées d'unité et d'ordre ; tels sont surtout les nombreux corollaires qui se déduisent aisément des idées de principe et de cause, auxquelles ils tiennent par un lien logique.

Il serait difficile de dénombrer une à une et de classer toutes les idées ainsi déduites, et qui ne sont que le prolongement d'idées plus générales, plus anciennes, allions-nous dire, et plus fécondes ; la chose qu'il faut surtout remarquer ici c'est le lien qui les unit, et suivant lequel, de plus près ou de plus loin, elles tiennent à des centres, dont elles ne sont que le rayonnement jusqu'à nous.

CHAPITRE XXXVI

De l'intelligence et de la raison.

Dans l'examen que nous venons de faire, la faculté qui a distingué la nature et l'origine de nos pensées, qui nous a montré les caractères particuliers de la sensation et des idées pures, est une faculté de discernement avant tout ; on l'appelle intelligence, c'est-à-dire faculté qui choisit, qui débrouille ce qui est mêlé, confus, et retrouve, à travers les ombres, les vrais traits de la vérité ; c'est elle qui, par la perception claire, saisit l'intelligible entre les illusions, les apparences vaines des choses extérieures ; terme général d'ailleurs, indistinctement appliqué à toutes les facultés perceptives et les résumant dans le langage ordinaire ; confondu souvent, mais à tort, avec celui de raison ; car la raison a un objet et des fonctions à part, que l'on peut distinguer de l'objet et des fonctions plus générales de l'intelligence.

L'esprit, quand il perçoit les idées pures, s'appelle du nom particulier de raison pure ou intuitive : quand de ces idées il tire des conséquences, nous l'appelons raison déductive ou démonstrative ; raison pratique enfin, lorsqu'elle les met en œuvre par la volonté.

Ces quelques mots résument explicitement le triple rôle de la raison : c'est elle qui synthétise, qui trouve le général dans le particulier, qui déduit, qui classe les intelligibles dans la spéculation pure. Des éléments isolés, perçus, fournis par l'intelligence, par la mémoire, elle compose un tout, de manière à en donner une vue d'ensemble dans une lumineuse unité ; c'est elle qui compose ou juge le plan de l'édifice, dont l'intelligence et l'imagination ont fourni les matériaux, elle qui met les matériaux en œuvre. Elle est le verbe en nous, elle parle, elle décide en souveraine, toutes les autres facultés, même l'intelligence, lui sont subordonnées.

Dans la pratique des choses, sans parler même du devoir qu'elle comprend et nous impose, là où l'action doit se mêler à la spéculation, pour en faire une réalité, la raison exerce également l'empire ; c'est elle qui combine les moyens, qui prend les mesures ; elle qui commande à la volonté et par elle détermine les mouvements ; elle est cette force clairvoyante qui dirige notre machine, qui en fait mouvoir les organes, au moment juste et dans la mesure de la force qu'ils doivent développer et dépenser, qui prévoit les obstacles et les tourne ou les surmonte. C'est elle qui résume le moi, ayant l'empire sur toutes les facultés qui le composent, c'est elle qui est responsable, bien ou mal, à elle que tout est dû.

Par elle surtout nous différons de l'animal ; il est vrai que livré à ses instincts, obéissant à ses appétits, celui-ci n'est pas pour cela induit en erreur par la nature ; il y a de la logique dans les êtres ; il y a de la géométrie, de l'harmonie en tout, même dans les choses aveugles, au dehors, comme dans nos facultés, et l'animal, s'il ne raisonne pas agit cependant par l'instinct, comme s'il raisonnait, comme s'il avait l'intuition de certaines vérités, auxquelles sa conduite se conforme. Nous venons de dire un mot de cela dans le précédent chapitre, nous nous en sommes expliqué aussi au chap. XXIII, où nous avons essayé de comparer ensemble l'enfant et l'animal : qu'il nous soit permis d'y revenir ici, pour marquer une fois de plus la différence entre la raison de l'homme et l'instinct naturel.

Les animaux supérieurs, dans leurs gestes et procédés sont capables d'observer, et, dans une faible mesure, de raisonner ; ils suivent la ligne droite pour atteindre la proie et ne la suivent pas toujours pour échapper à leur ennemi ou le surprendre ; ils mesurent l'obstacle et y proportionnent leur action pour en triompher, se servant avec dextérité des organes que la nature leur a donnés pour se nourrir ou se défendre. Le pivert creuse dans l'arbre un trou rond avec son bec et sans compas ; tous retrouvent leur nid perdu dans les bois, dans les herbes, dans les trous d'un rocher, d'un mur, ils le construisent, chacun selon son espèce, avec proportion, avec un art varié, merveilleux ; le rossignol sait les lois de la mélodie, l'abeille est une artiste incomparable dans la construction des cellules, comme elle est prévoyante, économe, pour y déposer son miel, etc. etc.

Cette science tout instinctive, les animaux ne l'ont pas apprise, ils n'en ont sans doute pas conscience d'une manière réflexe, non plus que la plante ne l'a de la perfection de ses organes, de la beauté de ses formes et de la pureté de ses couleurs. La nature toute seule opère dans les uns et dans les autres, elle a mis, elle a dû mettre de l'harmonie dans son œuvre, et, tout en distribuant inégalement ses dons, elle ne l'a pas fait en aveugle, créant des incompatibilités, se donnant des démentis à elle-même, par le désordre qui en aurait résulté ; elle a créé chaque être à la fois capable de se suffire et incapable, en nuisant aux autres, de toucher à l'ordre, au concert général, dont il n'est qu'une faible partie.

Combien différente est la science de l'homme ! Combien différent est notre art ! Ils sont l'une et l'autre le résultat de la réflexion, un fruit mûri de la raison, et la différence de l'homme à l'animal tient à la connaissance que nous avons et qu'il n'a pas, des idées pures ; d'elles en effet et des facultés que nous avons, pour les percevoir en elles-mêmes et dans leurs conséquences, vient toute notre supériorité. Cette connaissance leur manquant, ils ne peuvent s'orienter, et la portée de leur esprit ne s'étend pas loin au delà de la sensation et de l'instinct ; livrés à leurs sens, ils vont par impulsion, incapables d'acquérir cette fermeté de l'entendement, cette suite dans les idées, qui sont l'apanage de l'esprit humain.

CHAPITRE XXXVII

Abstraction et généralisation.

Tout en distinguant l'objet de nos idées, après avoir attribué les unes aux sens, les autres à l'intelligence pure, ou raison intuitive, il nous faut remarquer ici que dans cette double opération, l'esprit est, pour ainsi dire, passif ; il reçoit, il perçoit ce qui lui vient d'ailleurs ; il n'a rien tiré de lui-même ; il n'est encore que le miroir où se reflètent les idées ; celles-ci viennent à lui comme des images extérieures, étrangères à lui, elles appartiennent à tous, comme les rayons du soleil, qui éclaire et réchauffe tous les corps dans l'univers ; comme l'air que l'on respire, c'est le bien commun, n'appartenant en propre à personne.

Mais, une fois en possession des idées, l'esprit les travaille, à la manière dont l'abeille fait le pollen des fleurs, il a reçu comme matériaux des idées sans rapport entre elles, il va préparer disposer ces matériaux, les pétrir, les animer ; son activité peu à peu les tirera de leur premier chaos ; par quelles opérations ? c'est ce qu'il nous reste à voir.

Nous commençons par comparer, par rapprocher les idées ; nous établissons entre elles des distinctions, en remarquant les différences, ou bien nous les confondons sous un même vocable, en constatant qu'elles se ressemblent et en les généralisant, ce qui ne peut se faire que par abstraction.

Cette première opération consiste à considérer à part et hors du sujet les qualités qui le distinguent, la forme, par exemple, la couleur, le poids, la perméabilité, la densité, la subtilité, etc., comme nous faisons ici de nos facultés, la raison, l'intelligence, les sens, que nous considérons à part, bien que se trouvant toutes dans le même sujet, où elles ne se distinguent pas.

Considérées à part ou abstraites de divers sujets, puis rapprochées et groupées ensemble, les qualités semblables dans chacun sont généralisées et ne font plus que des unités : on a ainsi la blancheur, au lieu de plusieurs sujets blancs ; le cylindre, la sphère, au lieu de volumes ou corps cylindriques, sphériques, et dans les sujets divers est ainsi retrouvé et dégagé dans toute sa pureté le type qui a servi de modèle.

Une fois comparées entre elles, distinguées les unes des autres et rapprochées ou séparées, selon leur degré de ressemblance ou de divergence, puis abstraites et généralisées, les premières idées ont perdu plus ou moins leur caractère d'idées particulières et sensationnelles ; les sensations groupées ensemble, devenues idées générales, sont passées dans le domaine de l'intelligible ; au contact des idées pures, elles se sont épurées : le phénomène est devenu loi, l'individu est devenu espèce ; de telles ou telles formes accidentelles se sont dégagées des formes géométriques, éternelles ; on a cherché les causes en voyant les effets ; l'animal grossier que nous étions d'abord s'est transformé en un génie subtil et profond ; nous avons été surpris de trouver en nous, au milieu de ce flux mobile des contingences, des types permanents, inaltérables, que nous ne connaissions pas ; les sens se sont, pour ainsi dire, émoussés au profit de l'intelligence, à mesure que la sensation s'émoussait au profit de l'intelligible.

Il est bon de faire remarquer ici que les idées abstraites ne se peuvent pas également ramener toutes à des types qui leur aient servi de modèles, et que, si l'on peut retrouver ces modèles dans les formes des corps et dans les mouvements déterminés par les forces mécaniques, on ne pourrait pas avec la même facilité les retrouver dans les couleurs, les odeurs, les sons et autres accidents des corps ; ces accidents, même généralisés, ne sauraient être réduits que difficilement en vérités ou formes géométriques et mécaniques, démontrables de la même manière que les formes apparentes et les mouvements; on les peut mesurer seulement par le nombre, calculer par exemple le nombre de vibrations du son et de la lumière, leur vitesse, leur intensité. On pourra pareillement évaluer les pesanteurs, les densités, les températures, etc., et, soit par le nombre, soit par la forme tout ramener à une démonstration scientifique ; réserve faite toutefois des phénomènes psychologiques jusqu'à présent réfractaires à cette démonstration. La matière dès lors n'est plus que comme un accident pour l'esprit ; la pensée seule persiste, victorieuse, qui l'a réduite à cet état, en la dépouillant de ce qui seul la caractérisait, la forme, ou l'idée qu'elle avait un moment revêtue.

Nombre de philosophes, les sensualistes en particulier, ont considéré les idées pures comme de simples abstractions, entités rationnelles, résultant du travail de l'intelligence sur des sensations qu'elles étaient d'abord, et auxquelles elles peuvent être ramenées. Ainsi les idées de cause, de principe, de substance, etc., seraient non pas des idées pures, perçues directement par la raison, mais des idées abstraites venant des sens, leur première origine. Nous ne voulons pas faire ici une réfutation du sensualisme nous bornant à faire remarquer que si dans l'idée abstraite de blancheur, par exemple, je retrouve les sensations d'objets blancs qui ont fourni cette idée, je ne trouve nulle part une sensation de cause dont j'aie pu faire, en généralisant, une idée abstraite ; les sens perçoivent les modes, la cause n'en est pas un et ils ne la saisissent pas.

David Hume a prétendu que de la cause à l'effet il y avait seulement succession ; nous ne pensons pas de même : la cause précède, il est vrai, et l'effet suit, mais ils sont dépendants l'un de l'autre ; or le premier dans une série n'est pas cause du second, bien que celui-ci lui succède, sans dépendre de lui. Des causes, des effets peuvent se succéder, sans se connaître ; autre est un rapport de temps, autre un rapport de cause ; succéder à et procéder de ne sauraient se confondre.

Nos actes sont des effets, dont nous sommes la cause, et de nous, par la conscience, nous vient la première notion de cause et d'effet, et la distinction que nous en faisons ; puis de cette notion première remontant, par analogie, de tous les effets, hors de nous, à toutes leurs causes, et de toutes les causes à une cause unique, nous percevons l'idée de cause dans sa plénitude. Nous n'avons pas seulement perçu ici la succession dans les effets, mais la relation, en nous cause, de la cause à l'effet.

L'effet se détache, se sépare de la cause, mais non le mode de la substance ; la maison construite demeure distincte de l'ouvrier, mais, si elle est blanche, la blancheur ne se distingue pas d'elle et comme la blancheur n'est qu'un accident et que c'est l'accident seul que nous révèlent les sens, c'est une autre faculté qui seule peut nous révéler la substance. Ni substance donc ni cause ne sauraient être des idées abstraites, nous ne formons pas ces idées, nous les découvrons.

CHAPITRE XXXVIII

Du jugement.

Par l'abstraction, nous élaborons des idées générales, formées toutes de sensations ou idées de même nature, c'est le premier travail d'élaboration dû à l'activité de notre esprit, qui passe ainsi de l'état spéculatif et passif à l'état actif. Les idées, abstraites ou générales, qui en sont le résultat, considérées désormais, non pas dans les divers sujets où elles ont été observées chacune, ont perdu leur caractère de sensation, pour n'être plus que des idées simples, dans chaque sujet ; non plus particulières à chacun d'eux, mais généralisées et communes à tous.

Il ne faut pas confondre ces idées générales, abstraites, avec les idées composées, faites d'éléments étrangers, pour un moment unis dans un même sujet. L'idée de soleil n'est pas une idée abstraite, elle est concrète et composée, comprenant au moins les idées de corps rond, chaud et lumineux ; les idées les plus vulgaires, en nombre infini, sont composées, telles celles de maison, jardin, moisson, fruit, chemin, cheval, etc., etc.

C'est dans les idées, composées ou simples, indifféremment, que s'exercent nos facultés, que nous formons jugements et raisonnements : marquer le rapport qui existe entre deux idées, c'est faire un jugement ; le jugement, qui est, après l'abstraction, la seconde opération que l'esprit fait subir aux idées, n'est que l'expression de ce rapport.

Cette seconde opération doit être précédée d'un premier travail d'investigation et d'analyse des idées composées, s'il y en a, ce qui revient à définir les termes. Le vrai pour l'ordinaire ne se montre pas à nous à la fois, d'une manière intégrale, notre intelligence bornée, étroite, ne pourrait pas toujours le comprendre ; il se montre à nous en de faibles lueurs, peu à peu, par une succession lente des idées ; mais comme les idées sont liées ensemble, impuissants que nous sommes à les embrasser dans leur complexité, c'est-à-dire dans les éléments multiples qui les composent, si nous considérons à part chacun de ces éléments, saisissant avec ces éléments le bien étroit qui les unit, nous aurons une idée plus nette de l'ensemble, ayant mieux vu le détail.

C'est là le commencement nécessaire de toute opération de l'esprit sur les idées, la condition de tout jugement, de tout raisonnement, pour être juste. Idées simples, idées claires ; clarté est conséquence de simplicité ; avec des idées simples et claires, il ne sera pas difficile de faire des jugements clairs, de remarquer, de saisir le rapport qui existe entre deux idées de cette nature. Ce rapport est un intelligible comme les idées elles-mêmes, desquelles il ressort ; l'intelligence, qui le perçoit au même titre, n'a qu'à l'affirmer et le jugement est prononcé, auquel nous donnons notre pleine adhésion. Le pain est bon est un jugement clair, parce que les termes en sont clairs ; chacun sait ce qu'est le pain, et comment il est bon au goût et à l'estomac ; mais pour celui qui ne saurait pas la valeur des termes, ceux-ci devraient lui être définis. Il y a des contrées où l'on ne connaît pas le pain et l'idée de bon s'applique à beaucoup de choses et de beaucoup de manières : de bons yeux, de bons souliers, de bonnes jambes, de bonne musique, de bon bois, de bonne pierre, etc. Il est démontré par ces exemples que le même qualificatif n'exprime pas toujours le même sens et qu'il peut être utile de le définir dans les cas particuliers.

Il est à remarquer que dans la plupart des jugements le premier terme est particulier, par rapport au second, tandis que celui-ci est général par rapport au premier ; que l'idée qu'ils expriment chacun a plus d'extension dans le second, que dans le premier et que celui-ci, par conséquent, doit être contenu dans celui-là ; c'est ce que doit voir, distinguer, l'intelligence, ce qui doit être exprimé par une affirmation. C'est là toute l'opération dont nous nous occupons, le jugement : La route est longue, l'innocence est timide, la flatterie est pernicieuse, la laine est blanche, l'enfant est indocile, les hommes sont mortels, les légumes sont mûrs, l'homme est un animal. On perdrait le temps à vouloir démontrer, sur ces exemples, comment est fondée l'observation que nous venons de faire. Le second terme dans les exemples cités exprime une qualité abstraite et généralisée, le premier, un individu auquel, entre bien d'autres, cette qualité convient ; cette convenance affirmée est le rapport même du sujet à l'objet, qui fait le jugement.

Lorsque le second terme exprime une qualité non pas générale, mais particulière, comme le premier, il est particulier à son tour et ne saurait être autre chose, une qualité particulière ne pouvant convenir qu'à un sujet particulier : Vous êtes le roi, je suis le meurtrier. Les deux termes sont ici déterminés et particuliers. Que je dise au contraire : Vous êtes un roi, je suis un meurtrier, le sens a changé, les deux seconds termes ne s'appliquent plus exclusivement aux deux premiers ; ils sont généraux et peuvent convenir à d'autres.

Ces observations ont leur importance, elles montrent le rôle des idées générales dans l'élément le plus simple du discours, le jugement ; elles nous serviront à montrer le rôle des propositions générales dans le raisonnement, à marquer par conséquent l'analogie et la progression de ces deux opérations de la raison.

Il est facile de conclure de ces observations qu'un jugement vrai sera celui où le sujet, le particulier, sera compris dans le général, et qu'un jugement faux sera celui qui affirmera qu'il y est compris, sans qu'il le soit effectivement ; vrai encore le jugement où le sujet et l'objet, tous deux particuliers, se confondent ensemble et ne font qu'un ; faux le jugement où les deux particuliers, qu'on affirme n'en faire qu'un, en font réellement deux. En résumé, quand il y a compatibilité réelle entre les deux termes, tandis que le contraire est affirmé, le jugement est faux ; on affirme ce qui n'est pas.

Pour les jugements négatifs, c'est-à-dire ceux dont l'objet, au lieu d'être affirmé, est nié du sujet, nous n'aurions qu'à répéter ce que nous venons de dire, en mettant seulement une négation à la place d'une affirmation, et réciproquement, puisqu'il y est prononcé, non que la qualité convient au sujet, mais au contraire qu'elle ne lui convient pas.

CHAPITRE XXXIX
Du raisonnement.

De deux idées dont on exprime le rapport, on fait un jugement, et des deux termes dont on affirme ce rapport on fait une proposition.

De deux propositions rapprochées, et dont on marquera le rapport entre elles, si l'on tire une troisième proposition, dont le sujet est le même que celui de la seconde, et l'objet le même que celui de la première, on fait un syllogisme, qui est le type de tout raisonnement.

La première proposition s'appelle majeure; la seconde mineure, et toutes deux ont le nom qui leur est commun de prémisses; la troisième s'appelle conclusion.

Ex. La vertu est aimable.
Or, la justice est une vertu.
Donc, la justice est aimable.

Cela revient à dire que des trois termes, vertu, aimable et justice, le terme le plus général, aimable, doit être attribué au terme le plus particulier, justice, d'après la commune mesure du terme moyen, vertu ; et, en effet, la justice est à la fois une vertu et elle est aimable, le troisième jugement est la conséquence des deux premiers : si la justice est une vertu, elle est aimable aussi, toute vertu l'étant.

C'est un attirail pompeux que celui du syllogisme, plus rapidement et non moins sûrement, l'esprit perçoit la conclusion sans l'aide des prémisses, la justice est aimable. D'autres fois, l'une des prémisses seulement est supprimée : La vertu est aimable, donc, la justice est aimable ; ou la justice est une vertu, donc elle est aimable. Il est donc possible d'affirmer, sans présenter l'affirmation comme une conclusion, ou sans la conclure des deux prémisses, mais d'une seule. Dans le premier cas, l'affirmation n'est qu'un jugement ; d'où la conséquence que le jugement, à son tour, n'est, bien souvent, qu'un raisonnement dépouillé de sa forme solennelle de syllogisme. Dans le second cas, tout incomplet qu'est le syllogisme, on en retrouve pourtant la trace, mais les rôles de majeure ou de mineure ne sont pas aisés à définir, et l'on ne saurait pas dire toujours si, des deux propositions, la première est une majeure plutôt qu'une mineure et laquelle des deux a été supprimée. En résumé, une proposition peut être affirmée directement avec certitude, sans qu'elle ait besoin de l'attirail du syllogisme, pour être déduite d'une ou de deux autres propositions, lorsqu'on en comprend aisément les deux termes, et qu'on saisit non moins facilement le rapport qui les unit ; la conclusion du syllogisme précédent, la justice est aimable, est-elle plus claire à l'esprit, parce qu'on l'aura fait précéder de deux prémisses ?

Le jeu du syllogisme est facile, et quand on est d'accord sur la majeure, on déduit aisément la conclusion ; mais la majeure, au moins dans le premier syllogisme, s'il y en a plusieurs qui s'enchaînent, doit toujours être une proposition évidente par elle-même, sans quoi elle aurait besoin d'être démontrée elle aussi, tout d'abord, au moyen d'un autre syllogisme. Or, c'est chose difficile de trouver, de formuler, en majeures des principes tellement clairs qu'ils ne puissent souffrir aucune contradiction, auxquels il ne puisse être fait aucune exception.

> Toute action coupable mérite châtiment ;
> Or le vol est une action coupable,
> Donc le vol mérite châtiment.

Examinons la majeure de ce syllogisme : Toute action coupable mérite un châtiment, il est vrai, mais encore faut-il que celui qui l'a commise puisse en être rendu responsable ; un père peut châtier son fils en lui pardonnant ; *vince in bono malum* ; si le châtiment rend pire, faut-il l'appliquer ? et dans ce cas est-il autre chose que la vengeance ? Y a-t-il faute quand on a agi par force majeure ? Ne faut-il rien pardonner à la faiblesse humaine ? A qui incombe la mission de châtier ? On voit que, par toutes ces considérations, notre majeure, si inflexible en apparence tout d'abord, est quelque peu diminuée de son autorité et de son évidence ; dès lors, et dans la même mesure, se trouve atteinte la certitude de la conclusion. Le vol est une action coupable, il l'est plus ou moins ; le fils ne vole pas son père ; si l'on vole seulement de quoi ne pas mourir de faim, le vol est-il une action coupable ? N'a-t-on pas quelque droit de reprendre à celui qui vous a pris ? d'user de représailles ? etc. etc. On voit que la mineure elle-même souffre quelque exception ou atténuation ; que pourra dès lors être la conclusion, sinon infirmée d'autant !

Reprenant chacun des trois termes du syllogisme, nous pouvons les considérer comme entrant et étant contenus l'un dans l'autre ; action coupable est la commune mesure de vol, et de mérite châtiment, contenant le premier, vol, et contenue dans le second, mérite châtiment ; c'est à montrer ce double rapport que sert le syllogisme ; la conclusion n'a qu'à l'affirmer, et, quand elle est négative, à affirmer le contraire ; et le tout repose sur ce principe considé comme évident que le contenant est plus grand que le contenu, principe interprété et remplacé souvent à son tour par les deux principes équivalents ; le tout est plus grand que sa partie, et qui peut le plus peut le moins, ou renversant les termes : qui peut le moins ne peut pas le plus, la partie est moins grande que le tout, et le contenu est plus petit que le contenant.

Ces considérations peuvent nous amener à conclure dès lors que l'évidence d'une chose en est en résumé la seule vraie démonstration, évidence d'une idée simple, évidence d'une proposition.

Qu'exige-t-on de celui qui parle ou qui écrit ? qu'il parle clair. On lui passe le syllogisme ou même tout autre raisonnement dans la forme, pourvu qu'il soit raisonné juste au fond ; que les termes et leurs rapports entre eux soient clairement perçus, clairement énoncés : évidence dans l'objet, l'intelligible, perception claire par le sujet, l'intelligence ; réflexion de la lumière intelligible sur la surface polie et brillante de l'esprit : ils sont faits, la lumière et l'esprit, l'un pour l'autre. Tel est cet aphorisme : Ne faites pas à autrui ce que vous ne voudriez pas qu'on vous fît à vous-même, dont tous les termes sont clairs, ainsi que le rapport qui unit ensemble les propositions entre elles. Nous ne voudrions rien dire qui pût diminuer le respect que nos maîtres anciens avaient pour le syllogisme ; c'était un culte dans l'école que la forme seule de ce raisonnement et c'est presque une profanation que d'y toucher ; nous n'en devons pas moins noter ici que la majeure, dans un syllogisme, est la raison de la conclusion, et que la forme classique, qui ne le dit pas expressément, n'est peut-être pas la meilleure. Nous avons dit :

> Toute action coupable mérite châtiment ;
> Or le vol est une action coupable,
> Donc le vol mérite châtiment.

Et sur la conclusion, qui est particulière, nous nous sommes contenté de dire qu'elle devait être contenue dans la majeure, qui est générale.

Si nous renversions l'ordre de ces propositions et que nous disions :

> Le vol mérite châtiment,
> Parce que c'est une action coupable,
> Et que toute action coupable mérite châtiment,

notre affirmation serait-elle moins clairement démontrée ? Non seulement le particulier est ici dans le général, mais encore je vois mieux, dans cette forme moins solennelle, plus familière, la raison du châtiment que le vol mérite.

Les autres formes de raisonnement, l'enthymème, le sorite, l'épichérème et le dilemme, qui se ramènent toutes au syllogisme, n'offrent par conséquent qu'un intérêt secondaire, nous nous contenterons de les définir.

L'enthymème est une espèce de syllogisme, dans lequel une des prémisses est sous-entendue.

> La justice est une vertu.
> Donc il faut pratiquer la justice.

Le sorite est une suite de propositions liées entre elles de telle sorte que la seconde se déduit aisément de la première, et la troisième de la seconde, etc., jusqu'à la conclusion.

Tout citoyen doit servir son pays.
Celui qui sert son pays mérite une récompense.
Jean a servi son pays,
Donc il mérite une récompense.

L'épichérème est une espèce de syllogisme, dont chaque prémisse est accompagnée de sa preuve.

Tout citoyen doit servir son pays, sans quoi la cité ne saurait subsister ;
Celui qui sert son pays mérite une récompense, Sans quoi le zèle pour le bien public s'attiédirait ;
Jean a bien servi son pays, puisqu'il a fait plusieurs campagnes et reçu plusieurs blessures ;
Donc Jean mérite d'être récompensé.

Enfin le dilemme ou argument cornu, est un raisonnement par lequel on enferme son adversaire entre deux alternatives (les cornes du taureau), qui lui sont également fatales (*utrinque feriens*).

On connaît le dilemme d'un officier à un soldat, qui n'avait pas dénoncé l'approche de l'ennemi :

Ou tu étais à ton poste,
Ou tu n'y étais pas ;
Si tu y étais, tu es traître et lâche ;
Si tu n'y étais pas, tu as enfreint la discipline ;
Donc tu mérites la mort.

La majeure de cet argument est double et facile à deviner.

Tout soldat doit être à son poste et crier à l'ennemi sous peine de mort.

La scolastique avait singulièrement raffiné en matière de raisonnements, il fallait une longue gymnastique de l'esprit pour arriver à se servir dextrement de ces armes subtiles ; on concluait savamment par *Darii*, *Ferio*, tout le monde ne le savait pas alors, nul ne le sait plus aujourd'hui ; la perception simple de la vérité demande moins d'efforts et de finesse, et un esprit attentif et sagace y suffit.

CHAPITRE XL

De l'induction.

Il est naturel qu'après avoir parlé du syllogisme qui conclut du général au particulier, nous examinions le procédé de raisonnement, qui conclut du particulier au général, et qui est l'induction.

Dans les sciences exactes et dans les sciences morales on part de principes généraux, desquels, par voie de conséquence, on tire des vérités particulières :

Deux choses égales chacune à une troisième sont égales entre elles ;

Or les deux étoiles α et ω sont égales chacune à l'étoile δ ;

Donc elles sont égales entre elles.

Dans les sciences expérimentales on ne procède pas de même, en apparence du moins ; il n'y a pas de principes généraux, dont on puisse par raisonnement et *a priori* déduire le particulier, le phénomène ; c'est au contraire des phénomènes, qu'on déduit les principes généraux ou lois, qui sont les conclusions de l'expérience par les sens, et non des perceptions a priori par la raison.

Les philosophes physiciens d'Elée enseignaient que le vide n'existait nulle part dans la nature ; sur la foi des anciens, on le croyait aussi au moyen âge, et victorieusement, pour expliquer pourquoi l'eau montait dans un corps de pompe, on prononçait que la nature avait horreur du vide ; c'était expliquer un phénomène visible aux yeux par une cause imaginaire. Qu'est-ce que l'horreur du vide comme principe ou cause? Ce n'est ni une loi, ni un axiome, et le rapport entre le vide et l'horreur que la nature en a ne se peut clairement concevoir.

L'induction, comme le syllogisme, ne dit pas : Ceci, le général, contient cela, le particulier, ou la majeure contient la conclusion ; mais, c'est par le phénomène, le particulier, que nous connaîtrons le général, ou la loi, car le premier mène au second, dont il est la manifestation.

Non que l'induction soit le renversement des principes invoqués dans la démonstration des idées didactiques et morales, il ne saurait y avoir répugnance de vérités entre elles, à quelque ordre qu'elles appartiennent, encore que l'esprit les perçoive par des voies différentes : ainsi les règles de la sphère, des angles, du cylindre, de la pyramide, etc. seront vraies dans l'ordre des réalités naturelles, comme dans l'ordre spéculatif ; nous nous en sommes expliqué ailleurs ; il sera vrai également toujours que le plus peut le moins, que le tout est plus grand que la partie, que le juste et l'ordre sont également nécessaires à toute œuvre pour l'organiser et la faire vivre. La raison seule en juge, il est vrai, et elle en juge souverainement en dehors des contingents, mais elle juge aussi que ce sont là des vérités primordiales, absolues, dont aucun contingent ne peut s'affranchir.

Ces vérités, toutes spéculatives, sont en petit nombre, et, de près ou de loin, se ramènent toutes au principe de contradiction, qui est qu'une même chose ne peut pas être à la fois et n'être pas, ce qui revient à dire que le contraire de ces principes impliquerait contradiction dans les termes, c'est-à-dire, exprimerait un pur néant. Au lieu de dire que le tout est plus grand que sa partie, dire que la partie est plus grande que le tout, ou simplement, est égale au tout, c'est affirmer une impossibilité, une chose qui ne peut être.

Dans l'ordre des vérités expérimentales ou naturelles, l'objet de la pensée, de la connaissance, n'est pas en nous dans les profondeurs de la raison et de la conscience ; il est extérieur à nous, et si nous le comprenons et l'expliquons à la lumière des vérités rationnelles, c'est par les sens que nous le percevons d'abord, puisque c'est par eux que nous sommes en relation avec le monde du dehors.

La première opération dans l'induction consistera donc à observer, à percevoir le phénomène, le contingent ; la seconde consistera à conclure du phénomène à la loi dont il relève, du particulier au général, comme l'on conclut ailleurs de l'effet à la cause.

Cette conclusion du phénomène à la loi, toute expérimentale qu'elle est dans son principe, n'en relève pas moins, à son tour, de certaines idées primordiales, qui ne nous viennent pas de l'expérience mais la précèdent : Il ne servirait de rien, en effet, de faire des expériences, d'observer, de constater la répétition identique du phénomène, pour l'attribuer à une même cause, ou le rapporter à une même loi, si l'on ne convenait d'avance : 1° que les mêmes causes produisent les mêmes effets, ce qui est un principe de raison pure, et que des causes différentes ne sauraient les produire ; 2° que les lois de la nature sont invariables dans le temps, c'est-à-dire éternelles, invariables dans l'espace, c'est-à-dire universelles, ce qui est un acte de foi en la pérennité et l'ubiquité des lois de la nature ; 3° que nous ne pouvons jamais nous tromper ni en expérimentant, ni en concluant, d'après les expérimentations, sur les véritables causes des phénomènes, ce qui est accorder une espèce d'infaillibilité à nos sens d'abord, qui les perçoivent, et à notre raison discursive ensuite, qui conclut de ce que nous voyons à ce que nous ne voyons pas ; ni cette raison, en effet, ni les sens ne voient la pérennité ou l'universalité des lois autrement que par hypothèse, ni la loi elle-même autrement que par un principe de raison pure.

Cette pérennité des lois de la nature, la permanence de la cause sous la variabilité et la succession du phénomène, l'immobilité de la substance sous la changeante apparence de l'accident, tel est le postulatum, l'axiome, si l'on veut, sur lequel repose l'induction. Cet axiome n'est pas de même nature que cet autre : Le tout est plus grand que sa partie, il n'est pas certain de la même manière, ni au même degré ; sa certitude a quelque chose d'hypothétique, n'étant de certitude absolue pour personne que les lois ne changeront pas, ou que la cause, en dehors d'elles, s'il y en a une, ne les changera pas.

L'induction procède donc de l'effet à la cause, du phénomène à la loi : Comme les phénomènes sont très nombreux et très divers, chacun ayant sa raison d'être dans une loi et dépendant d'elle, il en est résulté dans la science jusqu'ici une variété infinie de lois, sans cohésion reconnue entre elles, sans unité par conséquent ; et, comme d'autre part il y a unité, ordre et harmonie dans le monde, il s'ensuit que la grande loi de cette unité est encore à trouver, que la science inductive se débat, jusqu'à présent, dans un certain chaos qu'elle a passagèrement créé et que, au point de vue philosophique, la grande synthèse nécessaire est toujours attendue.

Nous avons dit que dans l'ordre des choses naturelles, c'est-à-dire réelles, on ne pouvait pas procéder, comme l'on procède dans l'ordre des choses didactiques ou purement intelligibles, sciences exactes et sciences morales ; les principes et idées, dans ce second ordre de choses, sont des types éternels, perçus directement par la raison, ou par elle démontrés vrais dans leurs conséquences ; l'intelligible ici apparait dans sa simplicité inflexible et lumineuse, dont rien ne vient déformer l'image ; axiomes, théorèmes, corollaires sont vrais dans l'absolu ; ils n'admettent ni exceptions, ni détours, ni combinaisons de formes, autres que celles qui sont démontrables par la raison.

Il n'en est pas de même pour les choses naturelles, là il n'y a rien d'absolu : Ce ne sont plus des idées à concevoir, ce sont des réalités, des êtres, des formes vivantes à observer, dont la conception par la cause première ne nous appartient pas ; c'est la vie même, avec la liberté de ses capricieux mouvements, avec des combinaisons multiples de formes, se rapprochant ou s'éloignant dans une variété infinie, des types primitifs absolus. Qu'on prenne la feuille de la plante seulement, qu'on essaie d'en déterminer les formes par des lignes, des angles, des circonférences, des arcs, etc., etc., et l'on verra quel caprice a présidé à la conception et à la réalisation de ces formes, et combien elles s'éloignent, dans leur ensemble, en un même sujet, des types absolus, tout en pouvant y être ramenées.

Ces êtres, ces réalités vivantes, ont été conçus apparemment par un autre être, duquel ils dépendent et procèdent, comme l'effet procède de la cause ; nous les percevons à notre tour comme êtres distincts entre eux, distincts aussi de cette cause. C'est la thèse déiste, celle qui, en dehors et au-dessus des contingents, reconnaît, sous le nom de Dieu, le Vivant, une cause qui leur est supérieure et qui a communiqué la vie en fécondant l'idée, son verbe. En adoptant cette thèse, c'est à retrouver le plan général de l'œuvre divine, la nature, et le plan particulier suivi par la cause à la formation de chaque espèce et de chaque individu, que l'intelligence s'attachera. Le moyen sera, par l'emploi de la méthode inductive, d'étudier le phénomène d'abord, par lequel l'être se manifeste, et par des observations nombreuses et répétées, d'arriver à connaître les lois, qui ont présidé à sa formation, et d'après lesquelles il se comporte et se gouverne.

Mais tous les philosophes, et nous le déplorons, n'admettent pas l'explication déiste ; certains considèrent les êtres, la nature, non plus comme effets procédant d'une cause vivante et souveraine, mais comme les manifestations d'une substance unique, substance et manifestation également divines, ce qui est la thèse panthéistique, celles-ci ne se distinguant pas de celle-là autrement que les qualités particulières d'une personne ne se distinguent de la personne elle-même, autrement que nous ne distinguons les modes de la substance.

Dans l'un et l'autre système, le procédé, pour étudier la nature, sera le même, observer le phénomène pour arriver à connaître la loi, d'après laquelle le phénomène se produit.

Il va sans dire que déisme et panthéisme, nous n'en parlons ici que incidemment, à propos de l'induction, et pour montrer comment l'œuvre de la nature, qu'elle étudie, apparaît différente, selon que cette œuvre est considérée comme manifestations multiples d'une substance unique, ou comme ensemble des êtres contingents, dépendant d'une cause souveraine, indépendante.

L'athéisme, qui bannit Dieu de la nature, la considérant comme un assemblage de causes et d'effets auxquels manque la première cause, leur raison d'être, ne pourra qu'appliquer l'induction à un nombre infini d'unités ne se connaissant point, et qui, sans rap-

14

port entre elles, ne se pourront grouper ensemble dans une unité générale.

L'induction opère par le double procédé de l'analyse et de la synthèse : Pour conclure du particulier au général, il faut connaître et réunir toutes les particularités, ce qui ne peut se faire qu'en décomposant un tout en ses parties, notant et classant tous les phénomènes qui s'y rapportent. Ce procédé c'est l'analyse.

L'exemple familier de la montre, souvent cité, prouve l'utilité de l'analyse ; on ne connaît pas une montre parce qu'on lit l'heure sur le cadran ; on ne peut la connaître que si l'on détache, si l'on étudie chacun à part les rouages divers et le ressort qui la composent ; si l'on sait comprendre comment le ressort peut être tendu et se détendre, comment il est une force et développe du mouvement, et comment il communique ce mouvement à tous les rouages et aux aiguilles, qui seules sont visibles sur le cadran.

En détachant l'une de l'autre les diverses pièces de la montre nous en avons fait l'analyse.

Après les avoir étudiées chacune à part et compris leur rôle, si nous les rapprochons et adaptons ensemble de nouveau, nous en aurons fait la synthèse.

Cet exemple rend facile à comprendre le double rôle de l'analyse et de la synthèse, il en fait sentir la double utilité : par l'analyse des parties, en effet, on a compris mieux la fonction de chacune et leur harmonie dans l'ensemble ; par la synthèse ou reconstitution de cet ensemble, on a fait la contre épreuve des résultats de l'analyse, et l'on peut dire à bon droit que les causes des phénomènes ont été reconnues.

Nous avons déjà eu occasion de parler des idées composées et démontré comment l'esprit devait s'appliquer à les décomposer, pour en avoir une compréhension plus entière et plus nette ; les choses dans la nature sont composées à la manière des idées ; la décomposition des unes et des autres ou analyse aura, dans les deux cas, les mêmes résultats.

Mais si l'analyse d'une montre est chose facile, comme celle de toute œuvre humaine, où il suffit de pénétrer la pensée de l'ouvrier, qui ne s'élève pas souvent bien plus haut que la nôtre, moins facile est l'analyse des idées, à raison de leur subtilité, moins facile aussi celle des êtres de la nature, dont chacun est un tout d'une grande complexité, et à la fois une partie du tout plus complexe encore qu'est la nature elle-même.

Quelques combinaisons et assemblages de rouages entre eux ont suffi à l'horloger pour transmettre et régulariser le mouvement donné par le ressort ; là, l'effet est près de la cause ; l'un et l'autre sont plus compliqués dans la plante et l'animal. Quand on a surpris les premiers secrets par l'analyse, les parties détachées l'une de l'autre ne se prêtent pas toujours à la synthèse. Comment reconstituer une feuille, une fleur? Comment leur redonner la vie? Comment redonner le mouvement à l'animal? La nature est vivante, elle décompose par la mort et synthétise par l'amour; et, en dehors de son procédé, la vie dont il faudrait savoir le secret, se dérobe.

Puisque l'analyse est le moyen de connaître le tout par la connaissance préalable des parties, et que le phénomène, chose passagère et fragile, manifeste une à une les parties, et par elles les lois qui les constituent et les unissent, la méthode exigera que les phénomènes, à raison même de la fragilité et caducité du sujet, soient répétés et diversifiés. Il ne suffira donc pas pour cela d'une expérience unique, due au hasard, il faudra expérimenter soi-même, prévoyant et réglant les conditions d'expériences nouvelles, afin de diminuer par là de plus en plus toute crainte d'erreur.

La synthèse se fera en sens inverse, en revenant du point d'arrivée de l'analyse à son point de départ; elle se fera diversement selon les objets divers auxquels il faudra l'appliquer : par la conscience s'il s'agit de phénomènes internes subjectifs; par le feu, l'électricité, l'eau, les réactifs, etc., s'il s'agit de reconstitution chimique; par la dissection et la réadaptation, s'il s'agit de tissus ou organes physiologiques; le même objet, d'ailleurs, pourra être analysé ou synthétisé par plusieurs procédés de synthèse ou d'analyse, selon le point de vue sous lequel l'étude en sera faite.

Supposons terminée la série des expériences, les phénomènes bien constatés et enregistrés, il nous faut tirer des conclusions générales et pour cela entrer dans un nouvel ordre de choses. Pour arriver jusqu'à la loi, que les sens ne parviennent pas à saisir directement en elle-même, il faut la conclure, nous le répétons, avec une foi entière en la nature immuable et en nos sens infaillibles, et, d'une base tout empirique, tirer une conclusion qui ne l'est pas, par la vertu du postulatum de raison pure déjà cité, à savoir que les mêmes causes produisent toujours les mêmes effets...

Les idées universelles, la foi en la raison métaphysique, dont on a voulu débarrasser l'école, se retrouvent donc quand même au fond de la méthode inductive et la complètent : La loi après le phénomène, la pérennité des lois et l'infaillibilité de nos sens et de notre raison ; c'est que, seules, les idées universelles sont fécondes et scientifiques, et que, en dehors d'elles, il n'y a que des éléments sans cohésion, sans unité.

D'ailleurs cette méthode qui règne en souveraine aujourd'hui, dont nous nous faisons gloire comme d'une conquête toute moderne, pense-t-on qu'elle n'a pas été pratiquée avant Bacon ? et que ce soit à lui qu'on en doive la première invention ? Le moyen âge avait fait abus de la dialectique, et celle-ci avait été stérile en résultats pratiques ; l'esprit s'était affiné à son jeu, mais rien n'avait changé dans le monde, rien n'y avait progressé. Bacon le comprit et le fit comprendre à ses contemporains du XVIe siècle, il les fit renoncer aux disputes vaines, et, sans inventer l'induction comme méthode expérimentale, il la disciplina, en lui donnant des règles, et proposa à la science un but d'utilité réelle, au lieu d'être, comme elle avait été jusque-là, une simple escrime pour l'esprit. C'est de lui que les Anglais ont appris l'art d'observer et par cet art celui de s'enrichir : de là date le commencement de leur fortune.

Mais avant lui on avait observé : les mages assyriens connaissaient quelques planètes, ils avaient mesuré la longueur de l'année ; les prêtres d'Egypte savaient orienter les pyramides et connaissaient, assure-t-on, la précession des équinoxes ; Hippocrate avait étudié le corps humain et connaissait la vertu de certains remèdes ; Aristote et Pliné après lui avaient recueilli une multitude de faits ; les Arabes au moyen âge avaient fait un jardin de l'Espagne, etc., etc. Est-il un métier, jusqu'au plus vil, qui ne soit fait d'observations et d'expériences. L'induction y a ajouté l'analyse, qui n'est que le contrôle même des leçons et des résultats de l'expérience, comme elle est, si l'on veut, le chemin d'une synthèse savante : Le renard, le chien gardent les impressions reçues et en tirent des leçons ; ils croient, eux aussi, à leur manière, à la fixité des lois de la nature, sans les connaître, et à la finesse et subtilité de leur odorat. Le mérite de Bacon a été de ramener ses compatriotes aux procédés des plus humbles artisans (ceux-ci ont été ses maîtres), de réduire l'expérience en système, d'appliquer ces procédés à la recherche des vérités naturelles, et par eux de travailler au renouvellement ou à la création de l'industrie et de la richesse, pour le bien de son pays et de l'humanité.

Presque en même temps, en France, Descartes faisait une révolution jusqu'à un certain point semblable. Secouant le joug de l'autorité, sous lequel s'était débattu le moyen âge, répudiant, comme Bacon, les subtilités de la dialectique, il donnait pour base à la philosophie et à la science non plus l'autorité d'Aristote, de la Bible ou de l'Eglise, bien qu'il ait protesté souvent de l'intégrité de sa foi ; mais celle de la raison, par la perception claire ; et, sans exclure l'induction, comme sans y réduire la philosophie tout entière, et la ramener uniquement aux conséquences pratiques et utiles que prévoyait Bacon, lui laissant au contraire l'idée pure, l'intelligible, pour premier objet, il asseyait sur une base plus large la philosophie, et, à la suite de Platon, qu'il faisait revivre, il démontrait par l'évidence, l'objectivité des idées pures et d'abord celle de perfection qui les résume.

CHAPITRE XLI

Résultats pratiques de l'induction.

Le présent chapitre n'est qu'une longue parenthèse faite pour juger les deux méthodes, inductive et déductive, et marquer le rôle de chacune.

Les découvertes que Bacon prévoyait devaient servir selon lui à améliorer la condition de l'homme, augmenter son bien-être, diminuer les maux qu'il souffre ; ce résultat a-t-il été atteint ? Nous croyons qu'il l'a été dans une certaine mesure : l'action de l'homme s'est étendue, son domaine s'est agrandi et ses terreurs dissipées. Mais sur ce point, en quoi les Baconiens triomphent justement, il convient de faire quelques observations.

La première, c'est que, quelque découverte étant faite, qui devait être utile à tous, a été trop souvent une proie convoitée, exploitée uniquement par quelques-uns ; les habiles s'en sont emparés, frustrant la masse, vendant au vulgaire ignorant et faible le poison comme le remède, dissimulant sous des noms trompeurs leur rapacité insatiable. Car enfin, si la vie est plus facile, plus abondante, s'il y a moins de mal dans le monde, si les fléaux étant prévus peuvent être conjurés, ce bien être a son prix toujours et il s'achète ; les moyens préservatifs du mal ne sont pas gratuits, ils s'achètent aussi au pris de beaucoup de travail et de misère, des besoins inconnus sont nés de là, qu'on ne peut ou qu'on ne veut satisfaire ; que sert-il dès lors au frère malheureux de voir l'abondance et la superfluité chez son frère ? Il sent d'autant plus son dénument. Le spectacle des progrès accomplis grâce à la méthode inductive le consolera-t-il de n'y avoir point de part ? Il faut, nous semble-t-il, que la méthode se complète par quelques principes qui ne viendront pas d'elle.

Le luxe est devenu un besoin, et de ce besoin jamais satisfait sont nées la jalousie et la haine, un état de guerre menaçant entre les hommes ; faire naître, même méthodiquement et scientifiquement, une soif et une faim inassouvies ; plier et courber les hommes, ses inférieurs, à un travail forcé, qui n'est qu'une dernière forme de l'esclavage, pour les satisfaire, seulement nous nous demandons anxieusement si c'est là le dernier résultat de la méthode empirique.

Nous avons voulu en montrer quelques conséquences, tant qu'elle n'est pas contenue, éclairée, dirigée par une lumière supérieure, pure et modératrice ; et par là il est apparu qu'elle n'était pas à elle seule la méthode complète. Elle a fait métier de pionnier, pour aller à la découverte de pays inconnus, mais il doit appartenir à la raison de dire quel usage peut et doit être fait par chacun des découvertes, de distribuer équitablement à tous le butin, les terres conquises. Au lieu de laisser la proie à la merci des forts et des habiles, selon l'antique prise de possession par la force et par la ruse, il faut, par une juste distribution, assurer la paix générale, ce qui ne se fera pas sans l'intervention de principes, qui ne se peuvent découvrir par les sens, ni induire de l'observation empirique des phénomènes.

CHAPITRE XLII

De l'imagination en général.

Parmi les facultés soumises jusqu'ici à notre examen, les sens, la mémoire, l'intelligence en général, la raison pure sont avant tout des facultés perceptives, facultés critiques et de discernement, se bornant à recevoir les perceptions venues du dehors et à les enregistrer dans la mémoire ou à les rendre présentes par la conscience ; elles sont comme autant de fenêtres ouvertes, par lesquelles le jour, la lumière de l'intelligible pénètre dans le moi, pour l'éclairer.

Dans le jugement et le raisonnement, dans la comparaison, l'abstraction et la généralisation, facultés perceptives aussi et spéculatives, il se mêle un élément actif qui les distingue des précédentes. L'esprit, quand il juge, ne se contente pas de recevoir des idées, il travaille sur les idées qu'il a reçues ; quand il raisonne, qu'il compare, qu'il abstrait, qu'il généralise, il est également actif ; il opère sur des éléments recueillis, reconnus, mis en réserve ; le miel est dans la fleur, mais il faut l'art de l'abeille pour l'en tirer : un jugement, en effet, le rapport entre deux idées comparées, une abstraction, etc., ne sont pas, pour l'ordinaire du moins, choses perçues directement, *a priori*, sans aucun effort de la raison comme ces images ambiantes que sont les idées ; ils ne se réfléchissent pas tout faits et d'eux mêmes dans l'esprit, comme les sensations extérieures ou les idées simples ; il y a une méthode, une marche à suivre, qui demande le concours de l'activité, pour les acheminer jusqu'à nous et nous en donner conscience par une vue nette.

Ce qui résulte du travail de l'esprit dans l'une de ces cinq opérations ne sort pas, il est vrai, de l'ordre spéculatif, et les idées déduites, comme conclusion, d'autres idées ou comme rapports entre elles, bien que résultant de ce concours actif prêté aux facultés perceptives, n'en existent pas moins en soi ; une intelligence plus grande que la nôtre pourrait les percevoir intuitivement et directement, comme nous percevons les idées simples ; bien que d'ailleurs notre activité propre ait été en jeu pour les reconnaitre, elles sont impersonnelles de leur nature, comme les autres idées, puisque d'autres peuvent les déduire et les percevoir comme nous ; notre travail seul est personnel, les connaissances qui nous viennent par lui ne le sont pas. De quelque source qu'elles nous viennent, simples ou composées, spontanées ou déduites, toutes les idées sont à tous comme la lumière, comme l'air que nous respirons.

Sur ces données multiples, diverses, une activité nouvelle, intense, va s'exercer, qui les transformera. Les idées, en effet, obvies également à tous, n'éclairent pas seulement l'esprit, elles touchent aussi notre sensibilité, elles font impresion sur elle, et provoquent des mouvements divers d'amour ou de haine; agissant sur la sensibilité, la sensibilité à son tour agit sur elles et les marque en nous d'une empreinte particulière; d'impersonnelles qu'elles étaient, elles nous deviennent personnelles et propres; ce ne sont plus seulement des idées, ce sont nos idées. Agréablement ou désagréablement affectée, la sensibilité a pris parti, et l'intelligence avec elle; et les idées plus ou moins peuvent s'en trouver altérées, être moins pures et moins claires; objet d'amour, objet de haine, l'objet n'est plus perçu dans sa seule vérité. Danger surtout à craindre pour les perceptions extérieures qui nous viennent des sens, parce qu'elles provoquent en nous des émotions de plaisir ou de peine, et se résument ou se confondent trop souvent en des appétits sensitifs, qui offusquent les lueurs de l'intelligible.

La vue, en effet, l'ouïe et les autres sens ne perçoivent pas toujours, sans que des troubles, des ombres, se mêlent parfois aux connaissances qu'ils nous apportent. Percevoir et sentir, c'est pour eux presque la même chose. Ce n'est pas là, d'ailleurs, une chose que le philosophe puisse désavouer, puisque c'est par eux, les sens, que nous sommes doublement en rapport, perception et appétit, avec le monde extérieur où nous vivons.

Entre les deux éléments, l'intelligible et le sensible, comme entre les deux facultés qui y répondent, l'entendement et la sensibilité, il doit exister quelque accord ; la sensibilité doit comprendre à sa manière comme l'intelligence doit sentir à la sienne ; les deux facultés ne peuvent pas s'ignorer. Sans cet accord, les facultés en nous ne pourraient fonctionner ensemble ; elles se heurteraient, et, ne se connaissant pas, étant antipathiques entre elles, la vie morale, comme la vie intellectuelle, nous serait rendue impossible.

De fait, cet accord n'existe pas toujours, il y a lutte entre les membres et l'esprit, désordre par conséquent. Quel est celui qui n'en a jamais fait l'expérience ? La sensibilité tend à empiéter sur l'intelligence, à usurper dans le moi le premier rôle, d'où résultent des obscurités, des troubles, jusqu'à ce que le calme renaisse, et que l'idée lumineuse ramène la sérénité dans l'esprit.

La faculté qui transforme ainsi les idées, les combinant avec l'élément sensible, qui les compose et les affirme, leur communiquant quelque chose de nous-mêmes, c'est l'imagination. Imaginer n'est pas la même chose que percevoir ; percevoir c'est ouvrir les yeux, pour laisser pénétrer en nous le rayon qui éclaire ; imaginer c'est altérer plus ou moins le rayon ainsi perçu, y ajoutant l'impression produite, ce qui en fait un objet différent, mais objet vivant cette fois, dans lequel se trouve quelque chose de nous-mêmes. L'imagination, en effet, ajoute ou retranche ; elle modifie capricieusement, suscite des obstacles ou les aplanit au contraire, trouve des causes, use et abuse de l'hypothèse ; elle prête des intentions, même elle calomnie ; elle insinue, elle suggère, elle prend et donne le change, voit dans l'avenir ce qui n'est pas dans le présent, crée fantomes et châteaux en Espagne ; c'est le désordre du rêve de la nuit continué pendant le jour. Ce qui d'abord était la vérité simple impersonnelle n'est plus maintenant que la vérité défigurée faite à notre image.

Lorsque entre la raison, les sens et notre sensibilité l'accord existe ; lorsque les sens, justement suspects, sont soumis à la raison, juge souverain, et que la sensibilité, sans obscurcir ni affaiblir l'idée, ne fait que lui ajouter une force nouvelle, communiquant à sa nature froide un peu de la chaleur qui nous est propre, alors, certes, il y a comme un concert divin entre nos facultés, entre l'intelligible et le sensible ; il n'y a dans l'entendement alors qu'une note harmonique de plus, et l'imagination, qui donne la vie à ce concert, qui y ajoute le mouvement et la chaleur, sous l'empire de la raison, est une faculté merveilleuse.

Qu'elle soit une faculté active et complexe,

c'est ce qui ressort clairement de ce qui vient d'être dit : la raison, les sens, la mémoire, la sensibilité à la fois lui fournissent les éléments qu'elle combine, qu'elle s'approprie ; son œuvre doit être faite de raison comme mesure, et de sensibilité comme mouvement, de sentiments à la fois et d'idées. Tous les âges, tous les climats, la nature entière lui sont tributaires ; elle peut puiser à toutes les sources, ne connaissant les bornes ni de l'espace ni du temps, associer des éléments divers et avec eux composer ces formes qui sont le relief et la vie des idées.

On peut la considérer sous un double point de vue, ou comme travaillant sur les idées acquises, les pétrissant, les moulant, les modifiant de mille manières, dont nous avons esquissé les principales, c'est l'imagination *inventrice* ; ou comme poursuivant la réalisation d'un idéal, dont elle est éprise, c'est l'imagination *créatrice*.

CHAPITRE XLIII

Imagination inventrice.

L'imagination inventrice est celle qui trouve ou invente les rapports des idées entre elles, et par leur moyen trouve ou ajoute des formes nouvelles ; à l'observation muette et froide elle ajoute des combinaisons, des mouvements, des conceptions spontanées. A celle-ci s'appliquent presque tous les traits, sous lesquels nous avons décrit l'imagination en général ; complétons seulement cette description par quelques autres traits particuliers.

Par quoi est provoquée l'imagination inventrice ? Quelle cause excite son action ? la met en mouvement ? Outre qu'il est bon de faire remarquer que le mouvement est sa nature même, et que c'est elle qui le communique, bien loin qu'elle le reçoive, cependant il ne sera pas hors de propos que « nécessité l'ingénieuse », la réveille, l'excite. Faut-il sortir d'embarras, de danger, c'est elle, l'imagination qui fournira des expédients ; on ne peut expérimenter ni par conséquent démontrer ceci ou cela ; à défaut d'expériences et de raisons, elle vous fournira des hypothèses ; elle les échafaudera légèrement peut-être, c'est là son défaut ; un souffle pourra faire disparaître son œuvre, il n'importe, elle est l'illusion féconde, c'est-à-dire que l'imagination a des ressources jamais épuisées, et qu'elle se ressaisit toujours et n'est jamais en défaut; il lui est toujours possible, ayant mieux que des ailes, d'échapper à la contrainte salutaire, mais dure de la raison.

L'illusion féconde habite dans mon sein.

Comme la jeune fille de Chénier, elle ne peut ni ne veut mourir.

Une douce illusion emporte alors nos âmes.

L'illusion est ici le plaisir même que nous éprouvons, en nous jouant avec nos conceptions légères, sans entraves, avant que l'expérience austère les vienne atteindre dans leur fleur ; et ce plaisir même nous paraît être aussi une cause qui met l'imagination en jeu et l'y entretient, cause plus générale que nécessité l'ingénieuse, cause intrinsèque et conséquence en même temps, puisqu'elle naît à la suite de ce que nous avons imaginé, et que, nous y complaisant, nous nous en repaissons ; nous cédons volontiers en effet, à notre insu, à ce plaisir, que nous ne devons qu'à nous-même, lorsqu'il nous soustrait un moment aux préoccupations, aux tristesses de l'heure présente.

Le contraire de la douce illusion c'est la mélancolie, l'humeur noire, qui dégénère parfois en un pessimisme incurable : avec elle nous ne sentons plus que nos maux, nous ne voyons partout que le mal ; nous ne sommes à nos propres yeux qu'un foyer de misères et d'infirmités ; tout nous blesse, tout nous lasse. Pauvre cœur déchiré par lui-même ! Le mal qui n'est que trop réel, il le grossit encore, comme si la réalité triste ne suffisait pas à sa peine.

Fermer les yeux sur le mal avec l'illusion, les fermer volontairement sur le bien par la mélancolie, vouloir ramener la nature au niveau de nos conceptions, c'est un double danger, un double mal ; prendre pour des réalités les illusions des autres qui nous sont contées, embellies, c'est s'exposer à de cruelles leçons. L'imagination est alors appelée justement la folle du logis. Pour corriger ce double excès, il y a le double modérateur de la raison et de l'expérience ; on ne ferme pas impunément l'oreille à ces deux conseillères, l'une et l'autre donnent la mesure juste, que ne doit pas franchir l'imagination, et hors de laquelle il n'y a que incohérence vide. Nous sommes liés par des liens nombreux à la nature, nous subissons ses lois et nous vivons par elles, hors d'elles nous ne saurions vivre ; vouloir donc s'en affranchir ce serait courir de chute en chute hors de sa sphère, se précipiter aveuglément dans le vide et s'égarer dans la folie.

La raison et l'expérience, sans couper les ailes à l'imagination, préviendront les chutes mortelles ; il est possible, en effet, sans sortir des lois naturelles, ou nous y laissant ramener doucement, si nous en sommes sortis, de franchir les bornes étroites de l'espace et du temps où nous sommes enfermés, de bercer notre douleur par l'espérance, d'oublier le présent pour l'avenir, d'évoquer le passé heureux, d'échapper, en un mot, à notre fortune présente par les perspectives souriantes, que l'imagination met un moment à la place des réalités tristes, pour que nous n'en soyons pas accablés.

Ce serait peut-être ici le lieu de parler de la foi, non pas de la foi surnaturelle, qui ne doit pas sortir du domaine de la théologie, mais de la foi aux idées générales, aux vérités morales, aux nobles affections du cœur, aux espérances et aspirations hautes de l'âme, à la supériorité de l'esprit sur la matière, de l'idée sur la sensation : ces choses sont des réalités à côté ou au-dessus des réalités plus sensibles, traitées pourtant comme de vains jeux d'imagination, comme des chimères, par ceux, et ils sont en nombre infini, qui logent l'âme entière dans les sens, et ne connaissent pas d'autre bien ni d'autre mal que la sensation. Cette foi qui nous soustrait aux préoccupations journalières, qui nous élève dans le calme de la conscience au-dessus des événements ; imagination non pas vaine, mais sublime, nous y tenons comme au premier des biens.

Qu'ont de commun le monde extérieur et le monde moral, le monde intelligible et le monde sensible ? Ils sont de nature différente et ne se connaissent, pour ainsi dire, pas : nous sommes nés dans l'un, nous aspirons vers l'autre, tous deux sont réels, soyons de tous les deux. Les lois de la matière sont inéluctables, les jeux de la fortune nous meurtrissent le plus souvent.

> *Te semper anteit sœva necessitas,*
> *Clavos trabales et cuneos manu*
> *Gestans ahena. Hor.*

Les lois sociales à leur tour, que Virgile appelle lois de fer, *ferrea jura*, gênent notre action, et nous contraignent ; devons-nous toujours courber la tête sous ce triple joug de la nécessité fatale ? Et la faculté divine, foi ou imagination, qui vient aérer notre prison, et secouer un moment nos chaînes, devons-nous toujours la répudier comme suspecte de mensonge et fermer notre oreille à sa voix ?

CHAPITRE XLIV

Imagination créatrice.

L'imagination inventrice n'a pas d'objet déterminé, l'imagination créatrice en a un, c'est le beau. La première touche aux choses de l'esprit, aux choses du cœur, aux passions, au bien, au mal, indifféremment, ne se fixant sur rien ; le passé, l'avenir l'attirent tour à tour, elle franchit sans peine les limites du temps. La seconde peut s'exercer sur les mêmes objets, mais toujours à un même point de vue, qui est l'intelligence, l'amour, et la réalisation du beau.

La contemplation du beau par la raison pure peut rester, comme toute perception, à l'état de phénomène subjectif ; mais ce qui est entrevu par la raison se manifeste-t-il à nous comme une réalité sensible, il agit sur les facultés affectives et y détermine l'amour, le mouvement qui nous porte à manifester la vie hors de nous, à reproduire ce qui nous agite ; nous imprégnant de ce que nous voyons et touchons, nous l'imprégnons de nous à notre tour, et, quand il sort de nos mains, il porte la trace des impressions que nous en avons reçues, marqué de notre propre image, comme nous l'avons été de la sienne.

Le beau, en effet, nous attire, nous séduit, nous entraîne ; nous l'aimons, nous le souhaitons, nous le recherchons ; avant donc de créer, l'imagination subit l'action de la sensibilité, l'impulsion de l'amour, deux énergies sans lesquelles l'imagination demeurerait stérile.

Ce beau qui nous ravit ainsi répond à un besoin réel de notre nature, et la nature, en créant en nous ce besoin, ne nous a pas induits en erreur, puisqu'elle a créé aussi le beau qui y correspond : le beau existe, en effet, épars et divers dans les êtres qui nous environnent, qui rayonnent autour de nous ; sa présence nous est révélée de mille manières par les créatures ; formes, couleurs, sons, gestes, mouvements, structures harmoniques, proportion des parties, etc., nous dévoilent l'âme des choses, leur beauté et font vibrer la nôtre de concert, parce que le beau qui est en elles est aussi en nous par le modèle vivant auquel nous les rapportons et comparons. De même que l'œil est fait pour la lumière et l'oreille pour les sons, de même l'âme entière est faite pour comprendre l'universelle beauté et correspondre avec elle, écho profond, répondant à la voix de la beauté qui nous parle.

Ce sont ces fragments de beauté épanouie dans les êtres de la nature, dont l'imagination de l'homme se repaît, se nourrit ; après les avoir contemplés au dehors, s'en être pénétré au dedans de lui-même, il communique à ce qui va sortir de lui l'impression qu'il en a reçue, une flamme de vie par laquelle l'œuvre vivra. Aussi ne les reproduit-il pas tels seulement qu'il les a perçus, mais tels encore qu'il les a sentis ; il les façonne sous l'influence de ce sentiment nouveau, l'amour, qu'ils ont fait naître en lui, car l'amour seul est fécond ; par lui, ce qui ne vivait pas vit maintenant, reflétant, non pas seulement l'âme vivante des choses, mais encore l'âme sensible, l'âme vivante du poète, devenu un amant. Ainsi, Pygmalion anima la statue de Galatée, dont il devint follement amoureux.

L'imagination ne se contentera pas de reproduire ainsi les objets de la nature et de les animer de son souffle, elle fera mieux : ce que nous avons vu, ce que nous avons entendu, ce que nous avons appris et senti ; sentiments et pensées à la fois, fermentant en nous, seront comme autant de germes, qui, pétris, groupés ensemble, se développeront, et une œuvre nouvelle, poésie, peinture, musique ou plastique quelconque, apparaîtra, sortie, comme Minerve, de l'imagination ou cerveau créateur.

On peut contester que l'imagination créatrice perçoive et réalise uniquement le beau, puisque le laid, le grotesque, s'imaginent comme ce qui est beau, et que la caricature, la grimace, se représentent comme les beaux traits, la proportion, la mesure et la noblesse. Mais, le faux, l'erreur et le mensonge, le paradoxe et le sophisme, qui sont le contraire de la vérité, s'expriment, s'énoncent aussi, ils s'affirment ; pourtant, le vrai seul, l'intelligible est l'objet de l'intelligence et de la raison ; il en est de même de l'imagination et du beau : Bien que celle-ci conçoive et enfante des difformités, des défauts, des vices, c'est le beau, seul, qui est son objet ; difformités, défauts, vices ne sont que des déchéances, c'est le type pur qui seul fixe et attire nos regards, et ce type nous le voyons, même quand il ne paraît pas et qu'il est dégradé, protestant contre cette dégradation par la répulsion qu'elle provoque. Le savant peut ironiquement exprimer l'erreur, pour en faire sentir l'incohérence et le vide, comme l'artiste peut ne représenter le laid que pour nous en inspirer l'aversion, ce qui est une manière négative de nous ramener au beau, de nous le faire aimer, nous détournant de son contraire. Le philosophe qui affirmerait également l'erreur et la vérité, indifférent à l'une comme à l'autre ; le poète qui représenterait le beau et le laid avec la même indifférence, auraient tous deux le sens et le goût pervertis, et se rendraient coupables, tous deux, d'un véritable crime, semant dans les âmes le doute, le trouble, au lieu des vivifiantes clartés.

Les choses laides dans la nature ne peuvent être, comme nous l'avons dit, que des déformations du type premier, qui, entrevu, conçu par nous en nous-mêmes, se retrouve jusqu'à travers ces déformations ; elles ne sont que des déchéances, des dénaturations dues à des accidents divers, physiques ou moraux, qui trop souvent gâtent l'œuvre de la nature ; ce sont ces déchéances que corrigera l'artiste dans son œuvre ; mais ce redressement ne semble possible qu'à la condition que l'artiste puisse voir et contempler le beau, le modèle, auquel il rapportera les beautés inférieures, les beautés mutilées ; mettre la greffe sacrée sur un tronc sauvage c'est la tâche et la gloire du poète.

L'inspiration qu'on lui accorde, et qu'il entend effectivement, n'est pas autre chose que l'amour qu'il ressent pour la beauté entrevue et qui se traduit dans son œuvre par la flamme, le souffle que cet amour y fait passer. Cet amour transforme les choses à ses yeux et le transforme surtout lui-même ; l'objet vit, se détache, lui parle ; il veut admirer et faire admirer, telle qu'il la voit, l'apparition divine. C'est dans cette œuvre que l'imagination est surtout active et souveraine, faisant appel à toutes les autres facultés pour coopérer avec elle.

Au lieu d'inspiration, on dit muse quelquefois ; le sens psychologique n'a guère changé avec le mot ; seulement, avec la muse, l'inspiration s'est personnifiée, divinisée, comme étant, non plus un état de l'âme, mais une puissance étrangère, divine, qui agit sur elle.

Les anciens avaient libéralement multiplié les muses, ils en comptaient neuf, parmi lesquelles l'astronomie et l'histoire, que nous avons plus justement rangées parmi les sciences, parce que ni l'une ni l'autre ne se font par inspiration, mais par l'observation et l'étude exacte. Sapho fut la dixième muse et ce nombre de dix n'a jamais été dépassé. Pour créer une muse chez les modernes, il a toujours fallu que la dixième mourut (car, hélas ! la dixième est mortelle), pour qu'une autre occupât la place vide. C'est ainsi que Mademoiselle de Scudéry, Madame Deshoulières, Madame de Stahl, sous le nom de Corinne, qui fut, elle aussi, une dixième muse, la muse de Tanagra, Delphine Gay et d'autres, furent, tour à tour, chacune cette dixième muse, sans que le nombre des heureuses rivales ait jamais été dépassé.

La raison pure, dans l'œuvre du poète, dicte les lois de l'ordre et de l'unité, de la proportion des parties, elle surveille les excès, signale les incompatibilités, les vides à combler, met l'harmonie dans l'ensemble, etc. C'est là un rôle essentiel et le premier. Mais il est des choses importantes aussi qui ne sont pas de son ressort : les nuances, les contrastes, le point de vue, le degré d'expression, l'intensité de la couleur, la disposition des parties, le discernement de ce qui plaît et de ce qui ne plaît pas, tout ce qui touche à la grâce, à la finesse, etc., relèvent, non pas de la raison, mais du goût, qui est une raison, lui aussi, en matière d'art ; raison toute de sentiment et d'expérience, susceptible de se perfectionner, de s'affiner ; sens délicat, acquérant par l'exercice encore plus de délicatesse ; ce que la sensibilité ajoute d'expression à l'œuvre imaginée le goût en décide souverainement, complétant ainsi la raison même. Chaleur ou froideur, coloris tendre ou fort, finesse des détails, abondance ou stérilité et sécheresse, note qui détonne ou note d'accord, trait forcé ou faible, c'est de tout cela que le goût connaît ; il sait ce qui caractérise le beau et le joli, l'élément sensible lui appartient, et son rôle, par là, est d'une grande importance, car c'est par le côté sensible, principalement, qu'une œuvre vaut ; la sensibilité, en effet, communique à l'élément rationnel la vie que celui-ci n'a pas et par là l'humanise et le complète.

Ainsi se montre dans nos facultés, cette harmonie que l'on doit retrouver dans nos œuvres.

Puisque l'imagination créatrice rapproche ou écarte, avant de les combiner, les matériaux divers sur lesquels elle travaille pour créer, il est naturel de se demander si ces matériaux sont en nous entassés pêle-mêle, ou s'ils y sont dans un certain ordre, au contraire, et dans quel ordre ils se groupent ; en d'autres termes, le moment est venu d'examiner comment les idées s'associent entre elles.

CHAPITRE XLV

Association des idées.

Les idées s'associent, chacun peut le constater en soi et chez les autres : le bienfait rappelle le bienfaiteur ; un seul souvenir peut en évoquer mille autres ; un incendie éclate, on en recherche la cause, etc., etc. C'est là un fait général et spontané, dû moins à une opération de l'esprit qu'à la nature des idées ; la réflexion ne le produit pas, le mineur ne crée pas le filon qu'il exploitera, il le découvre ; nous ne créons pas les idées non plus, ni les rapports qu'elles ont entre elles, nous percevons les unes et les autres, nous les découvrons, tout comme nous découvrons leurs antipathies, leurs incohérences ; nous ne les associons pas, nous remarquons qu'elles sont associées.

La cohésion et l'affinité lient les atomes de la matière, la partie tient au tout, et la branche au tronc ; dans la nature, famille, tribu, ne sont que le développement d'un premier germe. A l'union et génération de la matière dans les corps doit correspondre l'union des idées et leur association en divers groupes ou systèmes; elles s'associent comme les choses mêmes, comme les sujets de même espèce, les membres d'une famille. Il y a entre elles une filiation. Sans l'association des molécules de la matière, on n'a que le chaos, *rudis indigesta que moles*; sans l'association des idées, on n'a que la confusion des intelligibles et des intelligences, des images passagères disparates, qui émergent en nous et s'y reflètent un moment, puis disparaissent; sans lien entre elles, les idées sont infécondes; c'est une poussière, une cendre d'éléments qui ne peuvent se rapprocher, s'agréger qu'au hasard, et qui nous mettraient dans l'impuissance de pouvoir former le plus simple jugement.

Non seulement les idées se tiennent, elles s'attirent, se cherchent, nous allions dire qu'elles se marient, qu'elles s'engendrent; c'est de ce commerce entre elles, aperçu et suivi par l'esprit, que naissent une poésie, un discours, un livre. Sans ce commerce, les corps, qui ne sont que la réalisation éphémère des idées, ne se pourraient constituer; en eux, les idées sont associées de fait comme leurs molécules, que l'amour ou une autre force a rapprochées un moment, d'après un modèle déterminé, comme si les forces étaient aux ordres du modèle lui-même ou de l'idée. Les idées donc étant associées par leur nature propre, leur association ne saurait être l'objet d'une faculté particulière, le résultat d'une collaboration active de notre part ; il nous suffit de les observer et de constater qu'elles se conviennent par les rapports qu'elles ont ensemble ; nous ne les associons pas plus que nous ne les formons.

Etant associées, comment le sont-elles ? De quelle nature est le lien qui les unit ?

Chacun connaît les interminables questions de l'enfant : Pourquoi ceci ? Pourquoi cela ? Il suppose donc qu'il y a une explication à ce qu'il voit et qu'il ne comprend pas ; principe ou cause, c'est là ce qu'il veut connaître.

Nous disons : cette chose n'est pas juste, passant du contingent, chose, à une idée générale de justice.

En voyant la ruine, d'une maison nous affirmons que la ruine tient à un défaut d'ordre ; et à l'idée de cause, cette fois, nous associons l'idée d'ordre.

Dans ces exemples, il y a un rapport essentiel, qui unit les idées ensemble : effet et cause sont inséparables l'un de l'autre, comme le contingent l'est de l'absolu, comme le moyen l'est de la fin, la conséquence du principe, le mode de la substance, la partie du tout, l'espèce du genre ou le particulier du général, etc., et tout cela réciproquement, par des rapports contraires.

Ce rapport, dit essentiel, à cause qu'il tient de l'essence même des idées, est aussi appelé rapport ou lien métaphysique, lien nécessaire.

Telle est la première manière, la manière fondamentale dont les idées sont associées.

Un général trace son plan de campagne ; que de détails liés ensemble ! Par l'imagination il a la vue anticipée des troupes sous ses ordres, des lieux occupés par elle, des distances, des marches, des approvisionnements et munitions, et, logiquement, tout se résume en un même plan général, dont le dernier mot est l'adaptation des moyens à une fin voulue, la victoire ; c'est-à-dire qu'une longue série d'idées contingentes étroitement et logiquement associées se résume en deux idées qui le sont essentiellement, les moyens et la fin.

Un juge d'instruction suit pas à pas la mentalité d'un accusé, comme un limier suit une piste, avec le danger pourtant de prendre pour le coupable, un accusé innocent ; il sait la force des idées et comment elles se suivent et nous mènent ; il marche dans l'obscurité ; il tâtonne ; mais la logique des choses, qui est celle des idées, l'éclaire.

Tous les événements de la vie domestique, tous les événements historiques s'enchaînent logiquement de même, bien que nous ne saisissions pas toujours comment ils sont enchaînés ; enchaînement de faits qui suppose et traduit l'enchaînement des idées.

Les anciens avaient vu cet enchaînement des idées et des choses dans le jeu des causes qu'ils ne pouvaient conjurer, enchaînement et jeu irrésistibles ; ils l'appelaient le destin, auquel les dieux eux-mêmes étaient soumis, tant les idées sont souveraines.

Dans tous ces cas, idées et faits sont contingents, comme leurs rapports entre eux, mais ils se déduisent, naturellement, l'un de l'autre avec une logique rigoureuse, à la manière dont la conclusion, dans un raisonnement, se tire des prémisses, à la manière dont le contenu est dans le contenant et les idées simples dans les idées composées ; unies par la synthèse elles se résolvent, se détachent par l'analyse. Elles ne sont pas ainsi unies seulement dans le passé, elles le sont aussi dans l'avenir : Ce que l'on prévoit, un projet, est composé d'idées qui se conviennent, comme un événement dans le passé est composé de faits résultant d'idées, qui se convenaient.

Ainsi, les idées ont une filiation toute logique, et c'est la seconde manière dont elles s'associent.

La vue d'un lieu, d'une personne, me rappellera divers souvenirs ; des colonnes supportant une voûte me feront penser aux arbres de la forêt portant comme des voûtes de verdure ; le mauvais temps se prolongeant me fera penser aux beaux jours désirés ; les anniversaires ramènent le deuil, la joie, etc., etc.

Dans ces quatre cas, les idées sont associées accidentellement, l'accident est dans les faits, dans les idées ; rien d'essentiel, même de logique n'y apparaît, l'association tient donc à un simple accident.

C'est ainsi qu'elles s'associent à raison du temps et de l'espace, par les comparaisons et les contrastes, par analogie, par thèse et antithèse, par les traditions, les souvenirs, par l'allusion, par le trait d'esprit, lien subtil aperçu seulement de quelques-uns, même par les puérils jeux de mots, les calembours.

Enfin, le drapeau me fait penser à la patrie, à la gloire, l'olivier à la paix, la robe à la magistrature, la couronne de fleurs d'oranger au mariage, la boîte de dragées à un baptême, etc. Le lien qui unit ici les idées n'existe que d'une manière arbitraire et seulement à raison du sens que nous prêtons à certains objets et qu'ils n'ont pas par eux-mêmes. Les enseignes dans une ville, les emblèmes dans une église, dans un cimetière, sont empruntés souvent à des associations d'idées conventionnelles ; le langage qu'on prête aux fleurs se rapporte au même système d'association, ainsi que le caractère attribué aux animaux dans les fables. Chacun dans cet ordre de choses, sait ce que représentent la rose, le lis, le renard, le serpent, etc.

Dans ce quatrième ordre de choses, les idées ne sont pas associées par elles-mêmes, c'est nous seuls qui les associons, qui créons le lien qui les associe ; remarque importante à faire, puisque dans les trois premiers cas le lien existe et que nous nous contentons de le percevoir, au lieu de le créer. Encore est-il bon de remarquer que ce lien arbitraire, que nous créons, n'est pas sans quelque raison d'être, et que cette raison d'être est dans le rapprochement fait entre deux choses, une prétendue ressemblance que nous trouvons entre elles et qui n'est en elles qu'un accident ; c'est l'accident, ressemblance, symbole, qui est la raison d'être de l'arbitraire.

Les idées s'associent donc de quatre manières différentes :

1° D'une manière essentielle ou métaphysique, lorsqu'elles ne pourraient pas ne pas être associées ;

2° D'une manière logique, lorsqu'elles se tiennent étroitement, pouvant ne pas se tenir ; lorsque le lien, quoique naturel, n'est que relatif, à raison des idées qui sont contingentes ;

3° D'une manière accidentelle, lorsqu'elles sont rapprochées, non par leur nature, mais par un accident, c'est-à-dire quelque chose de fortuit, qui n'est pas en elles, mais hors d'elles ; elles sont alors moins liées entre elles que rapprochées momentanément ; l'accident est personnel le plus souvent ; la personne disparue et l'accident avec elle, le lien n'existe plus ;

4° Enfin, les idées s'associent d'une manière arbitraire, c'est-à-dire facultative, non réelle ; l'association est alors seulement dans l'esprit, non dans les choses, pas même dans un accident au moins apparent.

16

De ces quatre manières, nous ne retiendrons que les trois premières, la quatrième relevant du seul caprice de l'imagination, ne méritant pas, par conséquent, d'arrêter l'attention du philosophe. Nous restreignant donc aux trois premières, nous dirons qu'elles ne sont pas tellement isolées chacune en son genre, tellement fermées l'une à l'autre, qu'elles n'aient entre elles aucun rapport, comme ne se connaissant pas ; dans le développement d'un sujet, au contraire, elles se mêlent et se confondent. Un discours, une conversation, un livre, étant un composé d'idées qui s'appellent, qui s'enchaînent, ne saurait être fait d'une série d'idées uniquement liées ou essentiellement, ou logiquement, ou accidentellement ; elles le sont tour à tour des trois manières, avec une merveilleuse variété, selon les esprits, quoique toujours dirigée, maintenue par le fil conducteur, tantôt de la raison, tantôt de l'imagination ; la chose est assez évidente, sans qu'il soit besoin de s'y arrêter, pour en faire la preuve. Ce qui l'est moins, peut-être, c'est le rôle prépondérant que jouent les idées essentielles ou essentiellement associées ; elles sont comme la chaîne solide, à travers laquelle va et vient la trame du tisserand, c'est-à-dire les idées contingentes, logiquement ou accidentellement associées ; elles sont idées primordiales, le thème fécond, sur lequel s'exécutent les variations, et auquel les variations se ramènent ; car, c'est la cause qui produit et groupe les effets ; le principe qui rattache à lui les conséquences ; la fin qui résume les moyens, etc., en dehors de quoi il n'est rien, ni rien ne peut être.

Puisque les idées s'associent, il faut, de toute nécessité, que l'une d'elles précède toutes les autres, qu'elle soit le centre auquel les autres se rattachent et adhèrent ; il faut qu'il y en ait au moins une qui soit spontanée ; il faut toujours commencer par quelque chose que rien n'a précédé.

Quand nous sommes nés, c'est une sensation qui s'offre la première, qui vient à nous du dehors par l'objet qui est extérieur, car elle ne naît pas spontanément en nous ; aux sensations succèdent les idées, dont elles sont comme le canal jusqu'à notre esprit, et qui s'éveillent en nous une à une comme des échos endormis. L'intelligible alors se révèle à nous et nous éclaire ; ce sont les idées, précédemment analysées, de la raison pure qui, l'une après l'autre, s'introduisent en nous et y projettent leur féconde lumière ; c'est l'idée de cause, en laquelle se réduisent toutes les réalités contingentes ; c'est l'idée d'unité qui résume toutes les multiplicités et vers laquelle nous remontons sans cesse ; ce sont les idées d'ordre, de fin et de moyen, de principe et de conséquence, qui confinent toutes à l'idée de cause dont elles ne semblent être que le corollaire et des variétés ; enfin, les idées de substance et de loi, qui viennent donner de la fixité à ce qu'ont de passager et de changeant le mode et le phénomène.

Le sommeil, semble-t-il, vient interrompre la vie active de l'esprit ; nous réveillons-nous le matin, après une interruption plus ou moins longue dans la suite de nos idées, c'est ou la dernière image ou sensation d'un rêve que nous rappelons, et sur lequel notre imagination s'exerce, ou la suite des idées de la veille que nous reprenons, ou enfin une première sensation nouvelle, par laquelle il semble que nous renaissons. Il est à remarquer que les sens, portes toujours ouvertes sur le monde extérieur, peuvent toujours fournir le premier anneau d'une chaîne nouvelle et que la mémoire et l'imagination, si même elles ne fournissent pas ce premier anneau, en peuvent fournir plusieurs autres pour le développer.

Ce serait peut-être ici le lieu de parler du déterminisme, cette théorie renouvelée de nos jours, ressemblant assez bien au fatalisme ancien, d'après laquelle non seulement nos idées s'associent, s'enchaînent, mais encore nos actes, nos volitions, au point que la volition qui précède détermine, comme l'idée, celle qui suit, et, vice versa, que celle qui suit a sa raison d'être dans celle qui précède. Renvoyons la question à l'étude de la volonté dans la morale.

Puisque les idées se tiennent, ainsi unies

les unes avec les autres, il semble qu'elles devraient s'unir aussi et de la même manière, dans tous les esprits ; notre intervention active ne pouvant changer la nature des rapports qu'elles ont ensemble, ni notre intelligence les percevoir sous des rapports qu'elles n'ont pas, comment comprendre les divergences qui se trouvent dans les esprits? Il est vrai, nous sommes impuissants à changer ces rapports, qui, plus ou moins, sont dans la nature des choses ; mais, outre que nous ne les percevons pas tous toujours, et que les esprits n'ont pas tous la même portée, les impressions qu'ils font sur nous se mêlent souvent à la perception que nous en avons, et ces impressions sont diverses. Nous pouvons donc prendre facilement le change, voir, d'après les impressions reçues, non d'après la perception simple ; de plus, le même objet peut se voir sous plusieurs angles, par rapport à la lumière qui l'éclaire ; de même les idées peuvent accidentellement et logiquement s'associer de plusieurs manières, parce qu'elles ne sont pas toujours considérées au même point de vue, et que ces points de vue, nombreux et variés, ne sont pas aperçus simultanément et à la fois par tous. Comment énumérer les rapports que les idées peuvent avoir ensemble? Qui pourrait les exprimer ? Ces rapports ne sont pas changeants, mais nous le sommes, et dans les associations d'idées stables se mêle souvent cet élément changeant, qui est nous-mêmes ; elles peuvent donc, même en nous, s'associer différemment. Combien plus facilement le peuvent-elles en des esprits divers.

Dans la nature, les idées sont réalisées et se réalisent sans cesse ; elles sont animées, vivantes dans la plante et l'animal où nous les percevons sous des formes plus sensibles ; même dans les œuvres de l'homme, c'est l'idée, le type conçu et réalisé qui vit dans une peinture, une poésie, un monument, etc. Ce ne sont ni les notes, ni les couleurs, ni les pierres, qui sont l'œuvre véritable, mais l'idée qu'elles expriment ; les unes et les autres sont rangées, coordonnées sous la direction, le souffle vivant de l'idée, des idées associées, non pas au hasard, lequel n'est que l'incohérence et le néant.

Les idées sont donc des réalités vivantes dans la nature ; le mot nature, lui-même, nous en avertit, dans elle l'idée est née et renaît sans cesse. Idées vivantes dans la nature, elles y sont associées en nombre incalculable de rapports simples et variés ; associées diversement dans les espèces diverses, semblablement au contraire dans les individus de la même espèce, elles le sont partout avec une science infinie, qui a tout prévu, tout mesuré, avec une puissance telle qu'elle semble se jouer, en multipliant les espèces diverses, comme en multipliant les individus de la même espèce.

CHAPITRE XLVI
De l'Art.

Chemin faisant, comme conséquence de ce que nous venons de dire sur l'imagination, et pour faire un peu diversion à cette étude sérieuse et déjà longue des facultés de l'âme et des idées qui sont leur objet, essayons de placer ici quelques notions de l'art en général. Si l'imagination est la faculté qui perçoit et découvre le beau, l'art en est l'expression ; sans faire violence à l'ordre que nous nous sommes tracé, nous pouvons donc en dire un mot ici.

Faculté essentiellement active, comme le jugement, le raisonnement, l'imagination ne se borne pas à percevoir le beau, hors de nous, dans la nature, à en retrouver des traces en nous-mêmes, et à provoquer, comme effet sensible, le plaisir, l'attrait, que sa vue nous fait éprouver, ce qui est en quelque sorte une manière de le percevoir et une preuve qu'on l'a perçu ; elle fait plus, avec les éléments divers qui lui sont venus de diverses sources, elle compose le beau elle-même, elle exagère, elle atténue, elle modifie, elle corrige ce qu'elle a surpris de beau dans la nature ; elle le met au point voulu, pour agir mieux sur l'imagination des autres, et à l'œuvre simplement reproduite, comme à l'œuvre créée, elle ajoute encore l'impression ressentie. C'est donc une œuvre nouvelle qui sort du mystérieux laboratoire, et, par cette œuvre, l'imagination justifie le mot de créatrice qu'on lui a appliqué. Elle ne crée pourtant pas dans le sens simple du mot, qui est de donner la vie, l'être, la substance, à ce qui ne l'a pas; la nature seule a de cela le pouvoir et le secret ; source inépuisable de beauté et de vie, elle les répand libéralement, et l'homme n'est que son œuvre, créée comme tout le reste ; l'imagination, si féconde qu'elle soit, ne crée que l'illusion de la vie.

Ce qui se passe, en effet, sur un théâtre n'est pas réalité, mais apparence trompeuse ; Platon l'a remarqué avec raison et longuement critiqué dans sa République, où il accuse la poésie de mensonge ; Diderot est allé plus loin, puisque, d'après lui, l'art dramatique n'est parfait que lorsque l'acteur imite si bien la passion qu'il n'en éprouve aucune ; tel est l'art, d'après lui, se garder d'être vrai, mais imiter le vrai d'une manière parfaite. Ce que vous admirez dans un tableau a moins de réalité encore : au lieu de personnages un moment transformés par le geste, l'accent et le costume, vous n'avez que des couleurs, des lignes, la lumière et l'ombre pour les représenter, et ce sera le comble de la perfection de l'art d'avoir si bien composé le tableau, si bien reproduit la nature, que l'émotion des spectateurs soit la même devant ce qui n'est qu'illusion, œuvre d'art, que devant ce qui est réalité, œuvre de la nature. La musique à son tour, bien que si expressive, a moins de consistance encore : des sons, aussitôt évanouis que formés, traduisent les passions de l'âme, mettent l'âme, au dehors, en mouvement par le nombre, la mesure et l'harmonie des sons ; car il est à remarquer qu'avec la musique, plus qu'avec les arts plastiques, l'œuvre entière de l'artiste n'est pas une imitation de la nature, mais une inspiration du génie, et que, mieux que le peintre et le sculpteur, mieux même que le poète, le musicien est le véritable et seul auteur, le seul créateur de son œuvre ; les paroles d'un poème sont des couleurs, des images faites d'avance, et qu'il a suffi à l'inspiration de grouper pour composer, agrandir le tableau, ainsi ne sont pas les sons, ils sont indifférents et neutres par eux-mêmes et ne deviennent image, expression, que sous le souffle du nombre, de la mesure, de la passion.

L'intelligence et en général les facultés perspectives n'opèrent pas ainsi ; elles sont seulement spéculatives, et s'il y a quelque activité dans la perception, elle est moins dans la faculté qui perçoit que dans l'objet perçu, moins dans l'intelligence que dans l'intelligible. C'est la lumière qui est active, se reflétant sur un miroir, sans que le miroir agisse pour la refléter.

La science écoute, étudie, enregistre, classe

les phénomènes, déduit les lois, sans que l'impression du savant, s'il en a une, doive s'ajouter à sa découverte, et que son œuvre sorte de la spéculation pure ; lorsqu'elle en sort elle devient industrie et métier. L'art écoute aussi, il étudie, il contemple, mais pas le même objet que la science ; et, la voix entendue, l'objet contemplé, l'inspiration survient, s'ajoute, essentiellement active, qui met au jour, telle que nous l'avons définie, une création nouvelle, image reproduite, hors du moi, de l'objet contemplé et de l'impression reçue.

Rarement, la science demeure dans le domaine de l'intelligible, les découvertes faites passent bientôt pour l'ordinaire dans le domaine des réalités, et le vrai aperçu à travers bien des ombres et qui d'abord avait charmé, ébloui peut-être l'inventeur, se transforme peu à peu par l'habitude, perd de son éclat premier et se dégrade, pour ainsi dire, entièrement, quand il est mesuré, pesé, évalué, même disputé sous forme de gain ; le procédé une fois trouvé, l'idée se vulgarise et s'exploite, le vrai, l'intelligible, n'est plus que l'utile. Sous cette forme nouvelle, nous nous gardons certes de le dédaigner, puisqu'il profite au bien de quelques-uns et même au bien de tous ; mais il n'a plus cette sérénité de la découverte, et trop de gens s'en disputent l'exploitation, qui ne se sont jamais élevés à la hauteur de l'intelligible.

Sur ce dernier point, l'art diffère sensiblement de la science : l'œuvre de l'artiste est toujours personnelle, puisque l'impression de l'artiste est passée dans son œuvre, et qu'il n'est point de procédé pour exprimer et réaliser le beau, comme pour réaliser le vrai ; la flamme divine, l'inspiration ne se peut communiquer ; des chefs-d'œuvre à la douzaine, par procédé, ne sont plus des chefs-d'œuvre. La photographie, qui opère toute seule, et tous les perfectionnements, dont depuis sa découverte elle a été l'objet, ne sont point l'art, mais un procédé, dû, non pas à l'inspiration, mais à l'empirisme, perfectionné plus tard par la science et relevant uniquement des lois de la nature. Il a suffi de mettre la nature en même d'opérer, pour qu'elle opérât toute seule.

Puisque l'art est l'expression du beau, il est clair que les qualités essentielles du beau devront être également les qualités essentielles des œuvres d'art, sous peine de ne pas exprimer le beau. Ces qualités sont l'unité, la proportion et l'ordre, qui relèvent de la raison pure, la variété, le nombre et la mesure, avec le mouvement qui en résulte, et qui, tous ensemble, sont l'expression même de la vie.

De l'unité, de la proportion des parties, de l'ordre, nous ne dirions rien ici qui n'ait été déjà dit ; c'est pourquoi, nous contentant de rappeler que ces qualités sont essentielles à toute œuvre, quelle qu'elle soit, et qu'on les trouvé invariablement partout dans la nature, le modèle toujours vivant, toujours beau dans sa fécondité, nous ajouterons que, sans unité, le poëte, l'artiste ne réalisera, selon le mot d'Horace, que des monstres ; dans le disparate, une partie exclut l'autre, un membre répudie un autre membre ; ce qui n'est pas un s'entre détruit, ne pouvant subsister ensemble.

La proportion des parties ne se sépare pas de l'unité, il ne suffit pas, en effet, de rassembler les parties d'un tout et de les adapter l'une à l'autre, il faut encore donner à chacune la proportion qu'elle comporte pour l'harmonie de l'ensemble, si l'on veut que le tout soit un. Mettez sur un corps chétif une tête de grosseur disproportionnée, cette tête appartient-elle réellement à ce corps ? l'œuvre est-elle une ? Nous ne le pensons pas. La disproportion des parties, comme leur répugnance, est donc contraire à l'unité ou tout au moins se concilie mal avec elle. La proportion est-elle observée entre les parties, l'ordre apparaît aussitôt et magnifiquement, dans l'unité, et de l'ensemble se dégage l'idée sereine, le sentiment agréable de l'harmonie ; l'accord qu'il y a entre toutes les parties de l'œuvre forme comme un concert muet, mais divin, qui s'adresse à la raison, au goût, et nous donne une première jouissance noble, réelle.

La variété, comme les qualités précédentes, ne relève pas de la raison pure, elle est un besoin de notre nature, auquel répond l'infinie variété des espèces qui nous environnent et qui sont les manifestations de la vie, et notre sensibilité ne se contente pas de l'uniformité monotone ; comme c'est par elle surtout que nous nous sentons vivre, et que, dans un état stagnant, la sensibilité s'engourdit, il s'ensuit que la stagnation engourdit aussi la vie : passer d'un état à un autre, laisser une sensation, une pensée s'évanouir pour qu'une autre lui succède, c'est se sentir vivre, puisque la vie s'écoule dans le temps, où tout se succède.

L'ennui naquit un jour de l'uniformité.

Si le beau nous attire, nous ravit, c'est à la condition qu'il revête les couleurs, les formes, les mouvements variés de la vie. Par la variété, la vie s'exprime, elle en est la condition, et, entre toutes choses, la vie est belle ; c'est par elle que les idées pures prennent corps et consistance, qu'elles s'accusent en relief, comme c'est par elles que la variété et la vie acquièrent la régularité, la solidité, qui sont les bases solides sur lesquelles tout repose.

Chacun sait la loi des contrastes, comment l'ombre fait ressortir la lumière, comment les aspérités font ressortir les surfaces planes et réciproquement ; que la lumière soit partout elle nous aveugle et nous fatigue : partout la plaine immense, elle nous fait éprouver affaissement et lassitude ; l'ombre partout, c'est la nuit ; les aspérités, partout, c'est l'obstacle, le chaos. Nous ne sommes pas faits pour supporter longtemps la même impression, nous y devenons indifférents : la curiosité nous pousse sans cesse à changer notre horizon : nous voulons savoir, comprendre, sentir choses nouvelles et malgré nous, à notre insu, l'inconnu nous attire. Le vrai, le beau se cachent, se dérobent, nous savons, nous pressentons qu'ils sont l'infini, dont nous ne voyons jamais que de faibles lueurs.

Ce n'est pas seulement, en effet, comme expression du beau, dans un même sujet que la variété nous plait, mais encore et surtout dans la variété des sujets : le beau étant divers à l'infini dans la nature, nous ne le percevons que partiellement et jamais dans sa plénitude, un trait dans une fleur, un trait dans un insecte, et nulle part le beau absolu, de là nos recherches inquiètes et notre besoin de savoir jamais satisfait, par la raison que ce savoir n'est jamais complet.

Si la variété est nécessaire pour exprimer la vie, le mouvement ne l'est pas moins, et celui-ci résulte du nombre et de la mesure, de sorte que, comme la variété, le nombre et la mesure contribuent à l'expression de la vie, il faudra, pour animer un sujet, que l'artiste puisse y mettre ce que nous venons d'appeler nombre et mesure. Ces deux expressions sont empruntées à la poésie et à la musique, la mesure est faite de nombre et elle produit le mouvement, elle en est la règle. Pythagore disait que l'âme était nombre, mot obscur et profond à la fois. Quoi ! l'âme qui sent, qui raisonne, qui comprend, qui veut, serait un nombre ! Cela semble bien mystérieux, et il n'est peut-être pas prudent de vouloir expliquer le mystère ; remettons-nous en à l'indulgence du lecteur.

L'âme pensante, active, sensible est une force et la première de toutes les forces, ainsi qu'il a été constaté ailleurs ; toute force produit du mouvement et se manifeste par lui, mais toute force doit être soumise à une règle, sans quoi elle serait un principe de destruction et de mort ; dans l'âme la mesure est la règle du mouvement et la mesure est faite de nombre, non pas du nombre arithmétique abstrait, mais du nombre vibrant et vivant, du nombre mouvement, élément de la mesure, que la mesure régularise ; mesure et mouvement étant l'expression de l'âme, de la force, de la vie qu'elle est. Et comment l'âme, nombre vibrant et vivant, peut-elle entrer en vibration, si ce n'est par l'attouchement d'une force essentielle, une, toujours vibrante, de l'intelligible, du beau et du bien, qui sont une seule et même force, un seul et même être, l'être absolu, parlant sous cette triple forme : à l'intelligence par sa lumière, au cœur et au goût par sa beauté radieuse, à la volonté par la grâce du bien. Par lui, l'âme vibre, elle est nombre, nombre harmonieux venant de la mesure, et la mesure n'est-elle pas ce qui caractérise la raison ?

Sans l'attouchement de la force essentielle de l'intelligible, étant périssables, inconsistants, éphémères, nous ne serions pas ; nous sommes perdus, abimés en elle ; sa substance nous enveloppe, nous pénètre, et par elle, notre contingence, toute fragile qu'elle est, vit et vibre à son tour ; il est la force vibrante et la vie souveraine, et quand nous le possédons, nous participons de sa vie, de sa force, nous vibrons à l'unisson avec lui : alors le nombre essentiel et nous, ne faisons qu'un, et l'âme, au toucher de l'intelligible, est nombre comme lui.

Quand nous raisonnons, que nous sentons, que nous voulons, cette activité, qui procède, à l'origine, de l'intelligible, nous est propre ; elle est le développement et la continuation de la vibration première et comme un écho en nous de la voix divine.

Ainsi l'âme est nombre à son tour, nombre harmonieux, capable d'entendre, non seulement par l'oreille et les autres sens, mais encore par l'intelligence, ce que les sens n'entendent pas, toutes les harmonies de l'être, du beau, du bien ; non pas dans leur plénitude sans doute, mais quelques fragments, quelques parcelles de leurs mouvements rhythmiques et de leurs accords. C'est dans ce sens que Pythagore parlait de l'harmonie des sphères, du concert divin, que l'homme entend, lorsqu'il contemple l'ordre harmonieux, l'économie sublime du monde, où, depuis le plus humble brin de mousse jusqu'au soleil radieux, tout se meut, s'agite et vibre sans trouble, sans qu'une note fausse nous vienne tirer de notre ravissement, dans une variété infinie de formes et de mouvements.

Le propre d'une force étant de produire du mouvement et l'âme étant une force, il s'ensuit qu'elle est mouvement, et que la mesure réglant ce mouvement se traduit par le nombre ou se compose du nombre, le nombre représente donc à sa source première, selon Pythagore, la mesure, le mouvement, la vie, l'âme même.

Dans la poésie, dans la musique surtout qui est presque uniquement vibration, nombre et mesure, ces deux derniers éléments prennent une forme sensible ; ils ne sont plus choses métaphysiques, auxquelles seule la raison accède, mais choses réelles ; on divise, on subdivise le temps ; un temps est nombre, on le compte dans la mesure ; le mouvement se fait en montant et descendant, et de ces mouvements et nombres variés, lents ou rapides, expression de la vie, naissent la cadence, l'harmonie, l'élan, l'expression animée de toutes les passions nobles.

S'il en est ainsi dans la poésie et la musique, si les arts en général ne peuvent se passer du nombre, comment la beauté qu'ils expriment pourrait-elle n'être pas nombre elle-même ? Oui, il y a nombre et harmonie dans un tableau, comme dans un poème, dans un hymne ; le nombre c'est le mouvement et la vie : une armée marche résolument au combat aux sons d'une musique guerrière, et la danse, par des mouvements gracieux et souples, traduit le rhythme même de la musique.

Rythme, mesure, nombre sont tellement

dans la nature des choses que toutes les littératures populaires en portent la trace : non seulement le peuple est sensible au mouvement, mais il l'imagine, le crée, le propage spontanément dans une poésie et une musique populaires, que personne n'a apprises et que tout le monde entend. Heureux le peuple où cette flamme sacrée n'est pas éteinte.

Ainsi peut trouver son explication l'âme-nombre de Pythagore, nous la proposons seulement, ne nous flattant pas de l'avoir comprise, ni de l'avoir bien interprétée. Nous n'avons eu d'ailleurs en vue que l'âme humaine en notre explication. Pythagore allait plus haut jusqu'à l'âme du monde, jusqu'à Dieu, le nombre vivant, qui met tout en mouvement dans la vaste machine ; de lui procède l'ordre, qui est l'harmonie des mouvements dans le grand concert de l'univers ; car les sphères célestes aussi forment un chœur, une théorie sublime ; et Pythagore avait prétendu, voyant cet ordre dans ce chœur, entendre la céleste musique, la vibration souveraine qui y présidait et le déterminait. Raphaël, dans son tableau des muses, conduisant le char de Phébus, pleines de mouvement et de grâce, ne s'est-il pas inspiré de l'idée de Pythagore ?

Le mouvement et la vie sont donc inséparables du beau, et par conséquent inséparables de l'art, qui le représente, et le mouvement est tout dans la pensée qui reluit, qui se reflète dans l'œuvre même la plus immobile, un bloc de marbre, mais où la pensée du génie s'est posée, s'est gravée un moment.

Si le beau est tout cela, unité, proportion des parties, ordre, mouvement et vie, il est clair que le laid sera tout le contraire et que l'art sans unité, sans proportion, sans ordre, n'engendrera qu'incohérence, difformités, membres épars, disparates, et pas une œuvre solidement constituée, faite pour vivre, de même que sans variété et mouvement il ne produira que la monotonie et l'immobilité de la mort.

Celui qui mettra ainsi en œuvre tous ces matériaux divers, pour exprimer le beau, l'artiste en un mot, doit avoir deux ailes blanches, pour monter non seulement jusqu'à l'intelligible, mais jusqu'au beau idéal qui l'attire : Ce n'est pas uniquement par l'aile de l'intelligence qu'il doit s'élever, mais aussi par celle de la sensibilité et du cœur. Le savant demeure en repos, contemplant le vrai ; l'artiste s'élance vers le beau par l'amour. Qu'est-ce donc que l'artiste ? Ce n'est pas seulement un contemplatif, c'est un amant charmé, ravi de ce qu'il aime ; ce qu'il aime n'est pas seulement dans l'intelligence, il est surtout dans son cœur ; c'est le cœur qui vivifiera le rayon divin, qui a pénétré en lui. C'est pourquoi l'œuvre qui sortira de ses mains devra porter la marque, l'empreinte, l'image de l'amant ; il faut que, à travers les autres traits, on retrouve les siens et que son portrait reluise dans l'œuvre sortie de ses mains, comme dans le visage de l'enfant on retrouve celui du père.

Lorsque l'amant a ses deux ailes blanches, il quitte aisément les lieux obscurs, où elles se terniraient ; si les intérêts, les passions, les cupidités entrent dans son âme ; s'il est attentif à autre chose qu'à son idéal divin, il déchoit, et le divin ne lui pardonne pas d'avoir préféré ce qui est terrestre et impur. Mais aussi à l'amant pieux, à l'artiste demeuré fidèle à son art, quelle jouissance est réservée, lorsque l'inspiration attendue vient illuminer l'intelligence de sa clarté et réchauffer le cœur ! Quel plaisir ici-bas est comparable au sien, lorsqu'il entend le verbe, la voix céleste ! Le vers harmonieux, le mot magique, le sentiment délicat, tendre ou fort tour à tour sort brillant et gracieux comme d'un sanctuaire ; le coup de pinceau, le trait cherché, la phrase musicale, poème ou sonate, jaillissent comme d'une source sacrée. L'artiste alors n'est plus un homme, c'est un prêtre ayant commerce avec le divin qu'il interprète. Orphée, Linus, Musée ne furent pas seulement des musiciens, des poètes, les anciens en avaient fait des voyants inspirés, admis dans la familiarité des muses. Virgile lui-même, venu longtemps après les âges héroïques, ne se considérait pas autrement.

Me vero primum dulces ante omnia musæ
Quarum sacra fero ingenti percurssus amore
Accipiant.

Poète, il porte les insignes sacrées des muses,

dont le culte lui est cher avant tout ; il a les ailes blanches du cygne, et, dès ici-bas, il boit, avec l'ambroisie, l'immortalité.

Le but de l'art ne doit pas être de faire admirer l'artiste, mais de faire aimer, admirer le beau. Qu'est le génie de l'artiste comparé à la majesté du beau ? L'impuissance de l'homme éclate à tout moment ; il n'est réellement grand que lorsqu'il reconnaît sa petitesse et qu'il s'incline devant la beauté souveraine, qu'il essaie d'interpréter. Plus il s'abaissera ainsi en lui-même et devant les autres, plus il grandira en réalité ; plus il s'oubliera et plus son mérite éclatera à tous les yeux. Que, s'effaçant, l'artiste fasse aimer et admirer le beau, il sera, pour ainsi dire malgré lui, associé à cette admiration à cet amour ; la vie transcendante pénétrera, grâce à lui, par quelques rayons jusque dans les carapaces des tortues et dans la peau des tigres ; les pierres elles-mêmes, seront sensibles à sa voix ; le poète, l'artiste dévoilera la face auguste des dieux, il fera lui-même des dieux.

La religion et l'art se sont toujours donné la main : les temples, les statues des héros et des dieux, les édicules consacrés, les tombeaux, disaient autant la beauté de l'art que celle de la religion ; le culte relevait plus de l'artiste que du prêtre ; la théologie se popularisait ainsi. Les sociétés n'ont jamais pu vivre que sur cette double base ; la religon et l'art répondaient seuls au besoin du merveilleux des foules ; si elles n'avaient pas adoré la beauté physique dans les formes pures et la beauté morale dans les vertus sublimes, dans les actes héroïques, que pouvait-on leur donner à adorer ? Et si l'art n'était intervenu, pour reproduire ou imaginer toutes ces beautés, toutes ces vertus, sous des formes extérieures, tangibles, comment auraient-elles été accessibles aux foules ?

Les pasteurs des peuples, sous quelque nom qu'on les désigne, ont connu la puissance de ce double levier pour agir sur les foules, et rarement l'art et le sacerdoce ont échappé à l'influence d'un despote, ce qui n'a pas toujours été à la gloire ni de l'un ni de l'autre ; il est dangereux et sacrilège, quand on s'élève sur des ailes blanches jusqu'à l'idéal, de se mettre au service de passions égoïstes et aveugles. L'histoire est pleine de ces trahisons de la vérité et de la beauté par ceux qui, les premiers, devaient leur être fidèles ; l'art, comme le sanctuaire, devient alors vénal, il se prostitue au plus offrant, comme lui ; les foules déconcertées se découragent ; le soupçon, le marasme les envahissent, jusqu'au jour où la flamme sacrée étant rallumée parmi elles, elles se rallient à sa divine lumière et se reprennent à vivre. Lorsque les intelligences et les cœurs sont obstinément fermés à ces influences réparatrices, l'intensité de la vie diminue et l'on peut craindre justement que la vie dans le corps social ne se ralentisse et ne finisse par s'éteindre ; comme il n'y a plus que les besoins animaux à satisfaire, *panem et circenses*, l'animal qu'est le peuple désormais se repait, se gorge, se vautre et s'endort.

L'art chez les grecs connut ces deux choses extrêmes, l'idéal à son aurore et à sa décadence : après avoir édifié le Parthénon, fait de l'acropole la demeure des dieux, offert à l'adoration, sous les traits d'Athéné, la sagesse et la raison, il en vint à ne plus savoir à quel dieu il devait rendre hommage, et, sur l'Agora, indifférent, incertain, il dressa sa dernière statue « au dieu inconnu ».

C'est à ce moment que Paul de Tarse parut et qu'il vint révéler aux beaux esprits sceptiques ce dieu inconnu ; c'était le Christ, le Dieu-Homme, le nouveau dieu, le dieu attendu ; il était la raison, le verbe, comme l'avait été Athéné, la Vierge ; mais il était aussi l'amour et la liberté, l'amour du cœur, et la liberté de l'esprit et du corps, la réconciliation de tous les hommes entre eux. Moment décisif dans l'histoire de l'homme pleine de larmes, pleine de sang, alors pleine de joie.

Un art nouveau naquit peu à peu des doctrines nouvelles, reflet de ces doctrines mêmes ; il n'avait pas peut-être la majesté sereine et calme de l'art grec, la ligne pure des Propylées et du Parthénon, la noblesse du père des dieux et de la déesse inspiratrice de la raison, sous le ciseau de Phidias ; mais quelle poésie de prière et d'amour dans les nouveaux temples, dans ces cathédrales pleines d'ombre et de mystère où le cœur s'attendrit, où le front se courbe sans résistance. L'art n'appartient plus ici tout à fait à la terre, il s'est élevé au-dessus : Ces voûtes immenses, ces nervures fleuries, ce recueillement qui vous pénètre de toutes parts, sont dus non à l'inspiration de la muse antique, faite de majesté, d'ordre et de mesure, mais à la muse nouvelle, la foi, qui transporte les montagnes et qui un moment a transporté le cœur de l'homme le touchant d'un trait de feu. Tout est idée, tout est symbole ici : la pierre parle, elle raconte ; ce n'est plus la pierre que vous voyez, c'est la vision sublime des prophètes, des apôtres, des martyrs, des vierges. Ecoutez sous les vastes nefs les accords de l'orgue, puissants et légers tour à tour ; ne fermez pas volontairement votre cœur aux impressions qui vous assaillent, et vous serez troublé, ému.

CHAPITRE XLVII

De la poésie en particulier.

Entre tous les arts, la poésie est le premier, elle est peut-être l'art unique, que tous les autres supposent et qu'ils ne font qu'interpréter diversement. Avec elle la pensée jaillit claire et harmonieuse, elle a la rapidité de l'éclair, étant inséparable du mot sous la forme duquel elle est conçue et qui la traduit ; les tableaux se succèdent, ininterrompus, ils se complètent :

du premier mot au dernier, l'âme passe par des états différents, jusqu'à ce qu'elle trouve le repos dans le dénouement.

La musique est plus rapide encore, elle est aussi plus expressive, mais elle est moins claire ; nul ne pourrait marquer les limites certaines des sujets qu'elle traite ; elle est ondoyante et diffuse, elle est impression passagère ; c'est un rayon qui passe, qu'il faut saisir et fixer ; le son qu'on a entendu, mélodie ou harmonie, berce et agite tour à tour l'âme de l'artiste, mais il est fugitif et celui qui l'entend n'en éprouve qu'une impression également fugitive ; nous disons impression car la musique n'exprime jamais qu'une pensée confuse, imprécise et l'impression vive d'une pensée, plutôt que la pensée elle-même.

La peinture et la sculpture, lorsqu'elles reproduisent un objet quelconque, dans le portrait, sont plus claires et non moins expressives que la poésie et la musique, mais dans quel cadre étroit elles sont réduites ! Même dans le chef-d'œuvre sorti du pinceau ou de l'ébauchoir, qui respire la vie et la fixe, que de détails à supposer, à deviner, que d'obscurité souvent dans l'ensemble ! Réserve faite de la couleur locale, les batailles ressemblent aux batailles, les paysages aux paysages : entre genres et sujets différents il y a mille traits communs : A première vue, on ne comprend pas que ce sont ici les ruines de Carthage et là celles de Tyr ; si c'est le triomphe de César ou celui d'Auguste au Capitole ; est-ce la Seine ? est-ce la Marne ? est-ce Tibur ou Frascati ? Cela ne se lit pas sur une ligne courbe ou droite ; pour le commun des spectateurs, l'expression par la couleur demeure obscure. Il n'en est pas de même de la poésie, où la parole supplée à tout.

Seule, l'architecture, au point de vue de la clarté, peut se comparer avec elle, parce qu'un monument, comme un poème, sort de l'imagination de l'architecte nettement délimité, proportionné et un, et que, palais, temple, aqueduc, etc. la vue suffit pour en faire comprendre l'usage et expliquer ainsi la pensée de l'artiste. Mais, supérieure par la clarté, l'architecture ne l'est pas pour l'expression et la vie ; sans compter qu'elle emprunte souvent à la peinture et à la sculpture ce qui lui manque, elle fournit la charpente solide et légère, laissant à ses deux sœurs le soin de l'animer et de l'embellir.

Il ne faut pas confondre l'art avec le procédé : Le beau entrevu, pressenti, est l'objet commun à tous les arts ; l'imaginer, lui trouver une forme, le traduire, le créer sous cette forme, c'est la poésie, mot exact qui veut dire création et qui leur est commun à tous puisque tous l'inventent, le composent, le créent ; mais ils le créent diversement ; et les moyens divers et particuliers que chacun emploie, c'est le procédé. La poésie est toute dans la conception du beau et dans le sentiment qu'il fait naître en nous, elle ne s'apprend pas, elle est un don, *nascuntur poetæ* ; le procédé varie, il est divers et particulier, il s'apprend et se perfectionne même : un esprit observateur peut y ajouter, le rectifier, mieux comprendre et appliquer le jeu, l'opposition des couleurs, composer plus exactement son dessin ; son procédé sera plus savant ; mais ne sait-il que cela, il n'est pas poète, il n'est pas peintre ; il lui manque de sentir la vie, pour la communiquer à son œuvre, car le beau, l'être, est vivant, et l'œuvre sans la vie est une œuvre où l'artiste a appliqué le procédé sur un néant.

La versification est le procédé de la poésie proprement dite, il serait superflu de dire qu'elle s'en distingue.

> C'est en vain qu'au Parnasse un téméraire auteur
> Pense de l'art des vers atteindre la hauteur,
> S'il ne sent pas du ciel l'influence secrète...

C'est du procédé que trop de poètes, ou se prétendant tels, se contentent ; pour eux, assembler des rimes, cela suffit ; toute la poésie est là ; de la pensée, du sentiment il ne saurait être question ; c'est un superflu dont nos génies modernes se passent, que peut-être ils dédaignent ; ce sont des forgerons qui ont une forge, sans beaucoup de souffle d'ailleurs et qui n'ont point de fer à faire rougir et à mettre sur l'enclume. Jeune poète, qui avez l'amour et le culte du beau, emportez vos dieux chers et vénérés et fuyez dans quelque solitude.

Par une étrange inconséquence d'ailleurs, la versification, la langue rythmée du beau, on s'en passe comme du beau lui-même ; on se met à l'aise avec la rime et la mesure, et, en général, avec toutes les règles classiques respectées jusqu'à nous : On va à la ligne, non que la cadence vous avertisse que le vers est fini, mais parce qu'on a compté sur ses doigts un nombre déterminé de syllabes d'une prose indigeste ; on mesure le vers au mètre comme une étoffe, et, cela va sans dire, on bafoue Boileau même Racine et tous les maîtres.

Cette extrême licence a son explication dans l'état général des esprits, qui, sous prétexte d'abus et de tyrannie, se sont affranchis des anciennes règles et qui, ne voulant accepter aucun joug, par quoi eût éclaté leur impuissance, ont rejeté tout ce qui les gênait ; c'est comme si on émancipait la vapeur, ce ne serait plus une force.

CHAPITRE XLVIII

De la sensibilité interne.

L'objet de ce chapitre a été touché incidemment et à notre insu à l'endroit des idées pures, peut-être pourrait-on le supprimer sans perte sensible ; cependant quelques observations nous ont paru nécessaires, nous allons les présenter, en les abrégeant.

La sensibilité externe est avant tout une faculté perceptive, elle nous fait connaître le monde extérieur par les opérations des sens, et, bien que cette connaissance implique souvent plaisir ou peine, peine et plaisir ne se séparent pas de la connaissance: l'amertume d'une plante ou son parfum peuvent nous aider à la distinguer d'une autre.

Cette faculté se localise dans le sens qui lui sert d'organe, et qui est seul affecté pour l'ordinaire ; réserve faite pourtant des cas où tout l'organisme est passif, comme dans la fièvre, la maladie en général, la faim, la fatigue, etc.

La sensibilité interne est une faculté simplement affective, elle se manifeste par le sentiment, et celui ci, agréable ou désagréable, se manifeste, non pas comme les sensations venues du dehors, mais à la suite des idées, à l'attouchement de l'esprit par elles.

Ces idées n'ont point de rapports ou n'ont que des rapports lointains avec les sens ; elles en ont d'immédiats avec les idées pures ou avec d'autres idées qui s'y rattachent, comme à la tige qui les supporte. Je viens de cueillir une fleur, j'éprouve à la regarder un sentiment agréable ; l'animal qui l'a vue comme moi n'a éprouvé rien de semblable ; je l'ai trouvé jolie, peut-être belle ; l'animal n'a perçu que par les yeux ; à cette perception, en moi, a dû s'en ajouter une autre qui m'est venue d'une autre source ; c'est la perception, l'idée du beau qui l'a produite.

On voit par là que le sentiment n'est pas une

simple perception extérieure comme la sensation, mais le mouvement affectif qui accompagne la perception de l'intelligible, à l'un des trois degrés, du vrai, du beau, du bien, sous lesquels il se manifeste à nous.

Dans les deux cas de sensation ou de sentiment, l'âme est passive, il y a changement d'état ; mais tandis que la sensation est une perception directe, le sentiment n'est que le retentissement, la répercussion des idées pures dans la partie sensible de notre âme.

Il y a autant d'espèces de sentiments que d'idées pures, c'est ainsi que l'on dit le sentiment du vrai, le sentiment du beau, du bien, du juste, de l'infini, etc., et comme c'est à ces idées que l'intelligible peut-être ramené, c'est à elles que nous rapporterons les divers sentiments, autour d'elles que nous les grouperons.

Le sentiment se produit faiblement dans les cas les plus ordinaires, à raison de l'habitude qui l'émousse. Combien il est vif chez l'enfant, pour qui tout est nouveau ! Combien vivement il se réveille plus tard encore, lorsque nous découvrons une vérité longtemps cherchée, que nous trouvons l'explication de quelque problème ! Les inventeurs sont les heureux pères, nous allions dire les amants, de leurs découvertes. Les Espagnols versaient des larmes de joie, quand ils virent la première terre d'Amérique, et Colomb, qu'ils avaient calomnié et maudit jusque-là, ils le bénissaient alors, il était grand et plus qu'un homme à leurs yeux.

Comme c'est par les idées de cause et de principe, de lois et de substances que le vrai se manifeste surtout à nous, et que le sentiment va à la suite des effets lointains aperçus, des innombrables conséquences, ou de la loi déduite des phénomènes, l'esprit qui connaît les uns et les autres, embrasse, jouit d'une lumière plus vive et d'un repos, que ne donnent ni l'erreur, ni le doute, ni le mensonge, ni l'inerte ignorance, cette lumière, ce repos viennent de la perception et connaissance du vrai, autrement que par les sens, tandis que dans l'obscurité se trouvent le malaise et l'inquiétude.

Une remarque bonne à faire c'est que ce n'est pas dans le tumulte du bruit et du mouvement que le vrai et le sentiment qui l'accompagne se manifestent pour l'ordinaire, à notre esprit, mais dans le recueillement de la solitude, le silence de la nuit ; il faut que les sens se taisent, pour que les idées nous parlent, et elles nous parleront d'autant mieux que rien du dehors ne viendra nous distraire d'elles. Alors ce qui était trouble se débrouille et s'apaise, l'ordre renaît, le jour pénètre dans les profondeurs les plus secrètes et les clartés lumineuses donnent à l'âme tout entière, le plaisir pur de voir la lumière.

Le sentiment du beau est ordinairement plus vif que le sentiment du vrai, il est aussi plus fréquent. Lorsque, à la lumière du vrai, de l'intelligible, vient s'ajouter celle du beau, un nouveau sentiment naît en nous, avec lequel celui du vrai ne se peut confondre; il faut l'exactitude et la vérité dans les œuvres de l'art, comme il y en a dans celles de la nature, mais il y faut aussi d'autres éléments, et, pour les comprendre, les intelliger, il faut, avec les sens extérieurs, un sens particulier qui perçoive la lumière particulière que le beau ajoute à celle du vrai et que les sens extérieurs n'ont pas pu apercevoir. C'est cette lumière, quand nous la percevons, qui nous émeut, nous ravit; le sentiment du beau vient de là.

La nature a prodigué partout le beau dans ses créatures ; tout y est fait avec mesure et juste proportion ; tout y est passager, mais tout se pare un moment du manteau de la beauté ; le concert est immense et plein d'harmonie, et, dans ce concert, chaque être, animé ou inanimé, depuis le vent sonore, depuis le flot mouvant, depuis l'insecte, le brin d'herbe jusqu'à l'homme, interprète la beauté par sa parure, par l'harmonie de son chant et la grâce de ses mouvements. Au spectacle de tant de merveilles, l'âme s'émeut, tressaille, elle admire et, comme Jacob, elle dit: Dieu, la beauté vivante, est là, et je ne le savais pas.

L'art a imité, après avoir admiré, et à son tour s'est fait admirer lui-même : à Athènes, le Parthénon, les Propylées, même en ruines, éveillent encore en nous des impressions sublimes, ineffaçables ; la peinture, la musique nous parlent éloquemment par les yeux et les oreilles ; Phidias, Raphaël ont animé le marbre et la toile, leur ont communiqué la flamme qui était en eux, et qui d'eux, pendant la durée de plusieurs siècles, passe encore en nous. Toutefois entre la nature et l'art il y a une différence immense qui les sépare, c'est la distance de la vie à la mort ; les œuvres de l'art, n'ont de la vie que les apparences ; tout vit, se meut dans la nature, tout est mort dans un musée, il n'y a que l'illusion de vivante.

La musique seule semble faire exception, elle n'imite pas la vie, elle est vivante ; elle n'est pas un écho qui répond, elle est la voix même qui chante, cette voix a la spontanéité de celle du rossignol ; il n'y a point pour l'artiste d'original extérieur à imiter, il porte cet original au-dedans de lui-même, et c'est son âme vivante qu'il traduit.

Beethoven, Mozart et tant d'autres ont entendu des voix qui leur venaient du dehors, d'une source inconnue, profonde, communiquant la joie tour à tour et la tristesse, exprimant l'adoration et l'amour. Et si nous, en qui ces voix se répètent, comme à un écho qui répond, sentons notre âme remuée, quels ne doivent pas être les ravissements de l'artiste inspiré !

Le beau se présente à nous à trois degrés différents qui sont comme une gamme à trois notes, unies par des notes intermédiaires : le joli, le beau, le sublime ; une fleur est jolie, un grand chêne, un cèdre sont beaux, le spectacle du soleil à son lever ou à son coucher dans un ciel pur ou au sein des nuages est sublime. Ces trois

18

degrés dans le beau se traduisent par trois degrés correspondants dans le sentiment qu'ils provoquent : la grâce qui est dans une fleur nous charme doucement, la force du chêne nous étonne, un coucher de soleil nous ravit.

Le sentiment varie de même avec l'objet particulier du beau, beau physique, beau moral, beau métaphysique : une jolie figure nous attire comme les fleurs ; la vertu demeurée ferme au milieu des épreuves nous l'admirons, et l'idée d'unité, comme celle de cause souveraine, nous trouble.

A la lumière du beau s'ajoute une lumière nouvelle et distincte, celle du bien, et comme conséquence naturelle, le sentiment du bien confine à celui du beau, comme celui-ci confine à celui du vrai, qui sont les trois degrés de l'être dans son intégralité, hors desquels sont l'erreur, le laid, le mal, trois négations de l'être, de la vie.

Bien que confinant ensemble, le sentiment que nous éprouvons devant une belle œuvre n'est pas le même que celui que nous fait éprouver une œuvre bonne : la première procède de l'intelligence, de l'imagination et du goût ; la seconde vient du cœur ; la beauté brille, on l'admire ; la bonté se donne, on l'aime ; l'une nous charme, l'autre nous touche, nous attendrit ; le beau est surtout contemplatif, même chez l'artiste qui le reproduit ; le bien dans son essence est actif, il faut qu'il prenne corps et vie pour être le bien ; le concevoir ne suffit pas, il faut le faire ; le bien comme le beau n'appartient pas à l'art, il est toujours une réalité vivante, agissante, dans la nature et en nous. C'est par lui, par l'amour que tout est fécond et vivant ; l'amour est l'intarrissable mamelle où puisent tous les êtres dans la nature ; et, dans les sociétés humaines, malgré nos durs égoïsmes, que d'œuvres bonnes on lui doit, depuis le denier de la veuve tombé dans le sein du pauvre, jusqu'à ces institutions innombrables où toutes les infirmités, toutes les faiblesses, celles de l'âge, celles de l'esprit et du corps, trouvent un refuge, des soulagements !

De même que le sentiment du bien, le sentiment du juste naît en nous, moins à la suite de l'idée que de la réalisation du juste ; il a moins sa source dans l'imagination et la sensibilité que dans l'intelligence et la raison, surtout dans la volonté, lorsque celle-ci intervient pour le faire prévaloir sur les passions et sur les intérêts ; le juste est le vrai moral ou pratique, car, au point de vue moral, l'acte n'a toute sa vérité que quand il est juste ; quand il ne l'est pas, il y a manque, défaut : l'arbre qui monte droit, selon sa vraie nature, est plus vrai que celui de même essence qui se courbe tordu ou qui rampe. Voir clair c'est voir juste ; pour faire juste, il faut voir clair.

Le sentiment qui accompagne le juste dans les communes actions de la vie est faible, si on le compare au sentiment du beau et du bien ; le juste n'est alors que le premier degré du bien et le sentiment est dans cette mesure : pratiquer les devoirs ordinaires de la vie, payer à autrui ce qui lui est dû, donner ses soins aux affaires de son état, peuvent procurer la paix, les joies, si l'on veut d'une bonne conscience ; joies sensibles, sans doute, mais calmes, et que l'âme, par le fait de l'habitude, ne sent que faiblement. A cause du juste, au contraire, sommes-nous aux prises avec l'adversité ; pour le faire prévaloir en nous, faut-il résister aux prétentions injustes et néfastes de la tyrannie, prêter son concours au triomphe d'une cause juste et pour cela sacrifier son repos, ses biens, sa vie, alors l'âme s'élève au-dessus d'elle-même, et le sentiment que nous éprouvons devant ce spectacle est d'une grande force, une passion presque divine.

Si le spectacle du juste aux prises avec l'adversité nous émeut si profondément, le spectacle de l'injustice triomphante, de la vertu persécutée, ne nous émeut pas moins d'un sentiment contraire d'indignation, de sainte colère ; les violences imméritées, l'abus de la force nous révoltent ; nous nous sentons atteints dans la personne des autres ; nous reprenons un moment conscience de certaines idées trop facilement oubliées dans l'énervement des sens ; nous remontons vers les régions pures de la liberté, de la solidarité humaine et des devoirs que l'une et l'autre nous imposent, et, prenant le parti des victimes contre leurs persécuteurs, nous les défendons, si nous le pouvons, souffrant même et mourant avec elles. Tels sont les multiples effets que produisent en nous l'idée et le sentiment du juste.

Saint Louis, sous le chêne de Vincennes, rendant la justice accessible à tous, était vénérable et béni des opprimés, dont il prenait la défense ; le reflet de sa gloire et de sa sainteté n'a pas été terni par le temps. Tibère, Néron et tant d'autres sont encore l'horreur des hommes.

Enfin le sentiment de l'infini, sentiment de grandeur, de terreur, de trouble, peut naître à la vue et à la pensée de tout ce qui porte quelque empreinte ou image de l'infini : L'immensité de l'espace, l'éternité du temps, la conception de l'idée d'être dans sa plénitude, de l'absolu, etc., nous troublent ; celles de substance une, de cause première impriment dans nos âmes le sentiment, que dis-je ? le besoin de l'adoration.

Trouvez-vous sur une haute montagne, d'où l'horizon se développe immense devant vous.

Lorsque le vent souffle du large, voyez les vagues écumantes, marchant de front, creusant des abîmes, se redressant comme des coursiers qui se cabrent et allant se briser au rivage.

Par une nuit d'été calme et sereine, peut-être avez-vous vu la nuit avec son cortège d'étoiles ?

Dans le silence imposant, et dans le recueillement général, ne vous êtes vous pas recueilli vous-même ? Ces espaces, ces forces que vous ne pouvez mesurer, n'ont-ils rien dit à votre cœur ? Faibles images de l'infini. Le sentiment qu'il fait naître n'a rien d'humain, pour ainsi dire, et l'art est impuissant à le provoquer ; les vastes cathédrales sont encore trop étroites pour le contenir. Ce sont ses propres œuvres seules qui peuvent nous en donner le sentiment et l'idée ; seules, elles en portent quelque trace, et notre imagination franchit encore, sans peine, les limites lointaines, où nos sens sont bornés.

Puisque à chacun des degrés ou formes de l'être correspond en nous un sentiment distinct et profond, nous pouvons, par là même, reconnaître l'harmonie qui existe dans l'âme humaine entre la sensibilité et la raison : la raison découvre l'être et notre cœur le sent et le sentiment du cœur est aussi une preuve de la présence et de l'action de l'être en nous. C'est par la seule émotion éprouvée que la plupart des hommes, ignorants et inattentifs, perçoivent l'être à tous ses degrés, et que, sans pouvoir ni vouloir analyser leurs sentiments, ils ne pensent pas pourtant en être les jouets, comme de choses irréelles ; la sensibilité en eux voit plus et mieux que l'esprit, et quoique voyant obscurément ils croient à l'objet du sentiment qu'ils éprouvent.

L'être, sous la forme du bien, du beau, du juste en particulier, charme tout le monde, même ceux qui, distraits, ne les comprennent pas ; ce qui le prouve c'est que le mensonge, l'injustice, le laid, le mal, qui sont le contraire de ce qui nous charme, nous font éprouver un irrésistible sentiment de réprobation ; nous les détestons, nous les haïssons ; ainsi, la preuve de la réalité de l'être et de l'amour qu'il nous inspire est dans sa négation même : le mensonge, à sa manière, rend hommage à la vérité, comme la nuit montre l'excellence du jour ; ce qui est laid est repoussant, bien loin qu'il nous attire ; le mal est pire encore, nous protestons tout haut ou tout bas contre celui dont nous sommes les témoins ; c'est que le laid, le mal, l'erreur, l'injuste, sont le défaut, le manque d'être, des néants, et qu'ils ne peuvent être pour l'esprit un aliment qui le fasse vivre.

Les sentiments et idées que nous venons de décrire décident souverainement de nos affections ; ce sont eux qui les règlent sous les noms d'amour et de haine ; nous aimons, en effet, dans les autres, ce qui est vrai, ce qui est beau, ce qui est bon, ce qui est juste ; nous détestons également ce qui est faux, l'erreur et le mensonge, toutes les laideurs et le mal sous toutes ses faces.

Qu'on ne se méprenne pas pourtant sur notre pensée, les idées souveraines, décrites ailleurs, et sur lesquelles nous nous sommes arrêtés ici une seconde fois, résument l'Intelligible et sont la vraie vie de l'esprit et du cœur, la sève qui l'entretient, la lumière qui l'éclaire ; mais elles ne nous font pas dédaigner les sensations du monde extérieur, semées à tous les pas sur notre route : le chaud et le froid, le doux et l'amer, le haut et le bas, le clair et l'obscur, le repos et le mouvement, etc., etc., sont des réalités aussi, mais ni morales ni intelligibles ; elles affectent l'animal comme l'homme et il ne faut pas qu'elles usurpent en nous un rôle qui ne leur appartient pas ; au point de vue où nous nous mettons, elles ne valent que par leurs rapports avec l'Intelligible, en nous, avec les idées ; leur véritable rôle se rapporte en nous à l'animal.

Nous avons remarqué, en divers endroits, l'harmonieux accord qui règne entre les idées pures et les sentiments qui naissent à leur suite ; ce sont ces sentiments, ces idées qui sont la meilleure sauvegarde du bien. Les idées brillent en nous, inextinguibles malgré les fumées obscures qui viennent d'en bas ; les sentiments, à leur tour, brillent à leur manière, lumière pour la partie sensible qui est en nous. Heureux celui qui met son appui sur la vérité, qui recherche la beauté souveraine, qui la reconnaît et l'adore dans les œuvres de ses mains ! Heureux celui que la grâce inépuisable du bien attire, reconnaissant du peu qu'il a reçu, faisant remonter tous les biens à la source d'où ils jaillissent !

Nous avons beau écarter ici le nom de Dieu de toutes nos méditations, il vient, malgré nous, sous notre plume, comme si on ne pouvait penser sans lui, puisque tout l'être est en lui ; il est le soleil qui éclaire et réchauffe la vie ; il est la vie elle-même qu'il a répandue dans les créatures, et celles ci n'ont de vie et de chaleur, de vérité, de beauté et de grâce que ce qu'il en a mis de lui dans chacune. Et par là se justifie ce que nous disions plus haut, que le beau, le vrai, le bien, sont tout l'être aimable que nous pouvons aimer dans les contingents. Ces biens, ces trésors de l'âme sont au pouvoir de chacun ; sans altération, ni diminution, nous le possédons en nous à toute heure, si nous le voulons, et nul ne peut nous en déposséder. La source en est en nous, car nous sommes en Dieu ; il est la source lui-même de tout ce qu'il y a de vrai et de bon en nous, et il se communique à nous, quand nous le cherchons ; c'est là la communion universelle, où tous les hommes, tous les êtres communient doublement, avec Dieu et entre eux ; par là seulement ils peuvent sentir et dire qu'ils sont frères ; les intérêts, les égoïstes passions les ont désunis, les idées les rapprochent ; elles sont le fonds commun inaliénable ; elles sont la revendication de tous les droits méconnus. C'est en leur nom seulement qu'on peut dire : Il n'est pas permis d'opprimer, d'écraser les faibles, etc., etc.

Tout le monde moral tient à quelques idées, qui en sont la base ; tous les sophismes, toutes les négations n'ont pu les altérer ; supprimez-les et la nuit s'étendra sur le monde ; c'est que l'intelligence et l'intelligible sont faits l'un pour l'autre ; les idées éclairent notre esprit, comme la lumière du soleil éclaire nos yeux ; elles réjouissent nos cœurs, comme les premiers rayons du jour réjouissent tous les êtres de la création. Que n'avons-nous les accents du fils d'Ariston, de Paul de Tarse et du fils de Monique, pour chanter cette merveille ! *Fecisti nos ad te, Deus, et inquietum est cor nostrum donec requiescat in te.*

Lucrèce, non moins épris peut-être pour les choses de l'esprit, sans avoir pu s'élever jusqu'au centre radieux d'où elles émergent, a quelquefois les mêmes accents ; il connait les régions sereines, *templa serena*, où vivent les sages, il s'élève jusqu'à ces régions, et il plaint les hommes de leur aveuglement.

O miseras hominum mentes ! o pectora cæca !

Aveugles, en effet, les yeux qui se ferment sur les choses divines, impérissables, qui ne veulent voir que les apparences fugitives et souvent trompeuses. Les biens terrestres nous échappent, ceux de l'esprit nous consolent de leur perte et nous restent ; chacun peut en jouir pleinement et personne ne peut nous en ôter la jouissance ; quels biens sont d'un prix égal ?

La vie est courte, nous la voulons agréable, et trop souvent nous employons les moyens qu'il faut pour l'attrister ; dans la mêlée sanglante où les hommes s'agitent, les idées apparaissent comme des phares lumineux, pour éclairer notre route et fortifier ainsi nos cœurs.

Suave mari magno, turbantibus œquora ventis.
E terrà magnum alterius spectare laborem.

Qu'il nous soit permis de montrer, ici, par un exemple presque familier, le rôle salutaire des idées : A cette heure, dans notre pays, on discute violemment l'idée de patrie et on attaque l'armée qui est instituée pour la défendre ; antipatriotes et antimilitaristes s'en prennent au chauvinisme mal éclairé quelquefois et la bataille commencée continue. Jugeons les deux partis.

Il y a dans l'idée de patrie concrétisée dans le sol et la race, les idées, simples en elles-mêmes, mais fort complexes dans le cas présent, de bien public, d'unité et d'ordre ; et, plus précises et plus claires, les idées de loi et de devoir ; il y a comme moyen, comme organes, au service de ces idées, pour les maintenir, les tribunaux et la force armée.

Les idées seules suffisant à quelques-uns, le bien général à réaliser leur fera observer les lois dans l'intérêt de l'ordre et de l'unité. Les choses n'iront pas de même, si les intérêts contingents et particuliers, pêle-mêle, sont seuls écoutés ; le lien social se trouvera vite relâché, bientôt dissous.

Devant le spectacle d'ambitions avouées ou dissimulées, de malversations, d'inégalités flagrantes, de discipline invoquée pour courber, disent-ils, les résistances d'esclaves révoltés, les antipatriotes arguant de ces faits et ne faisant aucun compte des idées vivantes et fondamentales, battent en brèche l'armée et la patrie, dont elles sont le fondement et la sauvegarde.

Ainsi, des deux côtés à la fois, sont mises en danger l'armée et la patrie, par ceux qui les défendent, pour les exploiter à leur profit et par ceux qui les répudient, les voyant ainsi exploitées.

Il n'y a que les idées qui demeurent sans souillure, qui résistent à toutes les mauvaises volontés ; mais elles ont des ailes, elles s'envolent, se déplacent, s'arrêtent ailleurs dans des intelligences plus éclairées et dans des cœurs bénévoles et fermes, et leur départ présage les catastrophes.

CHAPITRE XLIX

De l'activité en général.

Nous avons commencé par les sens et continué par l'intelligence, nous finissons par l'activité : être sensible, intelligent et actif, tel est l'homme.

La sensibilité extérieure s'exerce par les sens ; la sensibilité interne n'a point d'organe particulier, elle se manifeste à la suite des idées et les complète, si l'on veut, à sa manière, par cette manifestation.

L'intelligence, sous des noms divers, exerce diverses fonctions, elle est raison pure, intuitive et discursive, mémoire, abstraction et généralisation, jugement et raisonnement, enfin imagination.

Percevoir des idées ou images par les sens ou l'intelligible par l'intelligence n'est pas tout l'homme ; l'activité le complète, qui traduit les idées par des actes. Sans doute que l'activité est inséparable de la plupart des fonctions intellectuelles, on ne raisonne pas passivement, abstraire, généraliser, imaginer, sont des opérations essentiellement actives, mais l'activité n'est là qu'un moyen ; nous la devons considérer quand elle joue le premier rôle, lorsque l'acte n'est plus un moyen au service de la pensée et l'accompagnant, mais la fin voulue, au contraire, et la suite de la pensée, que la pensée accompagne, à son tour, dans les actes non point spéculatifs, mais volitifs.

Nous analysons l'esprit humain pour le mieux connaître, nous lui supposons des parties qui sont ses facultés et que nous étudions à part, comme s'il y avait des parties dans l'esprit humain, comme si les facultés que nous distinguons étaient distinctes l'une de l'autre dans la réalité et ne se connaissaient pas et ne concouraient pas toutes simultanément à la connaissance et à l'action. Si l'activité joue un rôle important dans les opérations de l'intelligence, l'intelligence, à son tour, ne joue pas un rôle moindre dans le phénomène de l'activité ; que la pensée soit lente ou rapide, spontanée ou réflexe, complexe ou simple, elle intervient dans tous les actes où se manifeste notre activité. Elle combine longuement quelquefois ce que le moi fera ; c'est elle qui propose, elle qui commande ou diffère l'action ; le plus souvent c'est un éclair instantané, presque imperceptible, une lueur à peine aperçue, qui détermine le mouvement, l'action ; volonté réflexe dans le premier cas, l'activité est instinct ou habitude dans le second.

Cette double activité est si bien mêlée à l'intelligence, elle est si inséparable d'elle qu'il semble que ce soit en elle, surtout, que l'activité se concentre, et que l'intelligence alors la résume tout entière : c'est elle qui prépare les moyens, qui voit le but, c'est le jugement qui décide s'il faut ou non passer à l'exécution ; l'activité, si on la sépare de l'intelligence et de la raison, n'est au fond qu'une force aveugle, qui, impuissante à diriger la barque, la pousserait à l'écueil. Il est vrai que l'acte se distingue nettement quand même de la spéculation, et que vouloir et agir ne se peuvent confondre avec penser ; la contemplation oisive ne sort pas d'elle-même, l'active intelligence n'y demeure pas confinée ; elle exerce son action sur les pensées elles-mêmes, sur les autres intelligences, et, dans une certaine mesure, sur les choses du dehors, les contingents, de quelque nature qu'ils soient, inconscients, qu'elle modifie, qu'elle dirige et soumet comme esclaves faibles et dociles.

Lorsque l'activité interne, après avoir pesé, examiné, délibéré, prend le parti d'agir ou de ne pas agir, elle s'appelle volonté ; et, si le parti qu'elle a pris elle pouvait ne pas le prendre, l'acte de la volonté devient alors un acte libre ; de telle sorte que la liberté, si elle existe, implique la volonté et celle-ci l'activité ; mais le contraire, tant s'en faut, n'est pas toujours vrai ; l'acte n'est pas toujours volontaire, et l'acte volontaire n'est pas toujours un acte libre. Que de choses nous faisons avec ou sans notre volonté, qui ne sont pas libres ! Que de choses que nous ne faisons pas et que nous voudrions faire ! Dans le langage ordinaire cependant, acte volontaire et acte libre se confondent souvent, la volonté n'agissant, en effet, pour l'ordinaire, qu'après s'être déterminée librement à la lumière de l'intelligence.

CHAPITRE L

De la liberté. Restriction apportée à la liberté par les lois naturelles.

Sommes-nous réellement libres ? La thèse de la liberté a été, de tout temps, soutenue par le plus grand nombre, elle a été niée par quelques-uns ; elle l'a été, d'ailleurs, avec passion, tant par les uns que par les autres. Abordons-la avec calme nous-même, si cela se peut.

Théoriquement, c'est-à-dire, en pensée, et lorsque rien ne vient gêner notre action, nous sommes libres ; nous avons besoin des leçons de l'expérience pour restreindre l'excès de cette prétention ; bien précaire, bien fragile, en effet, bien bornée est la liberté dont nous jouissons, étant contingents, dépendants et faibles.

Tant qu'il ne s'agit que d'actes indifférents en soi, nous sommes libres, comme le sont les plateaux d'une balance, que rien ne fait incliner ni à droite ni à gauche. La liberté n'est alors qu'une conception de l'esprit, un possible dont nous avons conscience. Certains philosophes parlent avec satisfaction de la liberté que nous avons de mouvoir, à notre gré, bras ou jambes, d'avancer et de reculer, etc. C'est là un premier pas vers l'acte libre, en effet, mais le pas d'un enfant qui s'essaie à marcher ; laissons ces philosophes triompher à leur aise avec cette liberté enfantine dont ils se réclament. Ne suffira-t-il pas d'un souffle pour faire pencher irrésistiblement la balance ?

En face de la nature et de ses lois, sommes-nous également libres ? La question change un peu et se précise, et la réponse n'est plus la même, quoique non moins certaine. Nous ne sommes pas libres, nous ne pouvons nous affranchir des lois ni les changer ; elles s'appliquent en nous comme autour de nous, à tous les êtres sortis du sein de la nature. Nous sommes des êtres dépendants, assujettis à des nécessités, à des besoins auxquels nous ne saurions nous soustraire. La loi du ventre plie impitoyablement tous les hommes, et cette loi, toute simple en apparence, est d'une grande complexité ; il y a nécessité pour chacun de pourvoir à sa nourriture, à son vêtement ; nécessité d'y pourvoir à la sueur de son front par son travail, son industrie. Il peut y avoir, il y a en effet diversité de moyens et liberté dans le choix de ces moyens, mais liberté apparente plus que réelle, puisqu'elle est subordonnée quand même à la nécessité de vivre ; encore ne parlons-nous pas ici de mille entraves, de mille contraintes qui s'exercent en dehors de cette loi générale et de par d'autres lois également naturelles. Comment réagir contre la fièvre, contre la vieillesse, et, dans une certaine mesure, contre certaines passions ? Comment résister toujours aux entraînements de la jeunesse ? Dans cet ordre de choses nous ne sommes qu'un fétu, un jouet entre les mains de la nature.

On nous dira qu'il faut faire appel à la raison pour s'abstenir, faire appel, au contraire, à son énergie pour agir et secouer sa paresse ; il n'est pas dans le sens de la nature que l'homme s'abstienne toujours ; si elle fait naître les fruits, si elle excite nos appétits, ce n'est pas pour que nous refusions ses dons. Le rôle de la raison sera d'intervenir pour régler et modérer l'usage que nous devons faire ; mais l'appétit, le besoin, l'usage, même réglé, ne nous laisseront pas une liberté entière.

Toute loi est restrictive de la liberté ; ou elle prescrit de faire ce que nous ne voulons pas, ou elle interdit ce que nous voudrions, et nous sommes assujettis à la loi ; devant elle donc, et à cause d'elle, nous ne sommes pas entièrement libres.

Cette restriction par la loi est-elle un mal ? Tout est réglé dans la nature, pourrions-nous ne pas l'être, comme tout le reste, dont nous faisons partie ? Et, parce que nous le sommes, avons-nous le droit de nous plaindre de n'être pas libres ? Certes non. La règle pour nous vaut mieux qu'une liberté désordonnée, la règle est la condition de l'ordre, de la vie ; la liberté sans l'ordre est source de mal et de mort.

La cause première, la divine organisatrice, n'a pas pu abandonner les créatures à elles-mêmes ; voulant que son œuvre vive, elle les a soumises à des lois ; une liberté sans frein ne se pourrait concevoir dans des êtres contingents. Nous ne sommes et ne pouvons être libres que dans le sens de la nature et dans la mesure où elle l'a voulu. Ainsi donc les lois de la nature nous astreignent, nous contraignent, nous, comme tout le reste, et notre résistance à ces lois, sous prétexte de liberté, si elle était possible, outre qu'elle serait un aveuglement manifeste, à raison de notre impuissance, causerait encore notre destruction.

Quelle liberté nous reste-t-il donc ? Nos actes s'enchaînent logiquement comme nos pensées ; l'un précède, il est le premier, et l'autre suit ; les passions ont leur logique comme la raison, car ce n'est pas de la logique seule que la raison emprunte sa force ; on peut raisonner sans inconséquence sur les choses les moins raisonnables ; mais dans ce cas étant partis de principes erronés, nous étant mis à de faux points de vue nous arrivons logiquement à des conclusions finales également fausses et erronées. Quant au milieu du chemin, où l'on s'est engagé, on prétend être libre encore de revenir sur ses pas ou de prendre une autre voie, à droite ou à gauche, on n'a plus cette liberté entière, la logique toute seule vous pousse jusqu'au bout du premier chemin ; des habitudes se sont formées quelquefois, des engagements pris, qui ne vous permettent plus de revenir en arrière ; logiquement donc et par voie de conséquence, cet enchaînement des idées et des actes, qui s'appellent et se tiennent consécutivement les uns les autres, est-il compatible avec la liberté ?

La liberté existe au point de départ, alors que le choix entre plusieurs contraires s'offre à nous, mais dans la limite seulement des lois où notre activité se peut exercer, dans la limite aussi de notre intelligence et de nos facultés en général ; c'est là le moment décisif, celui où nous jouissons le mieux de notre libre arbitre.

Xénophon raconte que dans un songe Hercule, jeune encore, vit deux femmes l'attirant chacune : la volupté et la vertu ; Hercule choisit cette dernière, et avec elle il accomplit les douze travaux qui l'ont rendu célèbre.

Une fois que notre parti est pris, que notre choix est fait, nous ne sommes plus également libres, la liberté est plus dans le choix, dans la délibération qui précède, que dans les actes qui suivent ; le pour et le contre étant mis dans une balance, nous penchons naturellement, pour l'ordinaire, du côté du poids le plus lourd.

A partir de ce moment, notre liberté n'est plus la même et chaque pas que nous faisons dans une voie nous détourne d'autant de toute autre. Sans doute la raison ne nous abandonne jamais entièrement, mais les passions, les intérêts ne nous abandonnent guère davantage ; ils nous parlent un autre langage et ils nous parlent plus haut qu'elle trop souvent. Cette raison, caractérisée surtout par les idées pures et les aspirations qui en viennent, est-elle à son tour compatible dans une certaine mesure avec nos appétits ? Ou doivent-ils s'exclure les uns les autres ?

CHAPITRE LI

Nos penchants sont-ils un obstacle invincible à la liberté ? Comment peuvent-ils se concilier ensemble avec elle ?

A n'envisager les choses que d'une manière abstraite, la conciliation entre les appétits et les idées semble, de prime abord, impossible : l'absolu ne se peut facilement accommoder avec le relatif, le nécessaire avec le contingent ; l'un incorruptible, l'autre sujet à la corruption. Pourtant, l'être contingent ne saurait vivre sans l'absolu, et celui-ci, parce qu'il a enfanté celui-là par amour, doit, par amour aussi, ne pas s'éloigner de lui, le renoncer ; ainsi l'amour les rapproche, quand leur nature les sépare.

Les passions, plus ou moins violemment, nous entraînent ; avec plus de calme et moins d'empire la raison nous retient. En celle-ci est la règle morale, la loi ; or, nous sommes à la fois passion et raison, et bien qu'incompatibles métaphysiquement entre elles, elles ne se peuvent séparer en nous ; il faut donc qu'elles vivent ensemble. Un homme en qui la passion parle toute seule est bien près de la folie ; celui qui n'écouterait jamais que la raison, s'il en existe ainsi, serait un véritable automate. Ce n'est pas ainsi que la cause première nous a créés. Il faut donc que, dans une certaine mesure, l'absolu de la loi fléchisse et ne soit pas un obstacle invincible à la satisfaction des besoins naturels, en bridant tous nos appétits ; la loi serait alors la négation même de notre nature ; l'auteur de la loi et de la nature n'a pas pu vouloir cette contradiction dans son œuvre.

Il faut, sans doute, commander à ses sens, c'est-à-dire ne pas leur céder l'empire sur la raison ; mais la raison ne cesse pas d'être la raison, parce qu'elle condescend à la nature, cette condescendance n'est-elle pas aussi un acte raisonnable ?

Sustine, abstine, disaient les Stoïciens ; c'étaient là deux principes sublimes, si l'on veut, tout au profit de l'absolu, résumant en deux mots faciles toute la loi, mais fort en contradiction avec la nature ; c'était comme deux arcs dont la corde était si fort tendue que, même chez les adeptes les plus fervents, elle devait se rompre à tout instant.

En face des Stoïciens, les disciples d'Épicure, fort dégénérés de leur premier maître, recherchaient le plaisir avant tout, la satisfaction des sens, et ramenaient ainsi l'homme à l'animal ; le plaisir était la loi souveraine, l'unique loi, dictée par les seuls appétits. La raison, la vertu, qui, par elle, nous invite souvent à nous abstenir, qui met le devoir au-dessus du plaisir et ne s'accommode pas de tous les moyens, comme la volupté épicurienne, cette raison sévère, qui n'accordait rien à la nature, ils la dédaignaient. Ainsi, la lutte existait entre deux principes ennemis, dont l'un semblait être la négation de l'autre ; que devenait alors la liberté ? Elle résidait, sans contredit, à l'école du Portique, avec les Stoïciens, mais, impuissante, stérile, reléguée dans une vaine abstraction, parce que la nature était bannie de cette école, la nature, hors de laquelle on ne peut vivre.

Elle résidait aussi, d'une certaine manière, chez les Épicuriens, mais elle y était licence, avec le mépris de la raison et de la règle, de tout ce qui pouvait gêner l'homme dans la recherche des plaisirs, la satisfaction des sens et de l'orgueil.

Entre ces deux extrêmes incompatibles, et pour échapper au double danger d'une liberté qui étouffe la nature et d'une licence qui la corrompt, il n'y a, nous semble-t-il, qu'à corriger, à tempérer l'un par l'autre. Nous avons de par la nature, notre mère commune, les pieds, les mains, tous les sens, qui tiennent à la terre ; et, de par la raison nous voyons, à travers bien des nuages sans doute, une lumière pure, qui n'a pas sa source dans la nature, vers laquelle, invinciblement, l'esprit s'oriente toujours ; que devons-nous faire ? ou mieux que devons-nous croire et conclure ? La réponse d'elle-même se tire de ce qui vient d'être dit : Puisqu'il y a une loi et qu'il ne peut se faire qu'il n'y en ait pas une, les sens et les appétits étant aveugles et ne représentant que l'incohérence, il est évident, puisque la loi est restrictive de la liberté, que notre liberté a et doit avoir des bornes ; mais comme la loi nécessaire est sage et bonne, réfrénant la déraisonnable licence, il est non moins évident que le frein, la restriction, qui existent du fait de la loi, sont bons et sages comme elle.

D'autre part, puisque les sens, même contenus sagement par la loi, ont des exigences, des besoins impérieux, mais conformes à l'ordre, auxquels nous ne pouvons ni ne devons nous soustraire ; puisque la nature, conséquente avec elle-même, nous a mis, pour ainsi dire, sous la main, les moyens de les satisfaire, qu'elle nous y invite de toutes les manières ; puisqu'elle n'a pas été moins sage, en créant le besoin, de créer le moyen, et qu'il y a un accord évident entre l'un et l'autre dans l'intention de la cause créatrice, nous ne serons pas loin de la vérité, en disant que la liberté doit être de jouir des biens que la nature nous a prodigués, mais dans la mesure du besoin et sous la surveillance modératrice de la raison, dans les limites de la règle prohibitrice de tous excès. Le plaisir est dans l'ordre comme le besoin, et la satisfaction du besoin est la mesure du plaisir permis ; nous sommes des êtres intermittents, pour ainsi dire, nous avons besoin de nous réparer, de nous renouveler sans cesse, comment le pourrions nous efficacement sans l'attrait du plaisir ? il est l'assaisonnement qui relève la fadeur du mets et assure la continuité de la fonction.

Nous n'avons parlé jusqu'ici que des besoins et passions naturelles, forces expansives que doivent contenir et modérer les lois instinctives et rationnelles, que nous trouvons dans notre double nature ; la cause créatrice a su proportionner la restriction à l'exercice salutaire de la liberté.

CHAPITRE LII

Obstacles à la liberté venant des hommes.

L'homme se meut à l'aise dans ce réseau de mailles, souvent imperceptibles, qui le bornent sans le gêner.

Il a été, lui, moins libéral que la nature, c'est lui qui a fait l'esclavage, qui a muselé la liberté par des lois de fer ; c'est lui qui s'est déchargé sur ses frères, des redoutables effets de la loi du ventre, qui a même aggravé singulièrement cette loi par l'insatiable passion d'un luxe inutile. On dit l'arsenal des lois, il y en a, en effet, un grand nombre dans nos codes, armes souvent perfides, forgées presque toujours par des oligarchies, pour contenir la multitude.

Anacharsis le Scythe, étant venu de son pays pour voir Solon, se moquait des lois écrites que celui-ci avait données à Athènes, lui disant qu'il avait tendu des toiles d'araignée, où se prendraient les petites mouches, mais que déchireraient sans peine les gros frelons.

Pourtant, cet attirail formidable de répression n'a pas suffi à l'homme ennemi de lui-même, il y a ajouté la tyrannie de l'usage, de l'opinion, des besoins inutiles qu'il s'est créés. Est-il libre celui que le respect humain enchaîne ? Celui qui a contracté quelque habitude ? Est-il libre celui qui, déchu, n'ayant qu'une liberté amoindrie, ne sait pas s'imposer quelque privation pour la reconquérir tout entière ?

Nous ne voulons pas nous étendre sur toutes ces considérations relatives aux lois politiques et sociales, qui, dans tous les temps, ont si gravement atteint la liberté ; nous sortirions de notre sujet si dans l'homme nous considérions le citoyen et non pas l'être sorti des mains de la nature, avant que des causes diverses aient altéré son caractère. Nous considérons ici l'âme, non pas dans l'état de lutte et d'impuissance, auquel ont pu la réduire les forces du dehors, mais dans l'état, dans le jeu de ses facultés natives, nous contentant de faire remarquer que l'invincible résistance, l'imprescriptible protestation contre tout despotisme est une manière aussi de prouver et d'affirmer la liberté.

Résumant notre pensée, en dehors de cette liberté vaine, qui se perd et s'évanouit dans l'infiniment petit d'un geste indifférent, nous ne sommes pas plus libres, rappelant une précédente comparaison, que ne l'est une balance, quand on met des poids en surcharge dans l'un des plateaux ; celui-ci, fatalement entraîné, descend, et l'autre monte, devenu d'autant plus léger ; il n'y a eu qu'un moment presque imperceptible où la balance a été libre, celui où l'opérateur décidait, s'il mettrait les poids dans l'un des plateaux et dans quel il les mettrait. C'est de cette manière que sont libres la plupart des actions des hommes ; leurs mouvements se heurtent tantôt à la nature, tantôt à la raison, à l'usage, le plus souvent aux intérêts ; de part et d'autre également gênés ; si bien qu'il est presque moins question ici de la liberté dont ils jouissent, que de celle dont ils sont privés, et de ce qui y fait obstacle.

Ainsi est libre le cheval, libre d'aller où veut et du pas que veut son maître ; sa crinière flottait, ses naseaux fumaient dans la prairie ; il est attelé, châtré maintenant, sa jeune ardeur s'est ralentie, l'œil est sans feu ;

il ne hennit plus fièrement ; poussif, il éternue à peine.

CHAPITRE LIII

Fatalisme et prescience divine.

Un grand nombre d'hommes, chez les anciens, un grand nombre aussi chez les modernes, les musulmans en particulier, ont été ou sont encore fatalistes ; les uns et les autres, ne voyant que des gênes à la liberté, les ont encore exagérées et ont nié la liberté elle-même ; pour beaucoup, le procès s'est compliqué encore du problème de la prescience divine : Dieu ayant tout prévu, tout réglé d'avance, l'homme ne saurait rien changer à ces règles et prévisions ; si donc il s'agite, c'est en vain, il est le jouet d'une agitation stérile, puisque Dieu le mène. C'était écrit, disent les musulmans résignés ; les catastrophes surviennent, elles devaient survenir ; familles, états, cités vont à la ruine, c'étaient choses prévues ; ce sont là jeux de la fortune, et détournant le sens de la fable :

> On pense en être quitte en accusant son sort,
> Bref, la fortune a toujours tort.

La fortune est, en effet, le dieu, seul agent des fatalistes dans le jeu des événements. Mais, d'après eux-mêmes, si l'indolence endormie a été prévue, l'activité prévoyante ne l'a pas été moins, et elle l'a été la première ; si Dieu ne pouvait pas abandonner sa créature au hasard, s'il a dû lui donner des lois, pour ne pas exposer l'homme sans défense aux coups aveugles et inéluctables de ces lois, il lui a donné, faisant contrepoids dans l'autre plateau de la balance, la raison sagace et clairvoyante pour reconnaître sa route à travers les obstacles et l'énergie nécessaire pour les surmonter ; et, dans les desseins de Dieu, cette prévoyance active, mieux que l'indolence paresseuse et inerte, nous paraît voulue et digne de la liberté qu'elle exerce. L'apathie, qui est une défaillance, ne prouve rien contre la liberté ; elle n'en est que la répudiation et l'abandon par impuissance.

Arrêtons-nous encore un moment sur cette objection tirée de la prescience divine : Outre les lois de la nature, avec lesquelles nos penchants sont en lutte, contre lesquelles pourtant, dans une certaine mesure, nous pouvons librement réagir, auxquelles moins librement, sans doute, nous nous abandonnons, il y a en nous des penchants ou impulsions, plus ou moins en harmonie avec ces lois, qui sans cesse nous sollicitent, plus ou moins en harmonie aussi avec la loi morale, que la cause souveraine, en vue de résultats et fins prévus par elle, a mise en nous comme un frein nécessaire à ces penchants. Au moyen de ces trois facteurs, lois naturelles, penchants ou passions humaines et loi morale, Dieu mène l'homme par des voies à lui connues, vers une fin mystérieuse et obscure pour nous, mais certaine ; car si chacun de nos organes est merveilleusement adapté à une fin particulière, leur ensemble, c'est-à-dire la personne humaine tout entière, ne peut que l'être à une fin générale, sans quoi l'œuvre serait sans unité. Supposant, ce qui est le cas du plus grand nombre, que nous sommes tantôt vaincus, tantôt vainqueurs, dans cette lutte des trois forces qui nous sollicitent, ou vainqueurs, chose rare, par la prédominance de la loi morale sur les instincts, ou vaincus par celle des instincts sur la loi morale, triple hypothèse, comment se peut concilier la prescience divine avec la liberté ? Comment l'homme, s'il est libre, peut-il ne pas s'écarter du plan divin ? ne pas mettre en défaut la prescience divine ? S'il ne peut s'en écarter, comment est-il libre ?

On a répondu à cette objection que nous avions d'un côté conscience d'être libres, et que de l'autre nous savions que les desseins de Dieu, sur ses créatures, devaient s'accomplir ; que nous tenions ainsi les deux bouts d'une chaîne, et que, sans savoir comment, les anneaux intermédiaires se rattachaient entre eux et à chaque bout, notre ignorance ne pouvait cependant ébranler cette double certitude. Bossuet lui-même s'est contenté de cet argument ; qui oserait se montrer plus difficile ? Essayons pourtant d'ajouter quelque explication.

Après avoir établi la liberté comme un fait contre toutes ces négations; après avoir démontré la nécessité de la loi qui la restreint et achemine ainsi, pour ainsi dire, l'homme vers sa destinée, il est clair que c'est dans ce chemin, vers cette destinée, qu'il doit marcher ; non moins clair que par la liberté seule il pourra surmonter les obstacles qui viennent de lui ou de la nature ; la loi morale donc ne l'empêchera pas d'être libre, puisque l'observation de cette loi ne se peut faire que par l'exercice de la liberté ; ce sont les penchants qui nous asservissent, la pratique de la loi qui nous affranchit.

Encore doit-on remarquer que l'observation de la loi n'est pas toujours nécessairement en guerre avec nos penchants naturels : Il faut entretenir son corps en état de santé, lui donner le repos après le travail, la nourriture quand il a faim ; les plaisirs de la table, du sommeil, de l'amour, du jeu, de la conversation, etc., sont des plaisirs permis, qui se peuvent concilier avec la saine morale, comme avec les lois naturelles, s'ils sont modérés ; tandis que mentir, trahir sa foi, abandonner son poste, abuser de sa force, dépouiller l'orphelin, vendre la justice, etc., non seulement sont contraires à la morale, mais encore révoltent notre nature.

Même les lois qui semblent le plus violenter la nature de l'homme, celle du travail, par exemple, nous ménagent, souvent, les plus douces jouissances ; la loi est une, elle commande l'effort ; mais les moyens sont nombreux et divers, et dans ce nombre plus d'un s'offre à nous, non pas avec des répulsions, mais avec des attraits.

La loi morale nous a imposé le travail, n'est-il pas aussi un besoin de notre nature ? Si l'on ne voit que sa nécessité, en une certaine manière et jusqu'à un certain point, nous sommes esclaves par cette loi. Mais le travail, qui nous est imposé, ne l'est pas au delà de nos forces, il ne l'est pas, sans être interrompu par le repos, qui est, non moins que le travail, une loi à son tour ; le travail imposé n'est pas le même pour tous, il varie selon les aptitudes ; il est une récréation aussi, et sans lui nous vivrions comme en léthargie.

La loi du ventre, si voisine de la loi du travail, et plus impérieuse encore, puisqu'elle est une loi de vie ou de mort, se présente dans des conditions analogues : Comme une loi d'asservissement, puisqu'il faut manger deux, trois, quatre fois par jour, plus ou moins, sous peine de ne pas vivre, et que la nourriture ne s'achète que par le travail ; qu'il faut se garder également de trop ou de trop peu nourrir son corps, pour entretenir ses forces dans un sage équilibre ; mais il y a aussi quelque douceur à manger, comme il y en a à dormir ; la fatigue assaisonne le repas, et à chaque effort qu'elle impose la nature a mis une jouissance ; je ne parle pas ici de la grande variété des mets, qui varient d'autant nos plaisirs, ni des fâcheuses indigestions, qui sont moins le fait de la loi du ventre que de la transgression que nous en faisons.

Ainsi les lois et la liberté, même nos penchants, ne sont pas toujours incompatibles ensemble, et, quand on descend dans le détail, on est surpris de voir que l'objection de la prescience divine s'est en partie évanouie, le tout non pas dans l'absolu, mais avec mesure et tempérament.

Si nous considérions l'autre alternative que suppose la liberté ; celle de l'abstention inerte, de la résistance à la loi, nous arriverions bien mieux encore à une même conclusion.

Refusez-vous à tout travail et voyez les conséquences ; si votre maison brûle, n'essayez pas d'éteindre le feu ; ne luttez pas contre les flots, contre la mauvaise fortune ; libre d'abord, la liberté à laquelle vous renoncez, l'apathie à laquelle vous vous abandonnez, ne sauvera ni votre maison ni votre barque. Les vues de la Providence se développent d'heure en heure, avec votre concours ; si vous le refusez, ne comptez pas que Dieu de toute éternité ayant prévu votre salut ou votre ruine, vous a dispensé de tout soin ; il vous a donné les moyens d'assurer l'un et d'éviter l'autre, en cela il vous a laissé libre, libre de vous sauver par l'action, libre de vous perdre par l'inertie, qui est l'abdication même de la liberté.

Caton, dans l'affaire de Catilina, disait que ce n'est pas de courir vers les temples, d'implorer les dieux qui peut conjurer le danger, mais de veiller et d'agir ; contre ceux qui ne font rien, ajoutait-il, les dieux sont pleins de courroux.

Vous êtes libre, vous pouvez agir ou vous abstenir; d'autre part la loi, le devoir commande contre des penchants qui vous sollicitent ; agissez, faites acte d'homme libre par la pratique et l'accomplissement du devoir ; la prescience de Dieu dont vous ignorez les desseins, ne vous autorise à renier ni votre liberté, ni votre devoir ; agissez, le reste ne vous regarde pas; c'est l'affaire de Dieu, non pas la vôtre.

CHAPITRE LIV

De l'instinct, ses principales espèces.

Avant de se sentir libre, l'homme obéit à ses instincts et plus tard à ses habitudes ; et, pour cette raison, peut-être aurions-nous dû ne parler qu'en second lieu de l'activité libre ; qu'on nous pardonne cette interversion.

L'instinct n'est pas facile à définir, ce n'est pas une fonction particulière, mais une faculté générale et complexe, il touche à toutes les autres, mais tient de plus près et par plus de rapports à l'activité. Définissons-le : un penchant naturel, irréfléchi, presque inconscient, invincible, que nous avons à faire certains actes, dans lesquels la nature se met à la place de notre volonté. L'enfant ouvre sa petite bouche et cherche le sein de sa mère ; l'agneau tète aussi la sienne, et tous les deux, sans l'avoir appris, remplissent leur petit estomac, en puisant, par l'aspiration, à la mamelle gonflée de lait. Si le soleil est trop brillant, nous fermons l'œil à moitié ; l'animal, quand il a soif, cherche le ruisseau pour boire ; le chat et le chien connaissent l'herbe propice; c'est instinctivement que nous nous mettons et tenons en équilibre ; la plupart de nos mouvements dans la journée, et durant la vie, se font de même. La nature supplée à notre insuffisance, prévient et corrige nos distractions ; elle a donné à ses créatures, avec la connaissance de leurs besoins, celle des moyens de les satisfaire ; les choses d'elles-mêmes vont d'un train régulier tel que la réflexion délibérée et consciente n'y saurait suffire. Le philosophe lui-même est ainsi entraîné ; c'est à de rares intervalles qu'il s'abstrait du cours régulier des choses, qu'il se donne la conscience réflexe de ce qu'il voit, de ce qu'il sent, de ce qu'il fait. Les voies de la nature sont moins lentes et non moins sûres que celle de nos méditations.

Bien qu'il soit spontané, l'instinct n'est pas livré aux incertitudes du hasard ; il agit en nous généralement d'une manière conforme aux simples lois naturelles de notre être et du milieu où nous vivons ; manquant quelquefois d'expérience, et, sans raisonner, se conformant à la raison ; de telle sorte que l'instinct que l'on accuse souvent d'être aveugle, agit ordinairement avec une clairvoyance nette et une promptitude qui exclut toute hésitation dans les mouvements qui relèvent de lui.

Il y a des instincts de diverses sortes, instincts intérieurs, instincts extérieurs, l'âme agissant seule dans les premiers, les seconds se manifestant seulement par quelque mouvement du corps, tel est l'amour de la vérité et l'horreur du mensonge, telle la rougeur qui monte au front à certaines paroles, tel le mouvement de la main pour parer un coup qui menace la tête.

Il y a des instincts animaux, les uns généraux, comme l'instinct qui rapproche et unit les sexes, lequel nous est commun avec les bêtes, tel encore l'amour maternel ; les autres particuliers à certaines espèces, telles sont les manières diverses dont les oiseaux construisent leurs nids, tels les mouvements et gestes divers par lesquels nous traduisons nos impressions.

Il y a même des instincts qui tiennent à la raison pure ; les idées qui nous viennent de cette source, naissent en nous par une vision immédiate, irréfléchie, irrésistible, comme toutes les choses instinctives ; si bien que la raison pure à laquelle nous les avons rapportées, semble n'être que le centre lumineux d'où elles rayonnent. Nous disons ceci, non pas pour rabaisser la raison, mais plutôt pour montrer comment les idées pures, dont elle est l'organe, s'imposent impérieusement à nous, nous pénètrent sans peine, et sont diffuses, pour ainsi dire, dans tous les êtres de la nature, étant l'élément vital dont tout est pénétré. Le penchant que nous avons à croire à la constance et à la généralité des lois de la nature, qui est une des bases de l'induction est aussi instinctif en nous que la préhension des idées pures, auxquelles il tient par un lien étroit ; nous croyons invinciblement, sans raisonner, à la constance, à la généralité de ces lois ; le raisonnement n'ajouterait rien à la certitude de notre croyance.

Certains instincts sont propres à certains âges, ceux de l'adulte ne sont pas les mêmes que ceux de l'enfant, *trahit sua quemque voluptas*. L'enfant aime le jeu, les plaisirs, les fleurs, le bruit; l'adulte ses intérêts, les honneurs, hochets de l'âge mûr. On voit qu'ici l'instinct ne se distingue pas du penchant, de l'attrait naturel, qui, selon les âges, détermine notre goût et nos actes, pour le satisfaire, relevant tous également, l'attrait, le goût et les actes, des mêmes mouvements irraisonnés de notre nature.

CHAPITRE LV

De la moralité de l'instinct.

L'acte instinctif étant commandé par la nature, irréfléchi, n'est pas un acte moral, et l'auteur n'étant pas libre n'est pas non plus responsable. C'est la réponse, qui découle de la définition que nous avons donnée de l'instinct, réponse communément admise dans l'école ; la responsabilité, s'il y en avait une, devrait remonter, non pas à l'auteur de l'acte instinctif, mais à l'auteur de l'instinct lui-même, qui a tout créé dans l'ordre, l'instinct avec tout le reste ; de quoi l'honneur lui revient, puisque l'instinct relève de lui.

Cette réponse est-elle absolue dans sa générasité ? Embrasse-t-elle tous les cas ? Pour l'animal peut-être, en qui l'instinct est presque l'unique règle des mouvements ; non pas pour nous, qui avons reçu en outre la raison, la conscience et la liberté en partage. Ce qui se rapporte à la conservation de l'individu est de son ressort, dans l'homme, comme dans l'animal ; encore la raison doit-elle intervenir souvent pour corriger, modérer, diriger les impulsions instinctives.

Hors le cas étroit de conservation individuelle, et lorsque l'acte instinctif peut avoir quelque répercussion hors de nous ; lorsqu'il peut affecter, intéresser de tierces personnes ; toutes les fois enfin que notre responsabilité est engagée, le premier rôle assurément est, non pas à l'instinct, mais à la raison et à la conscience ; seule, la raison peut mesurer la portée de l'acte et ses conséquences, et la conscience avertie l'apprécier au point de vue moral, de la justice et du devoir. En vain on allèguerait le besoin de se nourrir, pour s'autoriser à faire des excès à table ; en vain on prétendrait excuser ses violences par l'impétuosité irrésistible de son tempérament ; il faut que la raison et la conscience interviennent, toutes les fois que l'instinct se heurte à quelque loi morale.

Résumons-nous donc en disant que si les penchants naturels ne sont pas en opposition avec quelque loi de notre nature morale, l'acte qui en relève ne relève pas de la morale non plus ; mais ces penchants font-ils obstacle à des obligations morales contraires, sont-ils en lutte avec des droits opposés, des devoirs précis, la conscience nous en avertit, et ce n'est pas le devoir qui doit céder à l'instinct.

Dans les sociétés naissantes, l'instinct naïf, plus que la raison, a été suivi ; mais c'est toujours, à la lumière des idées pures réflexes ou irréflexes, que l'homme, même à travers mille erreurs, a pu se frayer sa voie vers une morale plus pure. Faibles lueurs d'abord, elles ont rayonné de plus en plus, se dégageant, par l'expérience, peu à peu, des ombres qui les obscurcissaient, et, loin d'avoir été démenties dans la suite, elles ont été démontrées d'une manière chaque jour plus éclatante.

Dans les sociétés qui ont vieilli, les idées plus nettes ont grandi et ont exercé, au détriment de l'instinct, un empire plus grand ; mais avec elles a grandi aussi l'égoïsme, et l'égoïsme hypocrite a ramené tout à soi, les idées comme le reste, se prétendant seul en possession de ce qui est beau, du vrai, du bien, du juste ; non qu'il ait pu en réalité accaparer ce bien commun, comme un bien propre, mais il a pu s'en décorer faussement pour son seul profit ; il s'en est fait un précieux monopole et l'innocence ignorante, ressemblant à l'aveugle erreur, a été exploitée, humiliée. On a semé dans les esprits des simples le doute et la raillerie, et par là se sont trouvées obscurcies les idées les plus claires, les plus saines, les plus pures. C'est pourquoi, par une conséquence fatale, les instincts mauvais, les appétits désordonnés ont seuls prévalu chez plusieurs, pour le plus grand dommage commun tant il semble que les idées que nous défendons ici soient la vie des peuples, comme celle des individus, cette vie diminuant, s'éteignant même dans la proportion ou diminuent et s'éteignent les idées. Nous ne disons rien ici de ce qui s'appelle un tic, mouvement automatique, sans rapport ni avec les lois naturelles, ni avec les lois morales, comme est certain mouvement particulier des yeux, un froncement des sourcils ; le claquement de la langue chez certaines personnes à la dégustation d'une liqueur, etc. etc. La manie, relevant de l'habitude, trouvera sa place ailleurs.

CHAPITRE LXVI

De l'habitude.

L'habitude qui est aussi un moteur de notre machine, comme l'instinct est un penchant à faire certains actes, qui nous vient moins de notre nature que de la répétition même de ces actes : C'est comme une maladie chronique que nous aurions contractée. Telle est l'habitude de fumer, tels sont les mouvements souvent répétés, devenus automatiques, dans l'exercice d'un métier.

L'habitude naît quelquefois d'actes que la nature ne commande pas, comme dans les deux exemples que nous venons de citer ; le plus souvent elle naît de la nature même, elle se greffe sur l'instinct, pour ainsi dire : Tels sont les excès habituels de la gourmandise ; les habitudes contraires du travail et de la paresse. Ainsi, la satisfaction d'un besoin, l'attrait naturel, à la suite d'actes souvent répétés dégénèrent en habitudes.

On peut distinguer les habitudes du corps et celles de l'âme ; les habitudes d'être couché sur le côté droit, de boire frais, de manger chaud, d'aller tête nue, etc., ne regardent que le corps ; l'habitude de la lecture, même par les organes des yeux et de la voix, ne relève que de l'esprit. Les professions libérales sont toutes faites d'habitudes de penser : avocat, prêtre médecin, magistrat, financier, se confinant dans le même cercle d'idées et d'occupations font presque tout par routine, c'est-à-dire par habitude ; et l'habitude est telle que nul autre ne peut parler comme eux pertinemment des pratiques de leur profession. En eux, l'habitude devient autorité, et cette autorité se considère, à la longue, comme infaillible à l'égard des profanes qui ne sont pas du métier. Parlez-vous de lois, de théologie, de médecine avec des professionnels, si vous n'êtes ni avocat, ni prêtre, ni médecin, vous vous jetez dans le maquis où se reconnaissent seuls ceux qui le pratiquent ; vous troublez des habitudes.

En vain mettriez-vous un peu de raison à ce que vous pourriez dire, ils sont, eux, la raison même, avec un peu de myopie, de routine peut-être, défaut né d'habitudes étroites.

Entre les habitudes du corps et celles de l'esprit, on peut en trouver qui tiennent à la fois de l'un et de l'autre, comme l'habitude du jeu, celle de la chasse, etc.; la plupart même, disons-le, ne sont pas tellement séparées et distinctes les unes des autres, qu'elles n'aient du rapport ensemble, tout, dans l'homme, de près ou de loin, participant de sa double nature.

Parmi les habitudes de l'esprit, il y en a qui ont trait plus particulièrement à l'intelligence, d'autres à la sensibilité : les habitudes d'un publiciste, d'un philosophe, seront, avant tout, des habitudes intellectuelles ; aimez-vous le théâtre ? préférez-vous les scènes comiques ou les scènes tragiques ? le rire ou les larmes ? la musique à l'algèbre ? vos habitudes s'en ressentiront, elles seront surtout corporelles, sensitives ou intellectuelles. Quelles qu'elles soient, les habitudes résument peu à peu toute la vie chez la plupart des individus, la vie presque entière de la société, tandis que l'instinct, dans la société comme dans l'individu, est et demeure seulement l'invariable voix de la nature. C'est pour cela que la question de l'éducation, qui est celle des premières habitudes, est importante entre toutes, puisque c'est elle qui marque les esprits de premières et ineffaçables empreintes. C'est l'éducation qui prépare l'avenir dans la famille et dans la nation ; aussi s'en est-on toujours vivement préoccupé, et le gouvernement, comme le législateur, loin de se désintéresser de cette question, doivent, non seulement veiller au maintien de l'éducation, si elle est bonne, mais aussi la corriger dans ce qu'elle peut avoir de défectueux, sachant que les facultés de l'enfant sont comme une cire molle qui gardera l'empreinte reçue.

L'habitude qui se satisfait sans frein, sans mesure, c'est-à-dire sans besoin, tenant ou ne tenant pas à l'instinct, s'appelle manie. Les actes qui relèvent d'une manie sont indifférents pour l'ordinaire au point de vue moral, sans qu'ils se justifient au point de vue rationnel ; la manie est irrésistible comme la passion, mais son objet plus petit, ne répondant pas un besoin, elle n'est souvent qu'une démangeaison ridicule.

CHAPITRE LVII

Quelle est la moralité des actes habituels ?

Il n'est pas facile de dire dans quelle mesure l'intelligence et la volonté interviennent dans les actes habituels et d'en déterminer la moralité : Cette double intervention est plus accusée dans les commencements, avant que la répétition des mêmes actes nous ait réduits peu à peu à les faire, distraits, et comme machinalement.

Dans les cas les plus ordinaires, un penchant naturel nous pousse, qui suffit à déterminer nos premiers actes ; ceux-ci en appellent d'autres sous les mêmes impulsions ; ils nous deviennent bientôt un besoin ; ainsi naissent et se forment les habitudes.

Etant donné ce penchant primitif, l'intelligence et la volonté, dans des actes indifférents de leur nature, n'interviennent que faiblement pour l'ordinaire et ce n'est pas à elles qu'appartient le premier rôle ; elles remarquent l'acte, elles pourraient l'empêcher, elles laissent le penchant à lui-même, et c'est bien de lui que l'acte procède; sans effort, il s'échappe de nous, pour ainsi dire ; bientôt nous le répétons, sans songer à ce que nous faisons, il y a distraction, presque inconscience.

Nous ne parlons ici bien entendu que d'habitudes indifférentes, celle de fumer par exemple, de se laver le visage le matin, etc. ; s'agit-il, au contraire, de penchants, d'habitudes, qui constituent, pour ainsi dire, l'être moral d'une personne, nous croyons que la force n'en est jamais telle que l'intelligence et la volonté ne puissent et ne doivent intervenir dans la plupart des actes. Quelle que soit la force des habitudes professionnelles chez un homme public, on peut affirmer que ce n'est pas en homme distrait qu'il procède pour l'ordinaire, et que les habitudes prises ne nuisent en rien à l'intervention active de l'intelligence et aux décisions de la volonté.

S'agit-il d'habitudes morales, celle de la prière, de l'aumône par exemple, du jeu au contraire, de la paresse, etc., la conscience nous avertit, sans jamais se lasser, du bien ou du mal que nous faisons ; l'intelligence et la volonté ne sont jamais endormies, ni leur action entièrement effacée.

Ainsi les habitudes, à la suite des instincts, dont souvent elles relèvent, résument presque notre vie ; rares sont les actes délibérés, longuement réfléchis, exécutés seulement après un mûr examen ; nous ne les décidons, nous ne les faisons que dans des circonstances exceptionnelles, et lorsque l'erreur et la précipitation entraîneraient des conséquences graves. Hors ces circonstances, le courant de la vie est surtout fait d'actes instinctifs ou habituels, sous la surveillance rapide, instantanée de l'intelligence ; les événements de tous les jours n'ont pour nous qu'un intérêt lointain, et ne font sur nous que des impressions passagères ; ils se succèdent, nous les remarquons à peine, au passage. C'est une eau qui s'écoule sur sa pente à petit bruit, ou avec fracas ; l'habitude et l'instinct assurent notre repos, ils nous suffisent.

Ce n'est pas quand l'habitude est prise qu'il faut lutter contre elle, c'est dans les commencements qu'il faut se surveiller, *principiis obsta* ; alors seulement l'âme est en possession d'elle-même, son activité est un ressort tout neuf. Plus tard, l'âme est envahie et le ressort usé ; combien plus grande sera la difficulté de remonter le courant, d'effacer des traces profondes! Combien plus lente sera l'action, combien plus incertains et moins décisifs seront les résultats! Les racines mauvaises ou bonnes ont poussé chaque jour plus avant dans le cœur, absorbant toute sa jeune sève, quels efforts ne faudra-t-il pas faire pour les arracher !

Puisque l'habitude nous plie ainsi à elle et que nous devenons, pour ainsi dire, ses esclaves, quelle est, quelle peut être la moralité des actes qui procèdent d'elle? Sont-ils libres ? et, bons ou mauvais, nous sont-ils imputables ?

Si l'on ne considère que l'habitude en elle-même, c'est-à-dire, le penchant, que des actes répétés ont rendu presque irrésistible, il ne nous semble pas que ces actes aient été faits avec la liberté que requiert un acte moral; n'étant pas libres, ils ne sont pas des actes moraux non plus. Ce sont là des considérations dont il est permis de tenir compte ; mais il en est d'autres dont il faut tenir compte aussi. L'acte qui n'est plus libre pourrait l'être encore, si, à l'origine, l'auteur appliquant son intelligence et sa volonté, faisant effort pour résister à l'habitude naissante, n'avait pas abdiqué sa liberté ; il le pouvait, c'était son devoir de le faire, puisque l'habitude naissante serait mauvaise ; les actes qui ont suivi portent donc par sa faute une tache originelle ineffaçable ; il en est donc responsable dans une certaine mesure, prêt qu'il serait peut-être, dans un cas contraire, à revendiquer le mérite d'un bien, qui serait pourtant également dû à l'habitude.

Dirons-nous que l'auteur est responsable au même degré que si l'acte avait été prémédité, voulu ? Par pitié nous ne le pensons pas; on peut hésiter à se prononcer pourtant. Hélas ! n'est-ce pas la répétition de l'acte qui en augmente la gravité ? puisque la culpabilité se renouvelle à chacun. Un acte isolé peut-être excusable quelquefois, à raison de la fragilité humaine ; un acte habituel a-t-il droit à la même excuse ? La femme dont le mari a l'habitude de boire avec excès n'aura peut-être pas la même pitié que nous, et ne jugera pas que son mari soit plus excusable, parce qu'il s'est plus avili.

CHAPITRE LVIII

De la passion.

L'habitude tyrannique, impérieuse, devient passion.

La passion, qui se rapporte à l'instinct par son origine, et à l'habitude par la répétition des actes passionnels, ne diffère de l'un et de l'autre que par le degré, l'intensité et la durée. On l'a souvent comparée à un orage, à un torrent qu'aucune digue ne peut plus contenir; les passions, en effet, sont des mouvements violents, pendant lesquels l'âme, secouant tout frein, n'est plus en possession d'elle-même par la raison : telles sont les passions du jeu, de l'amour, de la colère, de la jalousie. Lorsqu'elles ne se rapportent ni à l'instinct, ni à l'habitude, elles en diffèrent non plus seulement par l'intensité, mais encore par leur nature : telles sont les passions du jeu, de la chasse, de l'avarice, etc., dont les germes sont sans doute en nous, mais non pas à la manière des instincts naturels, communs à tous. Les unes et les autres ont un degré de force persistante et d'exaltation auquel n'atteignent ni l'habitude ni l'instinct. Quelquefois, surtout si elles rencontrent des obstacles, des résistances, la raison se trouve tellement obscurcie que tous les excès, tous les désordres sont à craindre.

Les natures calmes peuvent obéir aux instincts, contracter des habitudes, conformes à leur caractère, elles sont, pour l'ordinaire, à l'abri des grandes passions ; les natures ardentes, au contraire, se passionnent d'elles-mêmes pour le bien ou pour le mal ; elles ne peuvent se contenter d'un état de tiédeur ou d'indifférence ; le joueur est profondément pénétré par sa passion ; rien ne vaut pour lui le plaisir de tenter la fortune ; aucune crainte, aucune raison ne le détourne ; quand il a tout perdu, qu'il ne peut plus jouer, il meurt.

Ce que nous avons dit de la moralité des actes habituels, avec combien plus de raison nous le dirions des actes passionnels ; ils sont imputables et reprochables les uns et les autres ; on peut accorder quelquefois des circonstances atténuantes ; mais il ne peut jamais être permis de troubler l'ordre en nous ou hors de nous. Est-il troublé en nous par un mauvais désir, une mauvaise pensée, la conscience nous le reproche ; comment donc, d'après nous-mêmes, pourrions-nous admettre qu'il soit impunément troublé au-dehors ?

Par ce que nous venons de dire sur l'activité humaine et ses multiples manifestations nous n'avons pas épuisé le sujet ; nous y reviendrons un peu plus tard, lorsque nous aurons à étudier la règle des mœurs ou loi morale ; peut-être même pourrait-on nous reprocher d'avoir anticipé déjà sur cette autre étude ; il n'est pas toujours aisé de délimiter et de mettre à leur place, dans un sujet, les parties, qui toutes tiennent ensemble.

Nous n'avons voulu, parlant de l'instinct, de l'habitude, de la passion, que décrire les formes par lesquelles l'activité se manifeste, et terminer ainsi l'étude de cette faculté.

CHAPITRE LIX
Du langage en général.

Nous avons étudié jusqu'ici dans leurs généralités et dans quelques-uns de leurs détails les trois grands phénomènes psychologiques de la sensibilité, de l'intelligence et de l'activité ; pour cette étude la conscience nous a suffi, nous n'avons invoqué ni autorité, ni argument d'aucune sorte hors de nous ; pour traduire nos perceptions et nous les affirmer à nous-mêmes ou aux autres, il faut un quatrième organe, le langage. Ce quatrième organe complète, pour ainsi dire, les trois grandes facultés de sentir, de connaître et de vouloir, puisqu'il en est l'expression, l'interprète : il est par excellence et avant tout l'organe de relation.

Le langage est l'ensemble des signes dont les hommes, même certains d'entre les animaux, se servent pour exprimer et traduire au dehors tous les mouvements de l'âme, entendant ici par mouvements les phénomènes psychologiques successifs, qui se passent en nous.

Dans ce sens général, le langage embrasse tous les procédés par lesquels l'état du moi se manifeste; les larmes, le rire, un coup d'œil, un signe de la main, de la tête etc. sont expressifs et par là tiennent au langage ; mais ce langage la nature seule nous l'a appris ; les mots d'esprit, de matière, de maison, de plante au contraire, sont expressifs aussi, mais ils viennent d'une source artificielle, et conventionnelle ; la nature n'y est pour rien, l'usage seul nous les a appris et en a déterminé et consacré le sens, les mêmes objets peuvent être exprimés autrement dans d'autres langues. Nous disons source artificielle, pour la seule combinaison des sons, car elle ne cesse pas d'être naturelle d'une certaine manière, par le besoin que nous éprouvons de traduire les idées générales et abstraites en particulier, l'intelligible en général, ce à quoi ne suffisent pas les moyens naturels.

Nous aurons donc ainsi le langage naturel et le langage artificiel ou de convention. Celui-ci à son tour se divise en langage parlé et en langage écrit, le premier empruntant à la voix articulée son organe émissif et à l'oreille son organe récepteur, le second exprimant en signes équivalents, tracés par la main, les sons mêmes de la voix, tandis que ceux-ci, sous cette nouvelle forme, sont perçus par les yeux.

On voit, en résumé, par cette dernière définition du langage artificiel en ses deux formes, qu'il est un au fond, par la puissance qui le dicte à la fois et le perçoit, qu'il n'est double que par la forme et par les organes qui le traduisent ou le perçoivent; l'harmonie des organes entre eux est si intime, et l'unité du moi, dans cette diversité, si réelle que c'est l'oreille même qui dicte les sons et guide la main, et qu'une fois écrits elle les perçoit à son tour par le moyen des yeux ; la main, les yeux, les oreilles, la voix obéissant tous à cette puissance mystérieuse, que la conscience nous révèle.

Nous venons de dire que certains animaux, comme les hommes, avaient leur langage ; est-il besoin de dire qu'ils n'ont que celui que leur a prêté la nature ? On a mis la chose en doute ; il suffit de s'entendre pourtant sur la définition même du langage et d'admettre que les animaux, contrairement à ce qu'ont pensé les Cartésiens, ne sont pas de pures machines, sujet que nous avons seulement effleuré dans une des précédentes pages, et dont le langage que nous attribuons ici à certains d'entre eux est une nouvelle preuve : parler et exprimer sa pensée, ses sensations est une seule et même chose, celui qui exprime sa pensée parle donc, et réciproquement celui qui parle exprime sa pensée, à moins qu'il ne parle sans savoir ce qu'il dit, auquel cas ce qu'il dit est sans objet, c'est-à-dire un vain bruit. A ce compte, le chien, le cheval, le chat, le coq, les poules, etc. parlent : le chien témoigne sa joie ou sa peine par sa différente manière d'aboyer, de regarder, d'agiter sa queue comme un balancier ; le chat caresse, demande ou gronde par des miaulements particuliers ;

qui joue agréablement comme un petit chat ? le cheval hennit, frappe la terre de son sabot, secoue sa crinière et sa tête, donnant à chacun de ces mouvements ou de ces cris une expression différente ; le coq réveille-matin annonce le jour, appelle ses poules où il y a du grain, dénonce l'oiseau de proie ; quel chant heureux que celui de la poule qui vient de pondre, celui de l'alouette, quand elle monte dans les airs ?

La plupart des oiseaux retrouvent la voix avec l'amour au printemps ; la lumière leur rend la parole dès le matin, leur musique est un langage comme le nôtre. Est-ce que chacun de nous ne comprend pas ce qu'ils disent dans leurs chants, ce qu'ils se disent entre eux lorsqu'ils s'appellent ?

Non seulement ils nous parlent par leurs cris, par leurs gestes, mais ils comprennent nos cris et nos gestes à leur tour ; ils ne s'émeuvent guère de la présence de gens pacifiques ; ils lisent dans nos regards, se familiarisent avec nous, viennent nicher dans nos maisons, y chercher de petites graines perdues, sans que notre présence les effraie ; parlez-leur, au ton de votre voix, ils comprendront si vous êtes leur ami ou leur ennemi. Il n'est pas jusqu'aux fourmis, jusqu'aux abeilles qui n'aient leur langage les unes avec les autres, au moyen de leurs tentacules et qui par ce moyen quelquefois, et avec leurs yeux ou leur appareil auditif, n'interprètent nos mouvements, notre voix.

Les animaux n'entendent pas tout de nous,

d'eux nous n'entendons pas tout non plus ; leurs pensées et sensations, instincts et habitudes, sont en petit nombre et leur vocabulaire, si ce mot peut s'employer ici, est dans la même proportion ; qu'est-il besoin de beaucoup de mots, de gestes, pour traduire peu d'idées ? Le même cri d'ailleurs, le même mouvement peut en traduire plus d'une.

Ma petite fille, Lucienne, qui, à deux ans, commençait à parler, exprimait avec cinq ou six mots qu'elle estropiait, dont elle ne faisait entendre que la syllabe, même la voyelle, finale, une foule d'idées, grâce aux intonations diverses et aux gestes qui les accompagnaient. Dirons-nous qu'elle ne parlait pas ? Sa mère avait la clef de ce bref vocabulaire, elle faisait sans peine la traduction difficile pour d'autres, de ce langage primitif ; quand l'enfant, à bout de science, se contentait de faire entendre un bruit nasal inarticulé, pour faire comprendre sa pensée, la mère la devinait et ne se trompait guère et l'enfant témoignait aussitôt qu'elle avait été comprise. Exemple remarquable et qui contient plus d'un enseignement.

CHAPITRE LX

Qu'est-ce qu'une langue ? Comment distinguer le mot de la pensée ?

Il ne faut pas confondre une langue avec un langage, même avec un langage artificiel ; des mots peuvent être formés et ajoutés au langage naturel qui ne constituent pas une langue : tel est le cas des petits enfants qui balbutient leur langue, et la parlent toute déformée, sans la savoir.

Une langue proprement dite est essentiellement artificielle presque en toutes les parties ; elle est moins l'instrument simple de la nature que de la société, avec tous les raffinements de la pensée, exprimée par des mots que la nature n'a pas fournis ; elle est avant tout l'expression régulière de la pensée sous toutes ses formes, dans toutes ses délicatesses, expression régulière et précise, dont ne saurait approcher le langage toujours plus vague de la nature : instrument de la pensée, instrument du goût aussi, car une langue bien faite, tout en se prêtant, et s'adaptant merveilleusement à la logique nerveuse des idées, exprime aussi, par son rythme harmonieux, toutes les nuances du sentiment, comme une musique inspirée.

Le génie d'un peuple apparaît dans sa langue ; une fois formée elle devient le moule, pour ainsi dire, où se façonne la pensée de ce peuple : la forme des mots, leur disposition dans la phrase, les constructions variées, les inversions, les expressions imagées, l'accent surtout, font partie de la langue comme son vocabulaire, et ces choses rien ne peut les figurer ni les apprendre que l'usage, à l'école du peuple qui la parle, ou la lecture des beaux esprits qui l'ont fixée.

D'après ce que nous venons de dire, il est facile de comprendre comment le mot peut se distinguer de la pensée ; l'animal exprime celle-ci, les siennes, sans dire un mot ; il voit, il entend, ses organes sont ébranlés, et les sensations reçues ; les actes qui en sont la conséquence suivent, marquant ainsi avec la perception de l'objet l'impression éprouvée. L'enfant ne commence pas autrement, mais peu à peu, par des sons vocaux inarticulés d'abord, bientôt avec des essais d'articulation, à la fin des mots, ce qui est la première chose qu'il en retient et qu'il répète, enfin par la prononciation de plus en plus distincte et complète des mots divers facilement retenus. C'est ainsi que en quelques années, plus ou moins, il a appris avec un grand nombre de mots, la musique de la phrase, travail instinctif, irraisonné ; qu'il place l'accent où nous le plaçons, qu'il suit sans effort la cadence et qu'il chante avec mesure la langue, autant qu'il la parle.

On pourrait ici faire quelques réflexions utiles sur cette aptitude particulière, et, en admettant avec les sensualistes que l'esprit n'est d'abord qu'une table rase, sans idées premières et pures, irréductibles, on ne peut s'empêcher de reconnaître qu'il a une singulière aptitude à s'assimiler tout ce qui, par les sens, lui vient du dehors, à le retenir, à le classer, sans confusion, à l'ordonner et à s'en servir, sans effort ni recherche, comme si la raison naissante trouvait en elle, par le moyen des sensations extérieures, de quoi suppléer à ces idées pures que les sensualistes lui dénient, de quoi les réveiller du sommeil d'inconscience où elles dorment. Qu'importe qu'elles soient innées, ou que nous les distinguions dans les objets extérieurs qui en portent l'empreinte et qu'elles ne brillent en nous que venant d'ailleurs ; la nature immatérielle de notre âme et de ces idées n'en sera pas moins sauvegardée, l'immatériel seul convenant à l'immatériel.

Platon concevait les idées comme des types éternels, d'après lesquels tout s'était façonné dans le monde, conception haute et profonde ; l'accident qui en revêtait momentanément la forme, ne faisait qu'en rappeler en nous le souvenir ; elles étaient innées selon lui, mais étaient-elles directement perceptibles par l'intelligence, ou seulement par l'intermédiaire des sens ? Il ne semble pas s'être expliqué sur ce point ; la nuance existe pourtant, mais elle importe peu au fond à la distinction que nous avons faite ailleurs de la sensation empirique et de l'intelligible constitué surtout par les idées.

CHAPITRE LXI

Origine du langage.

La question de l'origine du langage a divisé les esprits : les uns, les traditionnalistes l'ont rapportée à Dieu même ; selon eux, Dieu a donné aux hommes les premières connaissances des choses ; il amena, dit la Bible, les animaux à

Adam et les lui nomma ; l'auteur de la législation primitive interprète la science du bien et du mal et la défense faite par Dieu à Adam et à Eve de manger du fruit défendu, idées générales et symboliques, comme comprenant les premières lois données à la créature en un langage articulé, et venues jusqu'à nous par la tradition. Ce serait là la première langue que les hommes ont parlée après Dieu, de qui ils l'ont apprise ; mais c'est là aussi une pétition de principe, puisqu'on suppose vrai et admis comme tel ce qui est en question, à savoir que Dieu a parlé un langage articulé, et que ce langage nos premiers parents l'ont entendu et retenu, et aussi sans doute que les hommes, en général, sont incapables d'inventer un langage. Cette première langue aurait servi comme de véhicule aux premières et fondamentales vérités et se serait développée avec elles ; bientôt, ces vérités s'obscurcissant, la langue se corrompt et au lendemain du déluge, au lieu d'une il y en eut trois, de façon que les descendants de Noé ne pouvaient plus s'entendre. Chacun parlait une langue qu'il avait inventée dans cette confusion ; ce que le premier homme n'avait pas pu faire, trois de ses descendants le firent d'un coup après lui ; ici l'inspiration manque, mais non pas l'inconséquence. Vraiment on a rabaissé Dieu dans ce rôle de docteur que les traditionnalistes lui font tenir.

Avant eux, Rousseau avait dit subtilement qu'on pensait sa parole avant de parler sa pensée, et que, conséquemment, l'invention d'un langage supposait toujours un langage connu.

Le mot pour nous, il est vrai, est inséparable à présent de la pensée, mais nous n'en distinguons pas moins l'un de l'autre et ils ne se peuvent confondre ensemble ; même nous savons, de science certaine, que dans l'ordre des phénomènes, la pensée précède le mot ; l'habitude seule les a rendus inséparables. Ce que nous avons dit de l'animal et de l'enfant, le premier ayant des sensations qu'il n'exprime pas par des mots, et le second commençant comme l'animal et finissant peu à peu comme l'homme, c'est-à-dire ne parlant pas d'abord, quoique sentant et comprenant, puis joignant l'expression à la pensée, et enfin ne séparant plus l'une de l'autre, le signe de l'objet qu'il signifie, ce que nous avons dit et répétons ici nous semble fortement ébranler l'argument captieux de Rousseau, qui n'est qu'une brillante antithèse.

Pour nous, tout en réservant la question de fait, nous tenons que les hommes ont pu tout seuls inventer le langage parlé ; une langue sans doute n'est pas l'œuvre d'un jour, ni d'un siècle ; nous parlons ici de la langue primitive, s'il y en a une, non point des langues dérivées, qui ne sont que des corruptions, des métamorphoses.

Prenons l'homme enfant, dans la nature ; il s'éveille surpris, au milieu de tout ce qui l'entoure, comme font nos petits enfants ; il écoute comme eux, il voit, il remarque ; il a une phonétique naturelle d'abord et l'on peut croire, sans être taxé d'imagination vaine, que les premiers sons articulés par lui ont été des onomatopées ; ainsi procède l'enfant encore de nos jours, il imite le coq, le chien, le coucou, etc. Les onomatopées primitives ne peuvent guère, n'ont pu traduire à l'origine que des sons naturels et cela nous suffit ; les objets que l'on voit, sans les entendre, n'a-t-on pas pu les désigner par un geste ? C'est ce que nous faisons tous les jours, car tous les jours, nous inventons le langage, ces objets, ces formes visibles, n'a-t-on pas pu les désigner, les nommer, les grouper ensemble au moyen de signes conventionnels, parlés d'abord, écrits dans la suite ? Soleil, lune, étoile, pierre, plante, sont des sons comme d'autres, on les a appliqués à des objets particuliers ; le génie de l'homme, même encore grossier, était-il incapable de former ces sons ? et aurait-il manqué de discernement et de mémoire pour les appliquer aux objets ? Il a compris les rapports les plus subtils des choses et il n'aurait pas pu les nommer ? Refuser à l'homme le génie nécessaire à la création de mots divers, qui composent une langue, en lui laissant la pensée, c'est, nous semble-t-il, lui refuser le moins, pour lui accorder le plus ; il y a là comme un défaut de logique. Les tâtonnements, les balbutiements ont pu retarder l'œuvre, mais non pas l'empêcher. A mesure que l'esprit s'est évertué, s'est développé, s'est poli, le mot, la langue a fait de même. La pensée n'est pas le produit d'un jour, non plus que la langue ; les siècles se transmettent ce double héritage, l'agrandissant chacun. Il y a des termes qui meurent sans doute, comme des pensées qui s'évanouissent, dus, les uns et les autres, à des erreurs et passions passagères, corrigées plus tard ; mais pensées essentielles et fondamentales demeurent permanentes, et les mots qui les expriment persistent comme elles. Il y a aussi des pensées nouvelles, et à mesure que le domaine de la science s'étend, il en faut étendre aussi le vocabulaire. D'une province, d'un canton, quelquefois d'un village à un autre, sous le nom de patois la langue diffère ; elle est en état perpétuel de formation et d'enfantement, et l'on se demande gravement si l'homme a pu inventer le langage.

Il serait curieux d'étudier une langue au point de vue des variations qu'elle a subies, on y retrouverait la trace des divers états de l'esprit chez le peuple qui la parlait ou qui la parle encore ; plus intéressant serait-il de faire l'étude comparée de diverses langues, en partant des expressions les plus composées, pour remonter jusqu'aux plus simples ; on retrouverait ainsi la source et l'âge, non seulement des mots, mais aussi des idées, et l'on pourrait successivement mesurer les progrès de l'esprit ou sa décadence.

Un travail quelque peu semblable pourrait se faire chez l'enfant, qui bégaie d'abord, jusqu'à ce qu'il devienne un orateur comme Cicéron, un savant comme Newton et Lavoisier. Par là s'expliqueraient, dans une certaine mesure, les changements, qui s'opèrent chez un individu, comme chez un peuple, les passions et les intérêts divers qui les emportent à certaines heures de leur histoire.

Il ne faut pas se contenter de suivre ces divers états dans des livres de notre temps, il faut les lire dans les ouvrages originaux et contemporains des événements ; là est véritablement l'empreinte et le caractère de l'époque, du peuple et de l'individu.

Nous pensons donc que l'homme, par lui-même, a pu non pas inventer en un jour une langue toute faite et savante, mais la former petit à petit, sans aucune intervention supérieure ; nous assistons tous les jours à ce travail, à ce progrès, sans que nous puissions en fixer le terme.

Ce qui a pu donner le change à Rousseau c'est qu'aujourd'hui, dans l'usage ordinaire, le mot est inséparable de la pensée, puisque la pensée est d'avance comme figée dans le mot, coulée dans son moule, mais il n'en a pas toujours été, il n'en est pas encore toujours ainsi : lorsque nous avons à exprimer une idée nouvelle, comment pourrions-nous en même temps penser le mot ? Dans ce cas on rapproche, on compare et on dérive, on rapproche et on compare les idées voisines de l'idée nouvelle, et des mots qui les expriment on dérive le mot nouveau, qui fait défaut.

Il est arrivé plus d'une fois sans doute à chacun de nous de courir après le mot propre, un mot connu, pour traduire une de nos idées ; le mot ne venant pas, nous attendions ; est-ce que dans ce cas nous n'avions pas conscience d'une manière claire, quoique négative, que la pensée allait sans le mot et s'en pouvait distinguer, puisque la pensée était présente et que le mot ne venait pas ?

Les traditionnalistes soutiendront vainement que Dieu n'a enseigné à l'homme que les mots, servant à exprimer les idées premières et fondamentales de la connaissance, comme les idées de bien et de mal, de cause et d'effet, etc.; nous leur répondrons que l'homme n'a pas exprimé ces idées à son premier jour, qu'elles sont le résultat de l'analyse qu'il a faite peu à peu de lui-même ; ce sont, logiquement parlant, des idées primordiales, il est vrai, puisque la cause a précédé l'effet ; mais, dans l'ordre de la connaissance, nous percevons les effets avant de remonter aux causes ; c'est ainsi que l'enfant procède ; l'idée de cause se fait jour en lui par la seule évolution de la raison naissante.

Dieu est intervenu, si l'on veut, il intervient encore par le spectacle varié de son œuvre vivante dans l'univers ; quelle parole serait plus éloquente, plus instructive que celle-là ? quel enseignement plus clair ? Au lieu de paroles abstraites, rares ; au lieu d'un langage disproportionné à l'oreille de celui qui écoutait, le tableau vivant de la vérité créée, s'adressant non plus clandestinement à l'oreille seulement, mais à tous les sens à la fois, et dans l'homme la raison, principe inspiré d'en haut, immortel, pour juger de l'œuvre et la comprendre. Certes, la leçon était digne de celui qui la proposait ainsi, non pas dans un dogme étroit et obscur, fait peut-être pour la vieillesse, mais dans l'image toujours jeune de la réalité.

CHAPITRE LXII

Ecriture, Symbolisme.

Le langage dont nous venons de parler est artificiel, phonétique et auditif, à la fois émis par la voix et perçu par l'oreille ; il en est un autre artificiel également et qui est graphique et visuel, c'est de celui-ci qu'il nous reste à parler maintenant.

Il est tracé par la main et il s'adresse aux yeux, il porte le nom général d'écriture. On en peut distinguer deux sortes, celle qui représente l'objet par sa forme même, un lion, le soleil, la lune, l'homme, la femme, etc. et celle qui, en des traits réguliers, mais convenus, représente le mot par lequel l'objet est désigné dans le langage phonétique.

La première sorte, qui est une espèce de glyptique ou sculpture, comprend toutes les formes de représentation des objets sur la pierre, le bois, le métal ; ces objets ne peuvent être que matériels, les objets immatériels n'ayant point de forme ; ceux-ci peuvent néanmoins être représentés sous une forme sensible, mais cette forme n'est alors qu'un symbole, qui, par voie de comparaison, nous montre l'objet sous des traits qu'il ne peut avoir, mais qui nous aident à le comprendre, à la façon de nos métaphores, par des rapprochements que nous faisons sans effort. Les Egyptiens, qui ont pratiqué cette écriture, représentaient l'éternité par un serpent mordant sa queue ; la lampe que l'on prêtait à Psyché n'était-elle pas le symbole de la pensée ? la colère ne pourrait-elle se représenter comme on ferait d'une tempête ? le printemps avec des fleurs, comme l'automne avec des fruits ?

Les anciens avaient représenté les forces de la nature, sous le nom de dieux, avec des caractères particuliers à chacun ; leur imagination n'était pas restée en défaut ; le vieux Saturne le Temps avait un sablier, marquant les heures, et une faux tranchant les existences ; on le voyait dévorant ses propres enfants, c'est-à-dire, détruisant ce qu'il avait créé ; Jupiter était armé de la foudre, l'aigle, son oiseau sacré, s'élevait au haut des airs, dont il était le roi souverain et même le principe ; ce n'était pas sans raison que Minerve avait un hibou sur son bouclier et que le char de Vénus était traîné par des colombes.

Ce symbolisme parlait aux yeux, aux sens,

mais il révélait une pensée qui ne s'élevait pas beaucoup au-dessus d'eux ; Anaxagore n'avait pas encore dit que c'était le νοῦς, l'esprit, qui seul était divin, l'intelligence ne comptait pas encore.

L'Eglise chrétienne naquit et s'organisa, qui purifia l'ancien temple, sans renoncer pourtant elle-même à la forme symbolique ; elle entoura les nouveaux mystères de symboles nouveaux ; l'épi de froment, la grappe de la vigne, les lis, le soleil rayonnant, le chandelier à trois pieds, les cœurs, les flammes, les ornements du prêtre à l'autel, la crosse des évêques, leur anneau, etc. etc. parlèrent, parlent encore aux yeux des fidèles, le langage de la foi.

Aujourd'hui, et hors de l'Eglise, le symbolisme s'est fort amoindri ; il n'existe plus guère que dans les arts, où, sous les couleurs et les formes, et à travers même les ressemblances, doit se lire l'impression particulière et le génie de l'artiste. Peut-être, dans le creuset de l'analyse, pourrait-on trouver que la métaphore et quelques autres figures du langage ne sont que des expressions symboliques, puisqu'elles ne représentent la pensée que sous des couleurs étrangères.

L'écriture cunéiforme des anciens assyriens, au moins dans les formes, n'offre rien de symbolique ; nous ignorons même si elle reproduisait par des signes de convention les mots de la langue d'Assur, et si le langage écrit se lisait par les yeux seulement, où s'il reproduisait, comme le nôtre, des sons vocaux et articulés.

Les Assyriologues sont-ils d'accord entre eux ? et peuvent-ils se vanter de lire clairement les briques de la bibliothèque d'Assur-Banipal ? La chose n'a qu'un intérêt de curiosité pour le sujet qui nous occupe.

Le symbolisme, nous venons de le dire, est toujours dans le procédé ordinaire de l'esprit, il ne fait plus partie de l'écriture chez les peuples de civilisation latine tout au moins ; l'écriture chez eux est seulement phonétique, c'est-à-dire qu'elle reproduit par des formes de convention le langage vocal ou parlé, si bien que par les yeux, comme par l'oreille, nous percevons les sons et les articulations, et que par l'oreille, comme par les yeux, nous percevons la forme des lettres et des mots : écrire sous la dictée, c'est transformer les sons en lettres, et lire c'est transformer les formes visibles en leurs sons équivalents ; ainsi, écrit ou parlé, c'est un même et seul langage.

L'utilité de l'écriture n'est pas petite, elle porte au loin la pensée de l'homme par le livre et par la lettre et, multipliée à l'infini, comme elle l'est aujourd'hui par la presse, on peut dire que dans l'espace de quelques heures un peuple lit et entend la même parole qui traduit la même pensée.

Ce n'est pas là d'ailleurs la seule utilité de l'écriture ; il en est une particulièrement appréciée du philosophe et en général de tous les esprits recueillis ; l'écriture lue, imprimée, multiplie la pensée et lui donne, pour ainsi dire, des ailes, pour parcourir de grands espaces ; l'écriture tracée, manuscrite, la retarde et c'est là aussi un bienfait que nous lui devons ; car, si la précipitation dans le penser nuit à la clairvoyance, la lenteur est sagesse et discernement ; aussi est-il bon de prendre la plume, en lisant un ouvrage, afin de donner à l'esprit le temps de digérer ce qu'il absorbe petit à petit ; faute de quoi, il prend trop souvent une nourriture hâtive qui ne saurait lui profiter.

Ce n'est pas seulement quand nous lisons que l'écriture aide l'esprit, elle l'aide bien plus encore, quand nous composons ; elle nous met sous les yeux, bien mieux que la parole, nos incertitudes, nos essais avortés, nos inconséquences, nos erreurs, parce qu'elle est un témoin irrécusable, et que, avec elle, rien ne nous distrait de la vérité et de son expression exacte ; c'est elle qui nous force à retoucher, à retrancher, à éclaicir ; elle nous montre notre ignorance, dont avec elle nous ne rougissons pas, nous invitant à l'éclairer. Que de définitions obscures qui ont été, grâce à elle, rectifiées, tirées de leur obscurité ! que de désordres dans nos pensées nous lui devons d'avoir réparés ! que de fautes de goût, d'expressions impropres elle nous a signalées ! C'est elle qui fait l'œuvre d'art ; elle est le miroir fidèle, où vient se refléter notre pensée tout entière ; c'est là que nous la voyons mieux que personne, sans déguisement, avec ses faiblesses, ses hésitations ; les brouillons sont des témoins qui parlent tout seuls. Que si quelques rayons du vrai nous ont touchés, elle les conserve et nous donne par là de douces joies.

Elle a été sa dépositaire et la gardienne de la pensée antique ; c'est grâce à elle que nous conversons encore avec Platon, Aristote, Cicéron, Horace, saint Augustin et mille autres beaux génies. Il s'est écoulé sans doute des années nombreuses, avant que, par l'écriture, les hommes aient pu noter les fruits de leur expérience ; ce trésor qui s'accroît tous les jours maintenant et se conserve, est demeuré longtemps réduit au domaine particulier de quelques-uns ; les bibliothèques publiques renferment aujourd'hui, dans un espace resserré, les œuvres de l'esprit de plus de deux mille ans.

Une réflexion nous vient : nul n'a songé à se demander si l'homme avait pu inventer l'écriture, et si elle ne lui était pas venue par une révélation ; d'aucuns prétendant qu'il n'avait pas pu inventer le langage parlé, impuissant à délier la langue, comment a-t-il pu délier et diriger sa main ? N'est-ce pas là une dernière considération en faveur de la théorie que nous avons défendue ?

Nous ne dirons rien ici des autres langages inventés de nos jours, pour communiquer vite et au loin par des signes ou par la parole ; la science a domestiqué des forces aveugles de la nature ; elle a fait les deux merveilles du télégraphe et du téléphone, elle en fera d'autres encore peut-être ; mais ce sont là moins des langages que des procédés adaptés aux langages ordinaires. Télégraphe et téléphone d'ailleurs, constituant jusqu'à présent deux monopoles, ne sont pas pour le commerce ordinaire de la vie, et partant nous jugeons qu'ils ne se rapportent pas entièrement à notre sujet, pour que nous devions les y rattacher.

Nous terminons ici notre voyage à travers des idées familières à tous, connues seulement d'un petit nombre ; nous l'avons entrepris pour mettre quelque ordre, quelque clarté dans cette confusion, qui était en nous, de tous les éléments qui tiennent à la connaissance humaine ; nous avons cherché, poursuivi uniquement, obstinément, le vrai par une analyse désintéressée de toute autre préoccupation ; chemin faisant, si parfois, même à travers un nuage, le vrai nous est apparu, nous avons senti sa présence au calme qui succédait en nous à un état troublé. Tel est le résultat de cette première étude. Si d'autres, à notre exemple, nous n'osons pas dire à notre suite, entreprenaient le même voyage et atteignaient le même but, nous serions doublement payés de notre peine, et ils n'auraient pas à regretter la leur.

Absolutum opus.

TABLE DES MATIÈRES

Pages.

Préface....................................	1
Chap. I. — Premiers principes...............	5
Chap. II. — Que nous ne savons le tout de rien.	10
Chap. III. — Où sont caractérisés l'objet des sens et celui de la raison, la matière et l'esprit	12
Chap. IV. — Forces inhérentes à la matière ou constatées seulement dans certains de ses états..	16
Chap. V. — De la force animale..............	20
Chap. VI. — La pensée est-elle une force ? En quoi elle diffère des forces naturelles et de la force animale............................	21
Chap. VII. — Où il est établi que les facultés, quoique diverses, n'en constituent pas moins un moi unique................................	26
Chap. VIII. — Comment les matérialistes expliquent l'unité du moi........................	28
Chap. IX. — Le système nerveux suffit-il à rendre raison des faits psychiques ?........	30
Chap. X. — Du principe immatériel dans l'homme et dans la nature........................	37

Chap. XI. — Matière organique et inorganique, corps simples considérés au point de vue philosophique.................... 44
Chap. XII. — Des sens. Comment ils fonctionnent chacun ; modes et substances......... 47
Chap. XIII. — Fonction particulière de la vue et de l'ouïe au point de vue de l'art......... 54
Chap. XIV. — Unité et identité du moi........ 56
Chap. XV. — Objection des matérialistes contre les précédentes conclusions................. 60
Chap. XVI. — Transformation des sensations.. 68
Chap. XVII. — Critique de la sensation ou des sens................................... 71
Chap. XVIII. — Objet des sensations ; le sommeil ; le rêve ; le mot, le phénomène........ 75
Chap. XIX. — La physiologie moderne et le spiritualisme............................... 81
Chap. XX. — Où est ouverte une parenthèse relativement à la méthode d'observation.... 84
Chap. XXI. — Premières sensations ; éveil de la conscience et du moi ; intervention de l'intelligence dans les sensations........... 87
Chap. XXII. — Entre l'animal et l'enfant...... 98
Chap. XXIII. — De la mémoire et de quelques phénomènes particuliers qui s'y rapportent. 102
Chap. XXIV. — Ce que ne perçoivent pas nos sens. Idée de cause et idée d'ordre.......... 112
Chap. XXV. — Idées de principe et de conséquence................................. 116
Chap. XXVI. — Idées de substance et de mode, de loi et de phénomène.................... 118
Chap. XXVII. — Idée du vrai................. 122
Chap. XXVIII. — Idée du beau................ 128
Chap. XXIX. — De l'idéal.................... 138
Chap. XXX. — Idée du bien.................. 141

Chap. XXXI. — Idée d'unité..................	147
Chap. XXXII. — Idée du juste................	151
Chap. XXXIII. — Idée de l'infini.............	158
Chap. XXXIV. — Noumènes ou idées pures de Kant......................................	163
Chap. XXXV. — Considérations générales sur les idées pures.............................	175
Chap. XXXVI. — De l'intelligence et de la raison	181
Chap. XXXVII. — Abstraction et généralisation.	185
Chap. XXXVIII. — Du jugement..............	190
Chap. XXXIX. — Du raisonnement...........	195
Chap. XL. — De l'induction..................	202
Chap. XLI. — Résultats pratiques de l'induction	216
Chap. XLII. — De l'imagination en général....	218
Chap. XLIII. — Imagination inventrice........	223
Chap. XLIV. — Imagination créatrice.........	228
Chap. XLV. — Association des idées.........	235
Chap. XLVI. — De l'art......................	247
Chap. XLVII. — De la poésie en particulier....	264
Chap. XLVIII. — De la sensibilité interne.....	268
Chap. XLIX. — De l'activité en général.......	284
Chap. L. — De la liberté. Restriction apportée à la liberté par les lois naturelles............	288
Chap. LI. — Nos penchants sont-ils un obstacle invincible à la liberté ?.....................	293
Chap. LII. — Obstacles à la liberté venant des hommes...................................	297
Chap. LIII. — Fatalisme et prescience divine..	300
Chap. LIV. — De l'instinct, ses principales espèces...................................	306
Chap. LV. — De la moralité de l'instinct......	309
Chap. LVI. — De l'habitude..................	313
Chap. LVII. — Quelle est la moralité des actes habituels ?................................	316
Chap. LVIII. — De la passion................	320

Chap. LIX. — Du langage en général.......... 322
Chap. LX. — Qu'est-ce qu'une langue ? Comment distinguer le mot de la pensée ?...... 326
Chap. LXI. — Origine du langage............. 329
Chap. LXII. — Ecriture. Symbolisme......... 336

www.ingramcontent.com/pod-product-compliance
Lightning Source LLC
Chambersburg PA
CBHW050747170426
43202CB00013B/2333